리더의◉말

리더의 말

최고 기업가 72인의 생각과 행동의 힘

| 장박원 지음 |

프레너미
FRENEMY PUBLISHING

성공한 리더에게는 나름의 비결이 있다

세계적인 기업인들이 돈을 번 방식이나 성공에 이른 비결은 모두 제각각이다. 기존에 없었지만 소비자들이 원하고 있던 새로운 제품을 개발해 스타가 된 기업인이 있는가 하면, 이미 있던 품목이지만 기술력을 바탕으로 품질을 최고 수준으로 끌어올려 일류 기업을 만든 경영자도 있다.

21세기 들어 세상과 우리 일상을 근본적으로 변화시키는 주인공들은 제조업이 아닌 소프트웨어와 서비스 분야에서 탄생하고 있다. 이들은 인터넷과 개인용 컴퓨터의 결합으로 촉발된 정보혁명 이후 반도체와 초고속 네트워크, 소프트웨어 등 관련 기술들이 비약적으로 발전하는 흐름을 활용해 단기간에 재산을 축적했다는 공통점이 있다. 인공지능과 로봇, 빅데이터, 사물인터넷 등 몇 년 전만 해도 상상하기 힘들던 4차 산업혁명의 신기술은 대부분 이들에 의해 창조되어 발전을 거듭하고 있다.

우리 시대를 대표하는 이들 기업인이 강조했던 말들을 곱씹다 보면 경영자뿐만 아니라 일반인도 참고할 만한 통찰력을 얻을 수 있다. 물론 받아들이는 사람마다 생각과 태도가 다르기 때문에 판에 박힌 말로 들린다 해도 어쩔 수 없다. 그러나 이들의 말이 무게감을 갖는 것은 실행과 성과가 뒷받침됐기 때문이다. 누구나 교훈이 될 만한 좋은 말을 할 수 있지만 이를 실천에 옮기는 일은 전혀 별개의 문제다. 뛰어난 기업인들은 자신이 사업을 하며 겪은 경험을 말로 표현하거나 이를 토대로 설정한 포부를 밝히곤 한다. 너무 원대한 목표라 약속을 지키지 못하기도 하지만 그곳에 도달하기 위한 시도만으로도 의미 있는 변화를 끌어낸다.

이 책에서 소개할 72명의 비즈니스 리더가 모두 4차 산업혁명과 직접적으로 관련돼 있지는 않다. 하지만 최소한 어느 한 분야에서 이 시대가 요구하는 혁신과 문제해결 방향을 제시했다는 사실에 주목할 필요가 있다. 업종이 각양각색이고 성격이나 지향점도 다르지만 그들의 말과 행동, 삶의 궤적은 충분히 살펴볼 가치가 있다. 그들이 언급한 문제나 결정적 시기에 쏟아낸 주요 발언이 우리 시대의 중요한 화두가 될 수 있기 때문이다.

이 책은 총 4장으로 구성돼 있다. 1장은 상상력과 실험정신을 발휘해 4차 산업혁명을 이끌고 있는 기업인들의 이야기를 담았다. '미래의 설계자'라는 별명을 가진 일론 머스크 테슬라 창업자를 비롯해 소매점들을 온라인으로 옮겨놓으며 세계 최대 유통 제국인 아마존을 창업한 제프 베소스, 네이버의 창업자 이해진, 페이스북의 마크 저커버그 등이 그들이다.

2장은 강력한 리더십과 실행력으로 위기를 돌파하고 새로운 도전에 나선 최고경영자들의 이야기를 모아 놓았다. 미국의 간판 제조업체인 제너럴일렉트릭GE을 세계적인 소프트웨어 기업으로 탈바꿈시킨 제프리 이멜트 회장과 스티브 잡스의 후계자 팀 쿡 애플 회장, 마윈 알리바바 회장, 하워드 슐츠 스타벅스 회장 등 기라성 같은 기업인들을 만날 수 있다.

3장에는 변화무쌍한 시장의 흐름을 수익 창출의 기회로 삼거나 중대한 시기에 머뭇거리지 않고 결단을 내린 경영자들이 등장한다. 헤지펀드의 대가인 조지 소로스, 타이밍의 고수인 마화텅 텐센트 회장, 넷플릭스를 설립한 리드 헤이스팅스 회장 등이 주인공이다.

마지막 4장은 강한 승부욕과 기발한 아이디어로 사업에 성공한 기업인들의 조언과 사업 역정을 다뤘다. 워런 버핏 버크셔해서웨이 회장과 나이키, 아디다스의 간담을 서늘하게 만든 언더아머의 케빈 플랭크 창업자, 첨단기술과 금융 기법을 자유자재로 활용한 손정의 소프트뱅크 회장 등의 창의적 발상과 승부근성을 엿볼 수 있을 것이다.

서두에서 밝혔듯 우리가 만날 비즈니스 리더들은 사업 방식과 성공 비결이 모두 다르다. 하지만 기업을 일으키고 많은 재산을 쌓았다는 공통점이 있다. 또한 급변하는 시대에 이들이 던진 화두와 제시한 비전은 앞으로 상당 기간 4차 산업혁명을 이끌면서 세상을 변화시킬 가능성이 높다.

그런 의미에서 책 속에 담긴 그들의 모습은 창업 전선에 뛰어든 젊은 사업가나 녹록치 않은 환경 속에 기업을 키워가야 하는 경영인들이 직면한 어려움을 극복하고 나아갈 길을 찾는 데 작은 보탬이 될 수 있으리라 본다. 또한 급변하는 이 시대가 앞으로 어떤 방향으로 나아갈지 답을 찾는 사람들에게도 미흡하나마 도움이 될 것이라고 기대한다.

2장 리더십과 실행력

(4장) 통찰력과 승부욕

1장

상상력과 실험정신

꿈을 꾸는 게 아니라
꿈을 실현하고 싶을 뿐이다

일론 머스크
테슬라 창업자

" 지금보다 로켓 기술을 훨씬 발전시키지 않는다면 인류는
지구에만 머물 수밖에 없다. 나를 두고 겁을 상실한 몽상
가라고 생각하는 건 오해다. 아무리 두렵더라도 그것의 가
치를 충분히 믿게 되고, 그걸 하지 않고는 견딜 수 없는 그
런 때가 올 것이다."

일론 머스크Elon Musk 테슬라 창업자가 2016년 〈매일경제신문〉과의
인터뷰에서 화성 이주 계획을 언급하며 남긴 말이다. 태양광을 활용
해 화성에 자급자족하는 문명을 만들겠다는 것인데, 구체적인 건설비
용까지 제시할 만큼 그의 포부는 당찼다. 예상비용은 약 360억 달러.

이 정도면 수만 명을 화성에 보낼 수 있다는 것이다. 과연 그의 장담이 이루어질까? 현재로서는 몽상에 가깝지만 2004년 테슬라를 창업해 불모지에 가까웠던 전기자동차 시장을 개척한 것을 보면 현실이 되지 말라는 법도 없다.

그의 몽상가 기질은 어린 시절부터 나타났다. 남아프리카공화국에서 태어난 그는 강압적인 교육 환경 속에서 친구들에게 따돌림 당하는 왕따였다. 머리도 좋고 책도 많이 읽었지만 또래 아이들이 생각하지도 못한 말을 꺼내는 바람에 놀림을 받거나 주먹 센 급우에게 얻어맞기 일쑤였다. 외톨이로 혼자 있는 시간이 많아지면서 그는 자기만의 세계에 빠져들었다. 당시 어린 머스크를 구한 것은 컴퓨터와 공상과학 소설이었다. 친구들이 괴롭힐수록 그는 공상과학 소설 속의 세계와 컴퓨터에 매달렸다.

그런 머스크에게 이민은 인생의 전기를 마련해준 사건이었다. 열일곱 살에 남아공을 떠나 캐나다로 이주한 머스크는 왕따에서 벗어나 천재성을 발휘하기 시작했다. 캐나다의 자유로운 분위기에서 그의 참신한 아이디어는 주변 사람들을 놀라게 했다. 다른 사람으로부터 인정을 받으며 자신감을 키운 그는 캐나다 온타리오 주 킹스턴에 있는 퀸스대학을 졸업한 뒤 미국 펜실베이니아대학에 편입해 경제학과 물리학 학사학위를 받았다. 이후 박사과정을 밟기 위해 스탠퍼드대학 대학원에 입학했지만 사업에 뛰어들며 학업을 접었다. 스물네 살이던 1995년, 인터넷으로 다양한 정보를 제공하는 웹 소프트웨어 회사 집투를 창업했던 것이다.

집투가 제공한 서비스가 시대의 요구와 맞아 떨어지며 머스크는 4년 만에 수천만 달러를 벌었다. 매각 자금으로 그는 온라인 금융사 엑스닷컴X.com을 설립했고, 이를 기반으로 모바일 결제시스템업체 페이팔을 설립해 억만장자의 반열에 올랐다. 2002년 페이팔을 이베이에 매각하며 약 1억 8,000만 달러의 거금을 손에 쥔 그는 어릴 때 공상과학 소설을 읽으며 품었던 꿈을 펼치기로 결심했다. 우주를 여행하는 꿈이었다.

이 황당한 계획을 실현하기 위해 설립한 기업이 스페이스엑스 SpaceX다. 머스크는 스페이스엑스를 통해 2002년부터 약 15년간 많은 것을 성취했다. 그중 하나는 국제우주정거장에 화물을 실어 나르는 우주선을 개발해 미 항공우주국과 운송계약을 맺은 것이다. 이로써 그는 우주선 연구개발 비용을 지속적으로 확보할 토대를 마련할 수 있었다.

그의 최종 목표는 민간 우주관광시대를 여는 것이다. 이를 위해 그는 한 번 발사할 때마다 사라지는 로켓을 재활용할 방법을 찾아야 했다. 로켓 가격이 엄청나 우주선을 보낼 때마다 새 로켓을 사용하는 방식으로는 사업성이 없었기 때문이다. 그는 로켓 회수 기술을 개발하는 데 총력을 기울였고 2017년 1월 드디어 성공했다.

로켓 발사 비용을 획기적으로 줄일 수 있는 재활용 로켓 개발에 성공한 그는 스페이스엑스가 제작한 우주선으로 달나라에 2명의 관광객을 보내겠다고 공표했다. 달에 착륙하는 것은 아니고 주변을 크게 돌고 오는 여정이지만 인류의 꿈인 달나라 여행이 눈앞의 현실로 성큼 다가왔다는 소식에 언론의 집중 조명을 받았다. 이제 겨우 민간 우주여행의 첫 단추를 낀 정도지만 이를 계기로 그의 계획이 터무니없는 몽상만은 아니라는 사실이 입증된 셈이다.

테슬라는 스페이스엑스를 설립한 2년 뒤 휘발유나 경유로 움직이는 자동차의 동력장치를 배터리와 전기모터로 바꾸겠다는 머스크의 포부로 탄생한 회사다. 그러나 기존 자동차 성능에 필적하는 전기자동차를 개발하기란 생각보다 어려웠다. 자본금이 모두 소진될 만큼 많은 자금을 투입했지만 계속 실패했다. 배터리 성능과 가솔린 자동차의 수배에 달하는 가격이 문제였다.

최초로 성공한 제품은 창업 8년 만인 2012년에 나온 '모델S'다. 한 번 충전하면 수백 킬로미터를 달릴 수 있어 눈길을 끌었다. 가격은 대당 7만~10만 달러로 비쌌지만 이전에 나온 전기자동차와는 차원이 다른 성능을 보유했다. 이때부터 테슬라는 주목을 받았고 2016년 한 번 충전으로 최대 346킬로미터를 달리는 3만 5,000달러짜리 '모델3'로 존재감을 과시했다.

사전 주문이 폭주할 만큼 인기를 끈 모델3는 실용성이 뛰어나고 매력적인 디자인까지 두루 갖췄다는 점에서 자동차산업 전체를 뒤흔들 것이라는 찬사까지 받았다. 헨리 포드가 20세기 초 '모델T'로 자동차를 대중화하고, 2007년 등장한 아이폰이 스마트폰 시대를 연 것과 비견될 혁신 제품이 탄생했다고 평가하는 이들도 있었다.

스페이스엑스의 우주여행 프로젝트와 테슬라의 전기자동차 개발에 이은 머스크의 세 번째 꿈은 태양에서 나왔다. 사막여행을 하며 태양의 무한한 힘을 실감했던 것이 동기였다. 그는 2006년 태양광 패널업체 솔라시티를 설립했다. 전기 생산용 태양광 패널을 설치해주는 것이 주력 사업이다. 미국 전역에 깔린 지붕 형태의 태양광 패널의 상당수는 솔라시티가 공급했다. 태양광으로 전기를 만들고 그 전기로 가는 자동차가 사람과 화물을 실어 나르게 한다는 게 그의 목표다.

항공기보다 빠른 초고속 열차 하이퍼루프도 머스크가 추진하는 프로젝트로, 이 역시 태양광을 동력원으로 활용한다. 수조 원의 건설 비용 대비 수익성이 있을지는 미지수다. 그러나 과학의 역사가 상상이 현실로 바뀌는 궤적을 밟아왔다는 점에서 가능할 수도 있다.

'미래의 설계자'라는 별명을 가진 머스크는 집투를 창업할 때부터 꾸준히 대중과 소통했다. 새로운 계획을 세울 때마다 기자회견이나 소셜네트워크서비스SNS를 통해 자신의 포부를 대중에게 먼저 알렸고 투자자를 끌어모았다. 테슬라의 성과로 전기자동차의 가능성을 증명했고, 스페이스엑스의 프로젝트로 우주여행이 실현 가능하다는 것을 보여주었기에 많은 이가 그의 말에 열광하고 있다.

물론 그의 말이 몽상으로 끝날 수도 있다. 테슬라 전기자동차는 배터리와 주행 성능에서 보완해야 할 점이 많고, 우주관광 로켓도 본격적으로 상용화하려면 갈 길이 멀다. 화성을 주거지로 개척한다는 프로젝트 역시 아직까지는 허황된 소리로 들린다. 그가 대중에게 전하는 꿈들이 정말 미래를 바꾸는 혁신이 될지, 아니면 실패로 막을 내릴지는 더 지켜봐야 한다. 그러나 꿈을 현실화하려는 그의 노력과 그간의 성과는 간과할 수 없다.

과연 그는 토마스 에디슨과 같이 미래를 설계했던 혁신가로 기억 될 것인가, 아니면 대중을 현혹한 몽상가에 머물 것인가. 흥미로운 관 전 포인트다.

10년 후에도
변하지 않는 것에 집중하라

제프 베조스
아마존닷컴 회장

10년 후 어떤 변화가 있겠느냐는 질문을 많이 받는다. 구태의연한 질문이다. 10년이 지나도 바뀌지 않을 게 무엇이냐는 질문은 왜 하지 않나. 이것이 더 중요한 문제인데 말이다. 예측 가능한 정보를 바탕으로 사업 전략을 세우는 일이 더 쉽다. 사람들은 싼 가격과 빠른 배송, 다양한 상품을 원한다. 10년이 지나도 이는 변하지 않는다. 변하지 않는 전제에 집중해야 헛고생을 하지 않는다. 시간이 흘러도 변하지 않는 것이 무엇인지 안다면 그런 곳에 돈과 시간을 할애하는 것이 좋지 않을까."

한 언론사와의 인터뷰에서 제프 베조스Jeff Bezos 아마존닷컴 회장이 밝힌 말이다. 말장난 같지만 곱씹어 생각해 보면 결코 평범하지 않은 통찰력이 엿보인다. 이 시대 최고 비즈니스맨 중 한 명으로 꼽히는 그는 〈포브스〉가 발표한 '2017년 세계 억만장자' 순위에서 빌 게이츠와 워런 버핏에 이어 3위에 올랐다. 1년간 재산이 276억 달러가 늘어 총 728억 달러를 보유하고 있는데, 재산 증가 속도를 볼 때 세계 최고 부자로 등극하는 건 시간문제다.

그를 거부로 만든 시발점은 인터넷 시대를 내다보고 설립한 아마존이다. 미국의 명문인 프린스턴대학을 졸업하고 월스트리트에서 금융 전문가로 승승장구하던 그는 1994년 인터넷의 폭발적인 성장 기사를 읽고 창업을 결심한다. 주변에서는 극구 말렸지만 전자상거래 시장의 잠재력을 실험해 보고 싶었다. 그는 치밀한 분석과 예측력으로 인터넷상에서 많이 판매할 수 있는 상품이 책이라는 사실을 발견했다. 세계 최대 규모의 온라인 서점 '아마존'은 이렇게 탄생했다.

그의 생각대로 인터넷 이용자가 팽창하며 온라인 서적 구매자도 폭발적으로 늘었다. 아마존은 창업 2년 만에 오프라인 서점을 넘볼 만큼 크게 성장했다. 그렇다고 위기가 없었던 것은 아니다. 1997년 상장 후 계속 치솟던 아마존의 주가는 2000년을 전후해 IT 거품이 꺼지면서 폭락하고 말았다. 그러나 수많은 IT 기업이 시장에서 사라지는 상황에서도 아마존닷컴은 끝내 살아남았다.

그 힘은 어디에서 왔을까? 위기를 극복하고 더 큰 성장을 이룬 원동력은 현실감과 실험정신을 두루 갖춘 베조스의 경영 능력이었다.

앞서 소개한 인터뷰에서도 알 수 있듯 그는 10년이 지나도 변하지 않을 소비자의 요구를 충족시키는 것은 물론 지속 가능한 성장을 위해 그만의 혁신을 더했다.

싼 가격과 간편 결제, 빠른 배송과 신속한 환불, 소비자의 불만을 재빨리 처리하는 서비스 등은 타의 추종을 불허했다. 상품의 다양화도 빼놓을 수 없다. 회원이 늘자 서적 외에 다른 품목으로 점차 영역을 넓혔는데 디지털 콘텐츠에 주력한 것이 대박을 터뜨렸다. 전자책 단말기의 대명사로 자리 잡은 '킨들'이 최전선에 섰고 게임과 음원, 영화 등이 뒤따랐다. 이로써 디지털 콘텐츠가 거대 시장으로 발돋움하는 기반이 만들어졌다.

여기에 하나 더, 2006년 자회사로 설립한 '아마존 웹서비스AWS'의 성공도 큰 의미가 있다. 아마존 웹서비스는 기업을 대상으로 인터넷 서버를 빌려주는 클라우드 서비스다. 킨들이 이북e-book 시장을 새롭게 개척했다면, 아마존 웹서비스는 클라우드 기술을 대중화하는 데 큰 공을 세웠다.

하지만 그가 이윤 창출을 위한 비즈니스에만 집중한 건 아니다. 아마존과 아마존 웹서비스가 확실한 수익 기반이었던 반면 2000년 아무도 모르게 설립한 우주선 개발업체 '블루오리진'은 미래를 위한 포석이었다. 2016년 봄 블루오리진 공장을 처음으로 언론에 공개한 날, 우주선 사업을 하게 된 동기가 무엇이냐는 기자의 질문에 그는 농담조로 이렇게 대답했다. "다섯 살 때부터 우주로 나가는 로켓을 만드는 꿈을 꾸었습니다. 실제로 로켓을 개발할 재원을 확보하게 될 줄은 몰랐죠. 아마존이라는 로또를 맞아 우주선을 만드는 회사를 세울 수 있었지요."

배조스는 10년 뒤에도 변하지 않을 가치를 쫓는 현실적인 인물이지만, 이 답변에서도 알 수 있듯 한 번 마음먹은 일은 꼭 실험해 보고 실용화하려는 성격의 소유자이기도 했다. 블루오리진도 어린 시절 꿈을 실험정신에 기반해 실행에 옮겼기에 탄생할 수 있었다. 블루오리진에서 오랜 기간 연구개발한 로켓 엔진은 점차 가시적 성과를 보이고 있고 몇 년 안에 상용화가 가능할 것으로 예상된다.

2013년부터 착수해 상용화에 들어간 드론 배송 사업 '프라임 에어'도 그의 실험정신을 보여준다. 베조스에게 드론 배송은 우주관광만큼이나 흥미로운 실험이었다. 이 사업은 보안과 비행안전 등 규제 문제를 풀어야 한다는 과제가 있지만 소비자 욕구에 비춰볼 때 언젠가는 보편적 서비스가 될 것이다.

베조스가 뛰어든 사업 중 대중에게 다소 의외로 인식된 분야가 미디어다. 그는 2013년 만성 적자에 시달리던 워싱턴포스트를 인수했다. 소식이 알려진 직후 실익도 없는 기업을 인수하다니 돈 자랑하는 것 아니냐는 지적이 쏟아졌다. 그러나 기우였다. 그는 신문사인 워싱턴포스트를 디지털회사로 바꿨고 결국 흑자로 돌려놓았다. 베조스 회장의 사업 능력이 다시 한 번 빛을 발한 사건이었다. 변하지 않는 가치에 대한 통찰력과 이에 기반한 실험정신은 이처럼 일반인들이 선뜻 이해하기 힘든 곳에 투자하는 행동으로 나타나기도 했다. 미국 텍사스 주 사막 한 가운데 설치하고 있는 특수 시계에 투자한 것도 그렇다. 1만 년이 지나도 멈추지 않는다는 이 시계에 그는 무려 4,200만 달러를 투자했다.

베조스의 실험정신의 궁극적 목표는 뭘까. 아마존을 창업한 후 그의 목표는 오직 하나, 사용자다. 베조스의 숱한 실험은 빠른 배송, 편리한 쇼핑, 다양한 상품 등 오직 사용자를 향한다. 변하지 않는 가치를 추구하고, 그 가치를 지키기 위해 실험정신을 발현하는 것. 현재의 아마존은 매출 대비 영업이익이 낮은 편이지만, 바로 이 때문에 가장 오래 살아남을 혁신기업이 될 것이라는 평가를 받고 있다.

다윗이 골리앗을 이기려면
간절함이 있어야 한다

이 해 진
네이버 창업자

> 창업 초기부터 밑바탕에는 엄청난 위기감이 깔려 있었다.
> 우리의 경쟁 상대가 다국적 기업들이었기 때문이다. 우리
> 는 이들과 싸워 어떻게 하면 이길까, 어떻게 하면 살아남
> 을 수 있을까를 늘 고민해왔다. 난국을 타개하는 힘은 초
> 인적 집중이다. 다윗이 골리앗과 싸워 이길 수 있는 길은
> 집중뿐이었다. 돌팔매 한 방의 힘이 있어야 하는 것이다.
> 목선 10척으로 철갑선 300척을 이기려면 좁게 쳐서 뚫어
> 내야 한다."

2012년 3월 이해진 네이버 창업자는 사내 강연에서 구글, 애플과의

경쟁 상황을 설명하면서 "적의 군대가 철갑선 300척이라면 우리에게는 목선 10척밖에 없다", "다윗이 골리앗을 이길 수 있는 유일한 힘은 집중과 속도뿐"이라고 강조했다.

이때는 라인이 본격적인 성공 궤도에 올랐을 시기였다. 네이버로 승승장구했던 그가 기업 경영에서 최대 위기를 맞은 것은 라인 때문이었다. 라인이 실패한다고 네이버가 치명적인 타격을 입는 것은 아니었지만 이 의장은 라인을 그만둘 수 없었다. 라인은 네이버가 국내에서 벗어나 세계적인 기업으로 성장할 수 있는 발판이자 이 의장의 자존심이기도 했다.

그는 2016년 7월 거의 2년 만에 언론에 모습을 드러냈다. 라인의 미국과 일본 증권시장 동시 상장을 계기로 네이버의 미래 청사진과 전략을 설명하기 위해서였다. 공식석장에 잘 나타나지 않기로 유명한 그가 직접 간담회에 나왔다는 건 그만큼 라인 상장이 큰 의미를 지녔기 때문이었다.

라인은 국내에서는 카카오톡에 밀려 존재감이 약하지만 일본과 태국, 대만 등 일부 국가에서는 국민 메신저로 통할 정도로 성공한 메신저 서비스다. 2016년 기준으로 가입자 10억 명에 월 평균 사용자 2억 1,000만 명을 훌쩍 넘어섰다. 시가총액은 상장 이후 10조 원을 오르내리고 있다. 이 의장은 라인 상장을 통해 거액의 자금을 조달하며 재도약의 발판을 마련할 수 있었다. 2011년 서비스를 시작했으니 5년 만에 대박을 낸 것이다. 라인의 성공에 대해 그는 이렇게 말했다. "경영은 리소스 배치 싸움이다. 한정된 자원을 어디로 배치하느냐에 따라 승부가 난다. 라인이 결국 큰 성과를 낸 배경에는 리소스를 일본에 사용했기 때문이다."

하지만 라인이 성공의 단맛을 보기까지는 수많은 좌절과 실패가 있었다. 이 의장은 네이버의 세계화를 위해 일본을 교두보로 삼고 2000년 11월 네이버재팬을 설립했다. 한국에 이어 일본에서 자리를 잡으면 다른 국가에서도 성공할 확률이 높다고 판단했다. 일본 시장이 호락호락하지 않을 것이라고 생각했으나 현실은 더 냉혹했다.

처음에는 한국에서처럼 검색 서비스로 승부를 걸었다. 결과는 참패였다. 일본 네티즌의 성향은 완전히 달랐고 사업 환경도 생소했다. 5년 가까이 온갖 시도를 했지만 역부족이었다. 이 의장은 눈물을 머금고 2005년 일본 철수 결정을 내렸다. 아쉬움을 떨치지 못한 그는 2007년 다시 일본 시장에 도전했다. 우수한 인재와 재원을 투입해 점유율을 높이려고 했지만 일본 포털시장의 벽은 높기만 했다. 악전고투하며 문을 두드렸지만 두 번째 도전 역시 성과를 내지 못하고 끝났다. 6년 만에 고배를 마신 것이다.

일본 시장에서 시련을 겪으며 이 의장은 철저하게 반성했다. "열심히 하지 않아서가 아니라 방향 자체가 잘못된 것은 아닐까?" 그는 실패의 원인을 묻고 또 물었다. 그렇게 스스로 질문하고 네이버 임직원들과 숙의한 결과 탄생한 사업이 바로 글로벌 모바일 메신저 라인이었던 것이다. 이때 이 의장은 앞으로 모바일이 아니면 생존할 수 없다고 판단했다. 네이버의 한 임원은 2016년 5월 태국에서 가진 기자간담회에서 이 의장이 라인을 시작할 때 임직원들에게 이런 메시지를 전했다고 밝혔다. "우리 業의 특성상 힘든 것을 각오해야 한다. IT업계는 산업 중에서도 가장 변화가 빠르고 경쟁이 심한 곳이다. 이 분야에서 일하려면 당연히 엄청난 각오를 해야 한다. 지금까지 알았던 것은 모두 잊고 백지부터 다시 시작하자."

이 의장이 거듭되는 실패와 좌절 속에서도 힘을 잃지 않았던 것은 네이버의 성공 경험이 바탕이 됐다. 삼성SDS 사내 벤처에서 시작된 네이버가 검색 서비스를 시작했던 1999년, 포털 시장에는 강자들이 즐비했다. 외국 업체로는 구글과 야후가 버티고 있었고 국내 업체는 다음과 엠파스 등이 점유율 싸움을 벌였다.

예상대로 사업 초기엔 어려움이 있었다. 네이버의 자본금은 바닥을 드러냈고 곧 문을 닫아야 할 위기에 몰렸다. 하지만 이 의장은 김범수 카카오 의장이 설립한 한게임과 네이버를 합병하고 검색광고를 강화하며 수익 기반을 확보했다. 그리고 지식검색 등 서비스를 차별화하며 강적들을 모두 물리치고 네이버를 국내 1위 포털로 키웠다.

그는 2014년 중소기업 리더스포럼에서 15주년을 맞은 네이버의 성장 역사를 언급하며 자신의 속내를 털어놓았다. "회사가 15년 됐다는 것은 15번 새로 태어났다는 의미다. 매년 죽을 것 같았는데 살아났고, 그래서 매년 다른 회사로 바뀌고 있다." 꼭 살아남아야 한다는 간절한 마음으로 집중했다는 것인데 다윗이 골리앗을 이기는 비결이라는 점에서 귀 담아 들을 만한 이야기다.

창조만으론 충분하지 않다,
혁신에 매진하라

래리 페이지
구글 창업자

> 창조만으로는 충분하지 않다. 전기공학자인 니콜라 테슬라는 우리가 사용하는 전력을 만드는 데 그치지 않고 인간들이 쓸 수 있도록 노력했다. 창조에 혁신을 더해 기업은 그것을 사람들이 편리하게 쓸 수 있도록 해야 한다."

구글의 창업자 래리 페이지Larry Page는 2014년 캐나다 밴쿠버에서 열린 콘퍼런스에서 자신이 가장 존경하는 과학자 니콜라 테슬라를 언급하며 이렇게 말했다. 테슬라를 기업명으로 정하고 전기자동차의 상용화에 큰 공을 세운 일론 머스크를 높이 평가한 것도 같은 맥락이다. "머스크는 인류를 위해 화성 개척에 나서기를 원한다. 가치 있는 일이다. 우리는 세계를 변화시켜 더 나은 곳으로 만들기를 원한다. 지금의 인류를 뛰어넘는 존재가 되고 싶은 것이다."

페이지는 전산학과 교수였던 아버지와 어머니 덕분에 어릴 때부터 컴퓨터에 능숙했다. 컴퓨터를 쉽게 접할 수 있었던 것은 그에게 행운이었다. 하지만 정작 그에게 꿈을 불어넣은 인물은 니콜라 테슬라였다. 10대 소년 시절 페이지는 테슬라의 전기를 읽고 혁신가가 되겠다고 결심했다. 그 뒤 대학에서 컴퓨터공학을 공부하며 교수가 되려고 했지만, 평생의 꿈을 함께 이룰 세르게이 브린을 만나면서 인생의 궤도를 바꿨다. 당시 인터넷 웹에 주목한 두 사람은 웹페이지를 찾는 기술을 연구하는 과정에서 검색엔진을 개발했다. 그의 나이 23세인 1996년, 그가 개발한 검색엔진이 바로 구글이다.

그들이 만든 검색엔진은 성능이 뛰어났지만 당시로서는 사업화될 가능성이 낮았다. 결국 애써 개발한 구글을 야후 같은 기존 포털업체에 매각하려고 했는데, 아무도 구글의 잠재력을 알아보지 못했다. 돌이켜보면 그것이 엄청난 행운으로 되돌아온 셈이지만 말이다.

페이지는 어쩔 수 없이 구글을 직접 경영하게 됐다. 초기에는 어려움이 따랐지만 검색어 광고로 일단 수익 기반을 마련한 뒤로는 고속으로 질주할 수 있었다. 하지만 급성장 과정에서 경영상 문제가 발생했다. 난관에 직면한 페이지와 브린은 IT업계의 경영전문가 에릭 슈미트를 영입했다. 결과적으로 이 결정은 옳았다. 슈미트는 구글을 세계 최고 기업으로 키웠고, 그동안 페이지와 브린은 초심을 간직한 채 인류를 위한 혁신 기술을 개발하는 꿈을 펼칠 수 있었으니 말이다.

페이지는 2011년 구글 최고경영자로 복귀했다. 자신의 꿈을 제대로 실현할 시기가 무르익었다고 판단한 것이다. 그는 브린과 역할을 나눠 혁신을 주도했다. 구글은 전 세계 포털시장을 거의 독점하다시피 했고. 높은 영업이익률로 해마다 거액의 유보금이 쌓였다. 조직이 거대해지면 부작용이 따르는 법. 구글이 현재의 사업에 집중하면서 계속해서 혁신 기술을 개발하려면 특단의 조치가 필요했다.

페이지는 또 다른 결단을 내렸다. '알파벳'이라는 지주사를 설립한 것이다. 2015년 8월 10일 그는 구글 공식 블로그에 이 결정의 배경에 대해 설명하는 글을 올렸다. "알파벳은 구글과 전혀 다른 일을 할 것이다. 알파벳의 역할은 그 이름이 말해주고 있다. 알파벳이라는 문자는 인간이 이룬 혁신 중 가장 중요한 것이다. 또 알파는 시장 평균을 넘는 수익을 의미하기도 한다." 한마디로 인간에게 꼭 필요한 혁신을 일으키면서 이익을 창출하는 기업으로 만들겠다는 포부였다.

이 같은 포부를 보여주는 제품이 그가 2017년에 인터넷 동영상을 통해 공개한 플라잉 카flying car다. 말 그대로 하늘을 나는 자동차는 인류의 오랜 꿈이지만 실현이 불가능한 기술로 여겨져왔다. 도로 위를 날아다니다 멈춰야 할 곳에 즉각 착륙하게 하는 기술은 개발이 쉽지 않을뿐더러, 사고에 대비한 안전 문제도 해결해야 하기 때문이다. 상상만으로도 즐거운 플라잉 카는 영화에서는 이미 많이 등장했지만 상용화하기에는 매우 어려운 제품이었던 것이다.

하지만 페이지는 이런 플라잉카를 만들기 위해 신생 벤처기업 '키티호크'를 설립했다. 라이트 형제가 처음으로 비행에 성공한 장소가 바로 키티호크인데, 페이지가 추구하는 혁신 기술의 궁극적 목표가 실용이라는 것을 드러내는 이름이라 하겠다. 페이지는 1인승 플라잉 카를 만드는 데 이미 1억 달러 이상을 투자했고, 자율주행 자동차와 인공지능 등 수많은 혁신 제품과 기술을 개발해 상용화 단계를 밟고 있다. 첫발을 뗀 만큼 플라잉 카도 멀지 않은 미래에 우리 생활의 일부가 될 가능성이 높다.

페이지는 기업가가 쉬지 않고 혁신에 매진해야 하는 이유를 이렇게 역설한다. "새로운 기술로 인간의 삶을 개선할 가능성은 매우 많다. 지금은 말도 안 되는 것처럼 보이는 프로젝트에 엄청난 투자를 하는 것에 놀라지 마라. 세계의 모든 정보를 조직하고 인간이 편리하게 사용하게 하는 게 우리의 임무다. 아직 해결되지 않은 문제를 보면 가치 있는 일이 무엇인지 보일 것이다." 요약하면 인류가 직면한 문제를 해결해 더 나은 세상을 만들라는 것인데, 기업가정신이 무엇인지 제대로 정의했다고 볼 수 있다.

해커처럼 빠르게 움직여
문제를 해결하라

마크 저커버그
페이스북 CEO

> 생각만으로 서로 소통할 수 있는 날이 올 것이다. 친구와 체스를 둘 때 직접 만날 필요 없이 AR(증강현실) 안경이나 렌즈를 끼고 아무 곳이나 바라보면 가상의 체스 판이 등장한다. 그림을 보고 싶을 때도 마찬가지다. 머지않아 AR 기기가 기존 TV나 스마트폰을 대체하게 될 것이다."

2017년 페이스북 개발자 콘퍼런스에 참석한 마크 저커버그Mark Zuckerberg의 예언이다. 좀 더 쉽게 풀이하자면 초고속 인터넷과 연결된 AR기기와 뇌파를 활용해 머릿속 개념을 말과 언어로 변환하는 시스템을 개발하면 생각만으로도 소통이 가능한 세상이 온다는 얘기다. 그런데 정말 이것이 가능할까?

저커버그는 2가지 혁신 기술로 이 질문에 답한다. 하나는 인간의 뇌파를 기반으로 1분당 단어 100개를 입력하는 '브레인 마우스'다. 단어나 문장을 떠올릴 때 움직이는 뇌파를 초정밀 센서가 감지해 자연언어로 바꾸는 기기다. 이것을 스마트폰에 장착하면 전화를 걸거나 검색을 할 때, 손을 쓰거나 말로 명령을 내릴 필요가 없게 된다. 원하는 정보나 메시지를 떠올리기만 하면 브레인 마우스가 알아서 처리해주기 때문이다. 이런 시스템이 개발되면 의사소통 방식에 근본적인 변화가 생긴다. 인간이 달에 착륙해 우주시대를 개막한 것처럼 브레인 마우스의 등장으로 말하지 않아도 소통이 가능한 텔레파시 세상이 펼쳐지는 것이다.

다른 하나는 '현실세계'의 개념을 바꿀 AR이다. AR은 VR(가상현실)과 달리 현실과 가상을 융합한다. 오프라인과 온라인 경계가 무너진다는 뜻이다. 지금은 시야에 들어오는 것만 보지만 앞으로는 AR을 구현하는 안경이나 콘텍트렌즈만 착용하면 내 눈 앞에 없는 것도 언제든 볼 수 있다. 인터넷망에 연결돼 있으면 지구 반대편에 있는 친구를 만날 수 있고, 보고 싶은 영화가 생각나면 바로 관람할 수 있다. 언제든 또 어디서든 원하는 것을 얻고 소통하는 유비쿼터스가 실현되는 셈이다.

저커버그의 성공 스토리는 다름 아닌 이 커뮤니케이션 혁명에서 비롯됐다. 그는 하버드대학 재학 시절에 새로운 의사소통 수단인 페이스북을 개발했다. 인터넷으로 친구들과 편하고 재미있게 소통하려고 재미 삼아 개발한 프로그램이 전 세계 수십억 명이 사용하는 SNS로 자리 잡은 것이다. 마침 SNS 수요가 폭발적으로 증가하는 행운이 따랐지만 그를 성공으로 이끈 저력은 상상한 것을 현실로 바꾼 실행력에 있다. 그는 사업을 확장할 타이밍을 정확하게 포착하고 적기에 투자자를 찾아냈다.

무엇보다 사람들이 원하는 게 무엇인지 그 방향성을 포착하는 혜안은 다른 경영자들이 추격하기 힘든 것이었다. 인문학적 기질이 없으면 불가능한 능력이다. 대학 때 심리학을 공부했던 저커버그는 컴퓨터에 소질이 있었지만 기술보다 인간에 대한 관심이 컸다. 고교 시절에도 서양고전 등 인문학 서적을 많이 읽었는데, 그렇다고 공부만 하는 샌님은 아니었다. 당시 '시냅스 미디어 플레이어'라는 실용 소프트웨어를 만들 만큼 남다른 사업가 기질을 갖추고 있었다.

페이스북을 성공시켜 억만장자의 반열에 오른 저커버그는 기회가 있을 때마다 더 많은 사람이 쉽게 소통할 수 있는 세상을 만들겠다는 강한 의지를 보였다. 2016년 개발자 콘퍼런스에서는 전 세계를 인터넷으로 연결하겠다는 포부를 밝히기도 했다. "70억 명의 지구촌 사람들 중에 절반 이상은 아직 인터넷을 이용하시 못하고 있다. 모두를 인터넷으로 연결해 친구가 되도록 하는 게 우리의 목표다." 무료 인터넷 보급 프로젝트인 '인터넷닷오알지internet.org'도 이런 신념에서 나온 것이다.

페이스북의 영향력이 커지다 보니 그에게는 새로운 도전이 끊이지 않는다. 개인정보 유출 논란에 휘말리는가 하면 페이스북을 타고 전

파되는 콘텐츠의 적절성 여부가 구설수에 오르기도 한다. 2016년 미국 대통령 선거 때는 가짜뉴스 때문에 홍역을 치르기도 했다. 문제가 된 것은 페이스북의 뉴스 노출 서비스 '트렌딩 토픽'이었다. IT 전문 블로그 기즈모도가 전직 페이스북 큐레이터의 증언을 토대로 트렌딩 토픽이 의도적으로 보수 성향의 뉴스 노출을 막고 있다고 공격한 것이다. 미국 보수 진영은 페이스북을 공개적으로 비판했고, 미국 상원은 조사에 착수했다.

이 사건은 저커버그에게는 큰 위기였다. 수십억의 가입자가 하루 평균 50분씩 접속하는 페이스북은 여타 매체와 비교가 되지 않을 만큼 영향력이 크다. 그런 만큼 신뢰와 공정성이 의심받게 되면 브랜드 가치가 한순간에 주저앉을 수도 있다.

문제의 심각성을 느낀 저커버그는 재빨리 진화에 나섰다. 그는 자신의 페이스북을 통해 이렇게 해명했다. "모두가 생각과 경험을 공유한다면 이 세계는 더 좋은 곳이 될 것이다. 트렌딩 토픽 기능은 이런 측면에서 가장 뉴스 가치가 있고 대중적인 대화를 노출하도록 고안됐다."

이와 동시에 트렌딩 토픽 담당자들이 정말 특정 정치 뉴스를 배제했는지 전면적인 조사를 벌였다. 이것으로 부족하다고 느낀 저커버그는 글렌 벡과 데이나 페리노 같은 보수 성향의 인사들을 만나 트렌딩 토픽의 알고리즘을 직접 설명하고 페이스북이 지향하는 공정한 정보 공유 정신을 거듭 밝혔다. 이 사건에 대해 저커버그가 보인 대응은 그의 위기관리능력을 확인시켜줬다.

시련을 두려워하지 않고 의연히 대처하는 그의 용기는 페이스북 성공의 밑거름이 됐다. 사실 그는 하버드대 재학 중 페이스북의 전신인 '페이스매시'를 개설해 리스크 테이킹을 즐겼다. 또한 페이스북 설립 초기에 많은 시행착오가 있었지만 낙심하지 않고 끊임없이 새로운 사업을 추진했다. 사업이 본궤도에 오른 2006년 야후가 10억 달러에 페이스북을 인수하겠다고 했지만 그는 거절했다. 당장의 작은 성공보다는 위험이 있지만 미래의 더 큰 성공을 내다봤던 것이다. 이런 그의 도전은 기대 이상의 성과를 냈다. 2008년 페이스북 가입자가 1억 명을 넘어섰고, 그때부터 저커버그는 차세대 가장 주목 받는 경영자로 주목받았다.

저커버그는 페이스북의 최대 장점으로 '해커 정신'을 꼽는다. 그는 '윌로 로드'였던 페이스북 본사 주소를 '해커 웨이'로 바꿀 만큼 해커를 높이 평가한다. 해커는 위험과 위기를 두려워하지 않는 사람이기 때문이다. 저커버그가 자주 하는 말이 있다. "완벽한 해결보다는 당장 행동으로 옮기는 것이 낫다. 직접 코드를 푸는 사람이 기획과 토론만 하는 자를 능가한다. 빠르게 움직여 문제를 해결하라. 가장 위험한 일은 어떤 위험도 감수하지 않는 것이다."

앞으로 더 큰 어려움이 저커버그를 기다릴지도 모른다. 그러나 어떤 위험도 무릅쓰겠다는 해커 정신을 잃지 않는다면 그는 초연결사회에서 커뮤니케이션 혁명을 주도한 기업가로 역사에 남을 것이다.

실패를 확장하면
성공이 된다

젠 슨 황
엔비디아 사장

> 어떤 사업에 투자할 때는 시장 크기만 봐서는 안 된다. 꼭 해야 하는지, 독창적인지가 중요하다. 이 기준에 따라 나는 인공지능에 10년 넘게 투자했다. 확장성을 감안할 때 인공지능은 이제 막 첫발을 뗐을 뿐이다."

2016년 초 미국 라스베이거스에서 열린 세계 최대 가전 박람회인 CES에서 엔비디아 사장 젠슨 황Jen-Hsun Huang, 黃仁勳은 자신에 찬 어조로 이렇게 말했다. 행사에 참석한 거의 모든 사람은 그의 발언을 매우 의미심장하게 받아들였다. 그동안 그가 이룬 성과에 비춰 봤을 때 그럴 만한 가치가 있다고 판단했기 때문이다.

젠슨 황이 1993년 설립한 엔비디아는 소비자 제품을 생산하지 않아 일반인들에게는 생소하지만 전 세계 GPU(그래픽 처리장치) 시장의 70~80퍼센트를 과점한 글로벌 IT기업이다. 칩셋 기술 하나로 시작했으나 인공지능과 사물인터넷, 증강현실과 가상현실, 클라우드, 자율주행 자동차 등 차세대 기술로 영역을 확대하며 미래 산업의 지형도를 바꾸는 데 큰 역할을 하고 있다.

또한 엔비디아의 강점인 GPU 기술은 4차 산업혁명이 본격화되면 수요가 더 많아질 게 확실하다. 이 때문에 구글을 비롯한 많은 세계적 기업들로부터 제휴 또는 협력 제의를 받고 있는데, 그중에는 SK텔레콤도 포함돼 있다. 엔비디아의 자율주행 플랫폼에 SK텔레콤의 T맵을 결합하면 큰 시너지 효과를 기대할 수 있어 두 회사는 의기투합하기로 했다. 젠슨 황은 SK텔레콤과 제휴하기 전 아우디와 공동으로 완전 자율주행차를 개발하겠다는 청사진을 제시해 세간의 주목을 받았다.

엔비디아의 가장 큰 힘은 확장성에 있다. GPU의 확장성은 이미 증명됐다. 애초 GPU는 컴퓨터 CPU(중앙처리장치)를 보완하는 역할에서 출발했지만 입체적인 정보처리가 필요한 소프트웨어와 IT 관련 기기들이 나오면서 그 우수성을 보여줬다. 인공지능과 가상현실 등 짧은 시간에 동시다발로 연산해야 하는 요구에 가장 빨리 최적화하는 능력이 있었던 것이다. 게임에 적용하는 화려한 그래픽 처리를 위해 고속병렬연산 방식에 중점을 두고 개발했던 것이 4차 산업혁명 시대와 딱 맞아 떨어졌다.

이런 성공은 우연이 아니다. 젠슨 황이 앞을 내다보며 설계한 계획이 적중한 결과라 할 수 있다. 그의 통찰력은 끈질긴 노력과 뼈아픈 실패 경험에서 나왔다. 대만에서 태어난 그는 어린 시절 부모와 함께 미국으로 건너왔다. 스탠퍼드대학에서 전기공학 석사를 취득한 뒤 CPU업체인 AMD에서 일하다가 엔비디아를 창업했다.

학교 공부를 할 때도 그랬지만 회사를 경영하면서도 그는 최선을 다했다. 무엇이든 전력투구하는 성격이었다. 그러나 노력한 만큼 결과가 나오지 않는 것이 사업이다. 벤처캐피털의 지원을 받아 설립한 엔비디아는 GPU 시장에 안착하기 전까지 4년가량 고전을 거듭했다. 어느덧 투자 받은 자금은 거덜 났고, 회사는 존폐의 위기에 몰렸다. "기술과 상품성은 좋았지만 호환성이 떨어진다"는 것이 엔비디아에 대한 업계의 평가였다.

실패의 원인을 절감한 젠슨 황은 많은 시행착오 끝에 1997년 드디어 시장이 원하는 제품을 내놓을 수 있었다. 이때 나온 칩셋이 공전의 히트를 쳐 엔비디아의 기사회생에 결정적 역할을 했다. 심연으로 떨어지기 일보직전에 회생하는 과정을 겪은 그는 어떤 사업이나 기술도 확장성이 중요하다는 사실을 깨달았다.

일정 궤도에 오른 엔비디아는 고속질주하기 시작했다. 그 덕에 1999년 나스닥에 입성했고, 더 많은 자금을 유치할 수 있었다. 상장한 바로 그해 GPU 생산 물량이 1,000만 개를 넘어섰고, 제품의 우수성이 알려지면서 많은 곳에서 주문이 쏟아졌다. 1,000만 개를 돌파한 지 3년도 되지 않아 칩셋 생산량 1억 개 달성 목표를 이뤘고, 자체 공장 없이 전 세계 GPU 시장의 75~80퍼센트를 선점할 만큼 비약적으로 발전했다. 뛰어난 품질과 가격 경쟁력 그리고 끊임없이 수요가 발생하는 확장성이 불러온 성공이었다. 한때 엔비디아 주가가 폭등한 적이 있는데 이유를 알고 보니 가상화폐 비트코인 때문이었다. 비트코인 가격이 올라가자 많은 사람들이 비트코인 채굴에 몰렸는데, 채굴을 위해서는 엔비디아의 GPU가 필요했던 것이다.

거듭된 실패에도 불구하고 젠슨 황이 4차 산업혁명의 총아로 부상한 데는 확장 가능성을 알아본 혜안과 어떤 상황에서도 포기하지 않은 끈기와 용기가 결정적인 역할을 했다. 그는 동료 사업가와 직원들에게 종종 이렇게 말한다. "실패를 정직하게 받아들이는 것이야말로 성공의 열매를 딸 수 있는 길이다." 실패를 확장하면 성공이 될 수 있다는 의미일 것이다.

AI는 모든 인간의 이익을 위해
쓰여야 한다

데미스 하사비스

딥마인드 CEO

 알파고는 범용 학습 시스템으로 개발됐지만 바둑만 할 수 있다. 인간의 지능을 따라 잡기에는 여전히 격차가 크다. 기억력과 상상력, 계획과 언어능력을 갖추지 않았다. 인간의 역량을 보유하려면 갈 길이 멀다. 시스템 자체가 스스로 학습하지만 바둑 경기에서 승리하라는 목표값을 준 것은 인간이다. 인간이 제어하면 행위를 하는 것뿐이다. 과거 산업혁명 때와 마찬가지로 신기술이 나오면 생각지 못했던 종류의 일자리들이 만들어진다. 공감능력이 필요한 일, 사람을 보살피는 업무와 교육 분야에서 가치를 창출할 것이다. 인공지능 연구가 아직 초기지만 적용이 확대되면 윤리문제도 고민해야 한다. 모든 인간의 이익을 위해 사용하는 게 중요하므로 깊은 성찰이 필요하다."

알파고가 인간계 바둑 최고수인 중국의 커제 9단을 격파하던 바로 그때, 구글코리아는 서울 캠퍼스에서 'AI 혁신과 알파고'라는 주제로 포럼을 진행하고 있었다. 길게 소개한 인용문은 당시 포럼에 참석한 딥마인드 CEO 데미스 하사비스Demis Hassabis가 알파고의 승리에 대해 밝힌 소견이다.

커제 9단이 인공지능 알파고에 완패한 것은 인류 역사에 길이 남을 대사건이었다. 단지 인공지능이 인간과의 바둑 대결에서 이겼다는 차원에서 그치지 않는다. 과거 증기기관과 전기, 인터넷이 산업혁명을 촉발했듯 알파고는 4차 산업혁명을 이끌 맹아가 될 수 있다. 인공지능 시대를 개막한 이정표인 것이다. 알파고를 개발한 하사비스의 이후 행보에 대해 우리가 관심을 가질 수밖에 없는 이유다.

2016년 이세돌 9단과 인공지능이 바둑 대국을 벌였을 때 하사비스는 이렇게 말했다. "바둑은 사람의 직관과 통찰력이 결정적 역할을 한다. 인공지능이 인간을 넘어설 수 없는 영역으로 여겨져 온 이유다. 그러나 이런 불가능에 도전하고 싶었다. 이런 측면에서 이세돌 9단과의 대국은 인류사에 남을 그랜드 챌린지가 될 것이다."

그의 천재성과 도전정신은 어릴 때부터 엿보였다. 네 살에 체스를 시작해 10대 초반 영국 챔피언에 등극한 그는 체스를 둘 때 인간의 뇌가 어떻게 움직이는지 의문을 가졌다. 어린 시절의 단순한 호기심으로 끝났을 법한 이 질문을 하사비스는 끈질기게 물고 늘어졌다. 그는 고등학교를 우수한 성적으로 조기 졸업하고 1994년 영국 케임브리지대학 컴퓨터공학과에 입학했다. 이 무렵 선풍적인 인기를 끌었던 시뮬레이션 게임 '테마파크'를 비롯해 다양한 두뇌 게임을 탄생시키며 알파고를 개발할 실력을 쌓았다.

인공지능에 대한 그의 관심은 유니버시티칼리지런던UCL에서의 인지신경과학 박사과정으로 이어졌다. 박사학위를 취득한 이듬해인 2010년 하사비스는 본격적인 인공지능 개발을 위해 딥마인드를 창업했다. 하지만 목표 수준의 인공지능을 만들려면 다양한 자료와 막대한 투자가 필요했다.

그러나 이 고민은 오래가지 않았다. 구글이 손을 내민 것이다. 2014년 1월 딥마인드를 인수한 구글은 하사비스가 발표했던 뇌 관련 논문들을 주목했다. 인간의 뇌가 대인관계나 처한 환경, 기억과 상상력 등에 어떻게 작용하는지가 하사비스의 연구 주제였다. 당시 구글 관계자는 "딥마인드의 인수는 기존 인공지능을 보강하려는 것이 아니라 전혀 다른 분야를 개척하기 위한 것"이라고 밝혔다.

구글에 합류하며 든든한 지원을 받게 된 하사비스는 스스로 학습하는 인공지능 프로그램 'DQNDeep Q-network'을 개발했다. 〈네이처〉 지에도 실렸던 DQN은 컴퓨터의 연산을 심화신경망과 결합하는 방식으로, 게임을 하면 할수록 승률이 높아지는 것이 특징이었다. DQN이나 알파고는 컴퓨터가 스스로 공부하는 머신러닝과 신경과학을 활용했다는 점에서 새로운 인공지능은 아니다. 그러나 인간을 넘어서 바둑의 신으로 등극한 알파고의 면모를 볼 때, 인공지능 기술 발전에 획기적 진전이 이뤄지고 있음을 증명했다.

그렇다면 알파고의 다음 목적지는 어디일까. 알파고의 인공지능 기술은 이미 구글 데이터센터의 냉각설비를 자동으로 관리하는 데 투입됐다. 에너지 효율성이 극대화돼 인간이 조작할 때보다 비용이 40퍼센트나 줄었다.

현재 알파고 기술은 일부 로봇에도 적용돼 좀 더 복잡한 일을 수행하도록 하고 있다. 그러나 하사비스가 가장 크게 기대하는 곳은 의료 분야다. 2016년 선보인 '스트림스'는 알파고 같은 인공지능을 기반으로 조기 진단하는 시스템이다. 환자의 상태를 스스로 학습해 긴급 상황에 처하기 전에 치료할 수 있도록 개발됐다. 이뿐만 아니라 교육과 금융, 법률 등 인공지능이 활용될 분야는 무궁무진하다.

하사비스의 바람대로 인공지능이 모든 인간의 이익을 위해 쓰인다면 가장 이상적이다. 그러나 간단한 문제는 아니다. 스트림스만 해도 인공지능에게 민감한 개인 의료 정보를 제공하는 것이 적절할지에 대해 의문을 제기하는 사람이 많다. 자칫 오용되거나 작동에 이상이 생겼을 때 그 후폭풍이 만만지 않을 것이란 염려 때문이다.

인공지능을 움직이는 기업의 윤리성을 믿을 수 있을지도 생각해 볼 문제다. 규제가 필요한 상황이 닥쳤을 때, 이것이 혁신 기술 개발에 걸림돌이 될 수도 있다. 이렇듯 하사비스가 꿈꾸는 인공지능의 미래가 현실화되려면 풀어야 할 선결 과제가 한둘이 아니다.

커제 9단을 꺾고 바둑계를 은퇴한 알파고의 후손들은 범용 단계에 진입하기 위해 워밍업에 들어갔다. 하사비스의 그랜드 챌린지도 이제 막 시작했다고 볼 수 있다. 인간의 지능 수준으로 끌어올려야 성공하는 그의 도전이 몇 년 안에 성취될지 아니면 수십 년의 세월이 필요할지는 누구도 장담할 수 없다. 알파고 자손들이 몰고 올 4차 산업혁명과 이에 따른 인간의 운명이 어떻게 전개될지 벌써부터 궁금해진다.

기업가에겐 새로운 것을 찾아나서는
노마디즘이 필요하다

김 범 수
카 카 오 의 장

> 66 머릿속 지식은 혁신의 훼방꾼이다. 과거의 경험과 지식이
> 방해가 될 수 있다. 새로운 시대에는 이런 지식의 저주에
> 빠지지 않도록 조심해야 한다."

김범수 카카오 의장이 평소 임직원들에게 자주 당부하는 말이다. 그
는 중대한 결단을 앞두고 많은 명언을 남겼다. 2016년 SK 계열사 로엔
엔터테인먼트의 '멜론' 인수를 논의할 때도 "아무도 가보지 않은 길을
즐겁게 가자"며 임직원들의 용기를 북돋았다. 이에 앞서 다음커뮤니케
이션과 카카오의 합병을 앞둔 2014년 9월 두 회사 직원들을 만난 자
리에서도 "옛 모습을 잊고 새로운 지대로 나가야 할 것"이라며 도전정

신을 강조했다. 김 의장의 어록 중에 가장 유명한 것은 2009년 '안정된 직장'이었던 NHN을 떠나면서 남긴 말이다. "배는 항구에 정박해있을 때 가장 안전하다. 하지만 그것이 배의 존재 이유는 아니다."

그는 스스로 이 말을 증명해 보였다. NHN를 뒤로 하고 한동안 암중모색하더니 '카카오톡'이라는 배를 타고 위태로운 항해에 나선 것이다. 카카오톡은 초기 몇 년 동안 계속 적자를 냈다. 무료로 제공되는 모바일 메신저였기 때문에 적당한 수익 모델을 찾을 수 없었다. 업계에서는 카카오톡 같은 사업 방식으로는 살아남기 힘들 것이라는 비관적 전망이 지배적이었다. 무모한 시도였다고 혹평하는 이가 긍정적으로 보는 사람보다 훨씬 많았다.

하지만 김 의장은 모바일 시대를 맞아 무료 채팅 서비스가 기존 인터넷 포털을 넘어서는 중심 플랫폼이 될 것이라는 확신과 비전이 있었다. 누적되는 적자로 가까운 동료들마저 사업을 접어야 하는 것 아니냐는 의견을 내놓는 상황에서도 그는 흔들리지 않았다. NHN에서 대표를 맡았을 때 모은 자금으로 카카오톡을 유지해 나갔다. 그 돈이 없었다면 카카오톡은 사라졌을지 모른다. 카카오톡의 비즈니스 모델로는 외부 자금을 투자 받기가 거의 불가능했을 것이기 때문이다.

김 의장의 비전이 빛을 보기 시작한 것은 카카오가 출범한 지 4년째부터였다. 시간이 지나면서 카카오톡은 국민 모바일 플랫폼으로 자리 잡았다. 사용자 수가 일정 궤도에 오르자 엄청난 영향력을 발휘했고 이는 결정적인 수익 기반이 돼주었다. 김 의장은 카카오톡의 유료 콘텐츠와 서비스 발굴을 위해 직원들과 밤낮으로 아이디어를 짜

냈고, 수많은 시행착오 끝에 돈이 되는 사업을 하나씩 찾아냈다. 무료로 제공되던 서비스를 유료화하는 일이 쉽지만은 않았지만 사용자가 수천만 명에 달하는 플랫폼의 성공은 시간문제였다. 문 닫을 것 같던 카카오톡이 콘텐츠와 서비스를 확대하며 매출과 수익을 늘리는 모습을 보며 사람들은 비로소 김 의장의 뚝심과 통찰력에 찬사를 보냈다.

카카오톡 경영이 안정권에 진입했지만 김 의장의 질주는 멈추지 않았다. 카카오가 보인 거침없는 인수합병은 그의 도전이 기업가정신을 넘어 노마디즘에 가깝다는 생각을 갖게 만든다. 유목민처럼 한곳에 머물지 않고 끊임없이 새로운 영토를 찾아 나서고 있다는 점에서 그렇다. 카카오는 2014년 말 유치원과 어린이집 스마트 알림장 서비스를 제공하는 '키즈노트'를 인수했고 곧바로 지하철 내비게이션 앱을 사들였다. 2016년에는 국민 내비게이션으로 불리던 '김기사'의 지분 전부를 642억 원에 인수해 화제가 됐다. 글로벌 SNS인 '패스Path'의 자산을 넘겨받은 것도 이 무렵이었다.

사업가로서 김 의장은 진취적인 성향이지만 타고난 성격은 차분하고 조용한 편이다. 넉넉하지 못한 집안에서 태어났지만 공부를 게을리하지 않았다. 서울대학 산업공학과에서 석사까지 마치고 삼성SDS에 입사했다. 그는 가난하게 성장한 탓인지 자립심이 강했고 돈을 버는 감각이 뛰어났다. 컴퓨터 게임이 인기를 끌 무렵 규모가 큰 PC방을 운영하기도 했는데, 월급과 부업으로 자금이 어느 정도 쌓이자 창업을 결심했다. 그렇게 탄생한 기업이 한게임이었다. 그 뒤 김 의장은 이해진 네이버 의장과 의기투합해 회사를 합병했다. 꼼꼼하지만 베팅을 해야 할 상황에서는 놀라울 만큼 과감해지는 그의 사업가 기질은 NHN을 그만 두고 카카오를 설립했을 때 절정에 달했다고 할 수 있다.

세계적인 경기 침체로 기존 산업들이 성장을 멈추는 시기에 실패를 두려워하지 않고 새로운 것을 찾아나서는 노마디즘은 그의 가장 큰 장점이다. 김 의장의 실험들이 끝내 성공할지는 미지수다. 그러나 그가 지금까지 보여준 노마디즘은 젊은 창업자나 기업가들이 배울 만한 덕목임이 분명하다.

큰 비즈니스는
엉뚱한 상상에서 시작된다

브라이언 체스키

에어비앤비 CEO

> 마음껏 상상하고 과감하게 실행하는 것이 중요하다. 불가
> 능이라는 말은 무시하자. 어떤 것도 우리가 하는 일을 무
> 너뜨릴 수 없다."

에어비앤비 CEO 브라이언 체스키Brian Chesky가 직원들에게 수시로
당부하는 말이다. 여기서 중요한 것은 "마음껏 상상하라"는 구절이다.
자유로운 상상은 세계 최대의 숙박 공유 기업 에어비앤비를 만든 원
동력이다. 에어비앤비의 성공은 차량을 같이 쓴다는 아이디어에서 출
발한 우버와 더불어 '공유경제'의 문을 활짝 열었다. 집의 개념을 확
장하는 발상의 전환은 처음에는 호기심을 유발하는 정도에 불과했

지만 비용과 편의성에서 월등한 경쟁력을 증명하면서 폭발적인 인기를 끌었다. 단 하나의 객실도 보유하지 않은 에어비앤비는 2008년 창업해 기업가치가 300억 달러 이상으로 성장했으며, 세계 1위 호텔체인 힐튼그룹을 제쳤다.

에어비앤비는 현재 전 세계 수만 개의 도시에서 서비스를 제공하고 있지만 그 시작은 미약하기 그지없었다. 2007년 20대 중반의 체스키는 앞날이 막막한 백수였다. 따로 방을 얻을 돈이 없어 함께 사업하기로 의기투합한 친구 조 게비아의 샌프란시스코 아파트에서 기식하는 빈대 신세였다. 어떤 식으로든 돈을 마련할 방법을 찾던 중 그는 그동안 생각하지 못했던 사실을 깨달았다. 친구의 아파트가 크지는 않지만 그럼에도 남는 공간이 있었는데 쓰지 않는 공간을 임대하면 돈벌이가 될 거라는 확신이 든 것이다.

아이디어가 떠올랐을 당시 마침 샌프란시스코에서는 각지의 산업 디자이너들이 모이는 대규모 컨벤션 행사가 있었다. 많은 사람이 모이는 곳에서 홍보한 결과 어렵지 않게 게스트 3명을 모집할 수 있었다. 그는 이들에게 저렴한 숙박비에 매트리스와 간단한 아침식사를 제공했다. 첫 고객들의 반응은 기대 이상이었다. 잠만 자는 차원을 넘어 샌프란시스코 거주자들의 생활을 엿볼 수 있게 되어 감사하다고 말하는 이도 있었다.

불현듯 떠오른 아이디어가 좋은 반응을 얻자 체스키는 이듬해인 2008년 친구들과 정식으로 회사를 설립해 숙박 공유 사업을 펼쳤다. 에어베드air bed와 아침식사breakfast를 제공한다는 의미의 '에어비앤비

Airbnb'가 탄생하는 순간이었다.

하지만 경험이 부족한 청년들에게 사업은 쉽지 않았다. 첫 투자 유치 단계부터 난항이었다. 당시 겪은 어려움을 체스키는 이렇게 회고했다. "사업 자금을 모으기 위해 수많은 투자자를 찾아다녔고 벤처캐피털의 문도 두드렸다. 하지만 반응은 싸늘했다. 에어비앤비를 이용할 사람이 얼마나 될 것이냐는 의문을 제기하기도 하고, 너무 플랫폼에만 매달리는 것 아니냐는 지적도 있었다. 한마디로 시장이 너무 작고 경영자의 능력을 믿을 수 없다는 것이었다. 기존 사업 방식이나 성공 조건과 너무 달랐으니 어쩔 수 없었다."

투자받은 자금이 얼마 되지 않아 자체 수익으로 사업을 꾸려가야 할 상황이었다. 체스키와 친구들은 4년 가까이 숙박 예약과 결제 플랫폼을 개발하고 숙박을 제공할 제휴 대상을 늘려 나갔지만 수입보다 지출이 많았다. 자금은 고갈됐고 전망은 불투명했다.

그러나 지성이면 감천이라고 기사회생의 기회가 찾아왔다. 에어비앤비에 투자하겠다는 유명 창업투자 회사가 나타난 것이다. 체스키는 그동안 진행됐던 현황과 비전을 설명했다. 여전히 부정적인 측면이 많지만 성장성은 있다고 판단한 창투사는 투자를 결정했다. 지푸라기라도 잡아야 했던 체스키에게는 천만 다행이었다. "이 일로 문을 닫기 일보직전까지 갔던 에어비앤비는 생존할 수 있었다." 당시를 회상하며 체스키가 털어 놓은 말이다.

기업가로서 체스키의 장점은 현실을 뛰어넘는 비즈니스를 구상하는 능력에 있다. 그는 어린 시절 그림을 그리거나 무엇이든 만드는 것을 좋아했고, 그런 자신의 적성을 살리려고 로드아일랜드디자인학교에서 산업디자인을 전공했다. 사업과 상상력을 접목하는 힘은 여기서 나왔고, 이는 곧 인재를 선발하는 기준이 됐다. 지난 2014년 미국의 한 언론과의 인터뷰에서 직원을 채용하는 기준을 묻는 질문에 그는 이렇게 대답했다.

"세상을 있는 그대로 받아들이지 않고 아이처럼 꿈을 꾸며 놀라운 일을 도모하는 사람을 원한다."

체스키의 즐거운 상상이 만든 사업 중 하나가 '트립스Trips'다. 집주인(호스트)이 손님(게스트)을 위해 주변 관광명소와 음식점, 위락시설을 중심으로 여행 일정을 직접 짜주는 서비스다. 잘 알려지지 않은 맛집과 지역 명소를 경험할 수 있다는 점이 기존 여행사와 다르다. 이 사업을 설명하기 위해 미국 로스앤젤레스에서 개최한 호스트 초청 행사에서 그는 흥분에 가득 찬 목소리로 말했다. "(트립스를 이용하면) 집주인과 손님의 관계를 더욱 친밀하게 하고, 멋진 순간을 만들 수 있을 것이다." 그는 기회가 있을 때마다 사업에서는 경험과 상상이 중요하다고 강조했는데, 트립스를 소개할 때도 머릿속으로는 호스트와 게스트가 어울려 동네 뒷동산을 거닐고 선술집에서 맥주를 마시며 어울리는 모습을 떠올렸을지 모른다.

2017년 6월 영국의 〈이코노미스트〉는 에어비앤비의 독특한 전략을 주목할 필요가 있다는 내용의 기사를 썼다. "에어비앤비의 궁극적 목표는 단순한 숙박 예약이 아니라 종합 여행사로 진화하는 것이다. 여행객의 지출을 잡아내는 능력이 뛰어나기 때문에 숙박객의 안전과 후

발 주자들의 추격을 막아낸다면 당분간 큰 폭의 성장이 기대된다." 체스키의 상상력과 사업 수완이 녹슬지 않는다면 이 예측은 적중할 가능성이 높다.

늑대처럼 끊임없이 도전하고
혁신해야 살아남는다

런 정 페 이
화 웨 이   회 장

❝중국 기업들이 짝퉁을 만들어 비난받지만 화웨이는 그렇
지 않다. 세계 시장에서 화웨이의 평판이 좋은 것은 지식
재산권을 위한 핵우산을 펼쳤기 때문이다. 우리는 다른
기업에게 정당한 지식재산권 사용료를 지불했다.❞

런정페이任正非 화웨이 회장이 신화통신과 인터뷰하며 강조한 이 말
에서 그의 만만치 않은 경영철학이 드러난다. 화웨이가 중국 기업 최
초로 삼성전자에 특허소송을 제기했을 때 중국 언론들은 일제히 열
광했다. 중국은 막대한 자본력과 인력, 거대한 시장을 보유했지만 기
술에서는 열등감을 떨치지 못했는데 이런 콤플렉스를 그가 한 방에

날렸다는 것이다. 화웨이의 특허소송이 노이즈 마케팅이라는 측면도 있지만, 1987년 설립된 화웨이의 역사를 짚어보면 런 회장의 '기술 굴기'를 무시하기 힘들다.

그는 중산층 집안에서 태어났지만 청년시절 엄청난 시련을 겪었다. 충칭대학 공대에 입학해 컴퓨터 등 신기술을 열심히 공부하던 중에 문화혁명이 일어났던 것이다. 교육자였던 아버지가 반동분자로 몰리면서 학업을 중단해야 하는 위기에 몰렸다. 하지만 그는 포기하지 않고 기술을 익혔고 천신만고 끝에 인민해방군에 입대했다. 주변 지인들의 도움으로 공산당에도 가입하면서 성공의 발판을 마련할 수 있었다.

그러나 1982년 그가 속한 기술 부대가 해체되면서 전역을 해야만 했다. 그 후 5년간 민간기업에서 경험을 쌓은 그는 동료 5명과 의기투합해 창업했다. 그렇게 탄생한 기업이 바로 화웨이였다. 하지만 말 그대로 시작은 미미했다. 자본금은 50만 원이 채 되지 않았고 변변한 사무실이나 공장도 없었다. 할 수 있는 일이라고는 외국에서 장비를 들여와 통신회사에 판매하는 중개업 정도였다. 비슷한 사업을 하는 중소기업들이 수백 개에 달해 경쟁도 치열했다. 단 한 번만 실수해도 바로 문을 닫아야 할 판이었다. 하지만 런 회장은 이런 열악한 상황에서도 회사를 조금씩 성장시켰다. 시장 흐름을 선제적으로 읽어 가장 필요한 통신장비를 유통시키면서 덩치를 키워나갔다. 그러는 동안 수많은 경쟁업체들이 명멸했고, 화웨이는 통신장비 대리상에서 통신설비 제조업체로 거듭날 수 있었다.

화웨이가 제조업의 기틀을 마련할 수 있었던 행운은 프로그램 제어 전화교환기 개발에서 비롯됐다. 이 제품이 날개 돋친 듯이 팔린 덕에 자금력을 확보한 것이다. 런 회장은 이 경험을 통해 중요한 깨달음을 얻었다. 기술이 창출하는 부가가치가 엄청나다는 사실이었다. 그가 다른 중국 기업들과 달리 연구개발R&D에 과감히 투자하고 원천 기술 확보에 총력을 기울이는 것도 이런 깨달음 덕분이었다.

"화웨이는 수십 년간 '통신'이라는 한 분야에 집중했다. 직원이 수십 명에 불과할 때부터 수십만 명에 달하는 지금까지 선택과 집중 전략은 변하지 않았다. 통신 분야는 기술력이 중요하기 때문에 연구개발에만 매년 11조 원 이상 투자한다." 중국 유력 언론과의 인터뷰에서 밝힌 런 회장의 이 발언이 빈말이 아니라는 것은 화웨이의 특허 건수에서 그대로 드러난다.

세계 지적재산권기구WIPO에 따르면 2015년 기준으로 화웨이가 보유한 스마트폰과 통신 관련 특허권은 5만 건 이상이며 매년 수천 건의 특허를 새로 신청하고 있다. 특허 공룡인 미국의 퀄컴을 제치고 특허 신청 1위를 차지한 적도 많다. 특허를 무기로 애플 등 글로벌 기업들과 교차 라이선스 계약을 체결해 '기술의 화웨이'라는 말을 듣기도 한다.

화웨이는 새로운 성장 동력을 확보하기 위해 몇 년 전부터 가전과 스마트폰, 클라우드 등으로 사업 영역을 확대하고 있다. 세계 주요 도시에 스마트시티를 건설하고 사물인터넷과 3D프린터, 차세대 통신을 결합한 슈퍼폰 개발에도 박차를 가하고 있다. 영업망도 중국과 동남아, 유럽과 미국은 물론 중동과 중남미로 확대하고 있으며 전 세계에 20만 명이 넘는 직원을 두고 있다.

중국의 기술 굴기를 주창하는 런 회장은 '늑대 경영'이라는 말을 만든 주인공이기도 하다. "최고경영자는 늑대처럼 혼돈 속에 빠져 있어도 방향과 흐름을 빠르고 정확하게 찾아내야 한다. 그래야 기업이 성장할 수 있다." 런 회장은 이 말을 실천하기 위해 신기술 개발과 시장 조사에 혼신의 힘을 쏟고 있다. 변화에 뒤처지지 않기 위한 노력이기도 하다.

그의 바람대로 화웨이가 매너리즘에 빠지지 않고 독자 기술에 바탕을 둔 신제품과 서비스를 끊임없이 내놓는다면 정보통신 분야에서 그는 중국의 기술 굴기를 완성한 기업가로 역사에 기록될 것이다.

AI 기술이 세계인의 삶을
송두리째 바꿀 것이다

리 옌 훙
바 이 두 회 장

❝ 인터넷은 3단계 발전 과정을 밟고 있다. PC 인터넷이 15년 지배하다가 모바일 인터넷으로 넘어간 뒤 4~5년 지났다. 세 번째 단계가 지금 막 시작되려고 하는데 바로 인공지능 인터넷이다.❞

2016년에 중국 항저우에서 열린 주요 20개국 정상회의 때 리옌훙李彦宏, Robin Li 바이두 회장은 미국 언론과의 인터뷰에서 확신에 찬 어조로 이렇게 선언했다. '2017 중국 IT리더 서밋'에서도 그는 비슷한 주장을 펼쳤다. "인터넷이 식욕을 돋우는 애피타이저라면 인공지능은 메인 요리다. 인공지능이 과거 산업혁명에 견줄 만한 기술이라는 뜻이다. 인간을 뛰어넘을 수는 없지만 근접한 능력을 갖게 되면 엄청난 변화를 몰고 올 것이다."

2017년 전국인민대표대회와 전국인민정치협상회의(양회)에서 그는 "인공지능은 인터넷의 등장보다 의미가 크며, 인류는 인공지능이 주도하는 세상에 대비해야 할 것"이라고 단언했다. 이에 앞서 2016년 11월 중국 우전에서 열린 세계 인터넷 콘퍼런스에서는 보다 구체적인 설명을 덧붙이기도 했다.

"인공지능 기술의 진보가 머지않아 전 세계인의 삶을 송두리째 바꿔놓을 것이다. 모바일 인터넷 시장이 성숙기에 진입해 더 이상 기업 가치가 10억 달러 넘는 벤처기업이 탄생할 가능성은 없다. 반면 인공지능은 자율주행과 동시통역, 사물인터넷, 빅데이터 등 많은 영역에서 근본적인 변화를 이끌 것이다."

인공지능이 미래를 이끌 주요 산업이 되리라 확신한 리 회장은 2013년 실리콘밸리에 '딥러닝 연구소'를 세웠다. 미국과 중국에서 바이두가 보유한 인공지능 개발 인력은 1,000명이 넘으며, 마이크로소프트와 구글 등 내로라하는 글로벌 기업들과의 인재 확보 경쟁에서도 뒤지지 않는다. 인공지능을 집목한 음성식별기술과 자율주행 자동차 분야에서는 가시적인 성과를 내기도 했다.

리 회장이 IT 분야에서 세계적인 거목으로 자랄 수 있었던 것은 구글에 필적하는 독창적인 검색 기술 덕이었다. 1991년 베이징대학 정보관리학부에 입학한 그는 학교를 졸업한 뒤 미국으로 유학을 떠났다. 뉴욕주립대학에서 컴퓨터공학으로 석사학위를 취득하고 미국 현지에서 바로 다우존스에 입사해 경제 관련 뉴스를 전하는 기자로 활동하며 '검색'이 세상을 바꿀 것이라는 확신을 갖게 된다. 그는 다우존스 근무 시기에도 '랭크덱스'라는 검색엔진 알고리즘을 직접 창안했을 만큼 탁월한 IT 엔지니어였다.

이후 그는 고액 연봉을 받기로 하고 인터넷 기업 인포시크로 이직했지만 직장생활에 만족할 수 없었다. 고민 끝에 중국으로 돌아와 검색엔진 관련 사업을 시작하기로 결심했다. 전 세계적으로 인터넷 바람이 불기 시작했던 1999년 무렵이었다.

리 회장이 처음부터 포털 사업에 뛰어든 것은 아니다. 당시 중국에는 이미 많은 포털업체들이 포진해 있었는데 그의 눈에 검색엔진 기술은 부족해 보였다. 그는 여기에 착안해 포털업체에 검색엔진을 공급하는 B2B(기업 간 거래) 회사를 세웠다. 독보적인 기술 덕택에 좋은 반응을 얻었지만 리 회장은 여전히 만족하지 못했다. 결국 그는 직접 포털 사업을 해보기로 마음먹었다. 하지만 그의 의견을 들은 회사 동료와 친구, 친지들은 거의 대부분 극구 반대했다. 포털 사업을 하려면 엄청난 마케팅 비용이 들어가지만 브랜드가 알려지기 전에는 큰 수익을 낼 수 없다는 게 이유였다. 한마디로 망하기 십상이라는 얘기다. 현실적이고 타당한 충고였다.

그러나 리 회장의 생각은 달랐다. "인터넷 사용자들은 결국 검색 능력이 좋은 포털로 몰릴 수밖에 없다. 그런 포털사이트를 만든다면 충분히 승산이 있다." 바이두는 리 회장의 이런 신념과 뚝심으로 탄생했다. 그는 '수백 번'이라는 의미의 '바이두百度'라는 단어를 고전에서 가져왔다. 송나라 때 시인이 쓴 글로 그 내용은 이렇다. '사람들 속에서 수백 번을 찾다 문득 뒤돌아보니 희미한 등잔 불빛 밑에 당신이 있었소.' 애타게 찾던 대상을 발견했을 때의 기쁨이 바이두라는 회사 이름에 함축돼 있는 것이다. 바이두는 다른 포털이 그렇듯 사업 초기에 어려움을 겪었지만 시간이 지날수록 차별성을 인정받아 지금은 중국 포털 시장의 절대 강자가 됐다.

바이두는 구글이나 네이버처럼 검색 광고로 큰 수익을 올렸다. 그러나 포털 사업만으로는 한계가 있었다. 성장률이 둔화된 바이두는 미래를 위해 사업다각화에 나섰다. 리 회장의 결단에 따라 인공지능과 자율주행 자동차에 주력하게 된 것이다. 현재 딥러닝 연구소는 음성인식 기술과 인공지능을 결합해 다양한 분야에서 호응을 얻고 있다. 자율주행 자동차는 인텔과 함께 관련 기술을 개발하고 있고 현대자동차와도 협업 중이다.

그 결과, 바이두의 통신형 내비게이션인 '바이두 맵오토'와 대화형 음성인식 서비스 '두어 OS 오토'를 중국 현지에서 생산되는 현대자동차와 기아자동차에 우선으로 탑재하고 향후에 적용 차종을 확대해 나기기로 했다. 이것이 바이두의 제품과 소프트웨어를 현대자동차가 구매하는 차원을 넘어 커넥티드 카 개발로 이어진다면 두 회사의 운명이 바뀔 수도 있다.

리 회장이 현재 진행하는 프로젝트들이 성공한다면 자연어 인식 인공지능을 탑재한 자율주행 자동차가 등장할 수도 있다. 그렇게 되면 바이두는 중국 검색시장뿐 아니라 인공지능과 자율주행 자동차 분야에서도 선두기업이 될 수 있을 것이다. 문제는 구글과 애플도 이 분야에서 전력질주하고 있다는 점이다. 치열한 경쟁이 불가피한데 이 도전을 리 회장이 어떻게 극복할지 지켜보는 것도 흥미로운 일이다.

쓰나미를 보고 도망치려고 하면
성장할 수도 생존할 수도 없다

방 준 혁
넷마블게임즈 의장

66 사람들은 쓰나미가 일어나면 먼저 쳐다보려고 한다. 생명
을 위협하는 현상을 보고 나서 도망치려는 것이다. 지금
중국 발 쓰나미가 몰려오는데 그것을 보고 움직이려고 하
면 살아남을 수 없다. 눈으로 확인하기 전에 재빨리 세계
시장에 나기 경쟁력을 높여아 생존하고 성장할 수 있다."

2014년 2월 넷마블게임즈(넷마블) 임원 워크숍에서 방준혁 의장이 강
조한 말이다. 그는 시장 징후를 예리하게 관찰하고 최적의 솔루션을
찾아내는 안목이 뛰어나다. 임원들에게 경고에 가까운 이 발언을 할
즈음에도 중국 게임들이 국내로 물밀듯이 들어오고 있었다. 방 의장

이 쓰나미론을 들고 나온 건 이런 상황을 정확히 진단하고 신속하게 사업 방향을 결정해야 한다는 취지였다.

방 의장의 남다른 촉은 살아남기 위한 몸부림에서 나왔다. 엔씨소프트와 넥슨 등 다른 게임업체 창업자와 달리 그는 엔지니어도 아니고 엘리트 코스를 밟지도 않았다. 집안 형편이 어려워 일찍부터 생업에 뛰어들어야 했다. 먹고 살기 위해 많은 일을 했고 사업에 실패한 적도 한두 번이 아니다. 그는 어린 시절을 이렇게 회고했다. "성인이 될 때까지 한 번도 내 집에서 살아본 적이 없다. 초등학교 때는 학원을 다니고 싶은데 여유가 없어서 신문배달을 한 적도 있었다." 어려운 환경을 극복하며 그는 강인한 생존력과 승부근성을 키웠다. 이 같은 근성은 2000년 넷마블 창업 이후 화려하게 꽃을 피웠다.

넷마블은 설립 시 자본금이 1억 원, 직원 수는 8명에 불과했다. 타이밍은 좋았다. 컴퓨터 사용자가 늘고 PC방이 생기면서 온라인게임에 대한 인기도 높았다. 하지만 자본과 인력이 부족한 상황에서 온라인게임을 개발하는 것은 불가능했다. 그래서 시작한 사업이 온라인게임 퍼블리싱이었다. 영화에 제작사와 배급사가 있는 것처럼 게임도 개발사와 퍼블리싱 기업으로 역할을 나눌 수 있다는 점에 착안한 것이다. 국내 게임업체 중 온라인게임 퍼블리싱을 시도한 건 넷마블이 처음이었다.

방 의장은 라그하임과 그랜드체이스 등 인기 게임들을 유통하며 사세를 키웠다. 일부 게임을 부분 유료화하고 문화상품권으로 결제하는 방식을 도입했다. 그는 게임업계를 크게 흔들어 놓는 메기 역할을 하며 창업 3년 만에 1,000만 명이 넘는 회원을 모았다.

온라인게임 퍼블리싱 모델로 기반을 다진 방 의장은 자금 확충을 위해 2003년 넷마블을 상장사인 플레너스엔터테인먼트의 자회사로 편입시켰지만, 훗날 모회사를 흡수하는 극적인 드라마를 썼다. 그는 그해 넷마블의 순이익이 50억 원을 달성하지 못하면 자신의 지분을 처분해 보전하고, 반대로 50억 원이 넘으면 초과 금액의 30퍼센트를 성과급으로 받기로 했다. 벼랑 끝 전술을 쓴 셈이다. 결과는 방 의장의 승리로 끝났다. 넷마블은 매출 270억 원 매출에 156억 원의 이익을 냈다. 약속대로 많은 성과급을 받았고, 그 돈으로 플레너스엔터테인먼트 지분을 확보했다. 업계에서는 "새우가 고래를 삼켰다"며 찬사를 보냈다.

넷마블이 우량기업으로 성장했을 무렵 CJ그룹으로부터 인수 제안을 받았다. 굳이 CJ에 매각할 이유는 없었지만 넷마블의 지속적인 성장을 위해 자신의 지분을 넘겼다. 그는 CJ E&M 게임 부문에서 2년간 전문경영인으로 재직하다가 건강이 나빠져 사퇴했다. 그 뒤 방 의장이 다시 모습을 나타낸 것은 2011년 6월이었다.

그가 없었던 5년간 넷마블은 자체 개발한 게임 19개가 모두 실패하며 최악의 위기에 빠져 있었다. 최대 수익원이었던 인기 게임의 서비스 권리까지 다른 회사에 넘긴 상황이었다. 침몰하는 배에 올라타지 말라는 권유도 있었지만 그는 자식 같은 회사가 도탄에 빠진 것을 모른 척할 수 없었다. 복귀하며 그는 이렇게 선언했다. "침몰했지만 엔진이 고장 났을 뿐이다. 고치면 핵잠수함도 될 수 있다. 앞으로 5년 안에 매출 1조 원을 달성하는 세계적인 게임사로 만들겠다."

방 의장은 넷마블의 사업 방향을 모바일게임으로 바꿨다. 당시 대부분의 게임업체는 모바일게임 시장의 성장 가능성을 높게 보지 않았다. 방 의장과 달리 모바일게임이 몰고 올 쓰나미를 예측하지 못한 것이다. 이후 넷마블은 2013년 CJ그룹에서 독립했다. 2014년 말에는 중국 텐센트로부터 5억 달러 투자 유치를 받았는데 그때까지 텐센트가 투자한 최대 금액이었다. 방 의장의 활약에 힘입은 넷마블은 2015년 매출 1조 원을 돌파하며 화려하게 회생할 수 있었다.

방 의장은 재도약에 성공한 넷마블의 사업 방향을 해외 시장으로 돌렸다. 세계적인 게임업체로 거듭나기 위해 디즈니와 텐센트 같은 외국회사들과 제휴하는 동시에 북미와 일본, 중국 시장 공략에도 박차를 가했다. 2016년 11월에는 미국의 유명 모바일게임회사 카밤의 밴쿠버 스튜디오를 1조 원 가까운 거금을 주고 인수하기도 했다. 이때 업계는 방 의장이 드디어 새로운 승부수를 던졌다며 넷마블의 행보를 주목했다. 그는 고비 때마다 결정적 한 방을 날리며 누구도 예상하지 못한 성과를 올렸는데 카밤 인수도 비슷한 노림수가 있을 것이라고 봤던 것이다.

"정주영 회장은 꿈의 기업가였고, 이병철 회장은 전략가였다. 나는 사업을 진행할 때는 정주영 회장을, 실행할 때는 이병철 회장을 벤치마킹한다." 경영인이라면 누구나 참고할 만한 명언이다.

뉴칼라가 되고 싶다면
싱싱함을 유지하라

지니 로메티
I B M 회 장

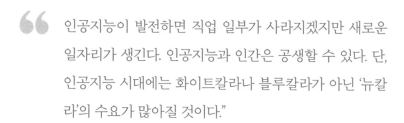

　　인공지능이 발전하면 직업 일부가 사라지겠지만 새로운
일자리가 생긴다. 인공지능과 인간은 공생할 수 있다. 단,
인공지능 시대에는 화이트칼라나 블루칼라가 아닌 '뉴칼
라'의 수요가 많아질 것이다."

IBM 회장 지니 로메티Ginni Rometty가 4차 산업혁명 시대에 적합한
인재를 '뉴칼라'라고 명명하며 한 말이다. 그는 기회가 있을 때마다 뉴
칼라의 중요성을 강조한다. 뉴칼라의 실체가 드러나지 않았기 때문에
정확하게 무엇을 의미하는지 정의하기는 쉽지 않다. 인공지능과 빅데
이터, 초고속 연결망과 사물인터넷 등 새로 등장한 기술들이 세상을

변화시키는 과정에서 탄생할 직업 또는 신인류 정도로 이해할 수 있을 것이다.

하루 빨리 뉴칼라를 육성해야 한다는 로메티의 의지는 매우 강하다. 도널드 트럼프가 미국 대통령으로 당선된 직후 그는 백악관으로 한 통의 편지를 보냈다. 그 편지에 미래 인재에 관한 그의 통찰력을 엿볼 수 있는 대목이 나온다. "앞으로 대학 졸업장은 중요하지 않습니다. 인공지능과 정보기술을 다룰 실무자를 키워야 하는 것이지요. IBM은 이런 인재를 육성할 학교를 많이 세울 테니 도와주시기 바랍니다."

그렇다면 이런 사령관을 둔 원조 IT업체 IBM은 뉴칼라 시대에 회춘할 수 있을까? 마이크로소프트에 이어 구글과 페이스북 등 신흥 강자들에게 밀렸던 빅 블루(IBM의 애칭)는 다시 전성기를 맞이할 수 있을까? 자신 있게 그렇다고 답할 수는 없지만 2015년 희망의 불씨를 살린 소식이 전해졌다. IBM이 자랑하는 인공지능 '왓슨'이 드디어 10조 원의 매출을 달성한 것이다.

구글을 필두로 인공지능을 개발하는 기업은 많지만 이를 상용화해 수익을 내는 곳은 IBM이 독보적이다. 왓슨은 암 진단 같은 의료 분야를 비롯해 법률과 금융, 유통, 제조, 교육 등 거의 모든 산업에서 활용되고 있다. 현재 전 세계 500개가 넘는 기업들이 왓슨을 도입해 가시적인 성과를 내고 있는데, 한국 기업 중에도 왓슨을 활용해 업무 능력이나 서비스를 획기적으로 개선한 회사들이 적지 않다. 또한 한국어를 알아듣는 왓슨이 등장해 우리에게도 더 이상 낯설지 않은 인공지능이라 할 수 있다.

2011년 미국 퀴즈쇼 〈제퍼디〉에서 인간과 대결해 승리한 왓슨은 세상의 큰 주목을 받았다. 이 왓슨을 수익성 높은 사업으로 키운 경영자가 바로 2012년 회장으로 취임한 로메티다. 그는 100년이 넘는 IBM 역사상 첫 여성 최고경영자 자리에 오른 입지전적 인물이다. 회사 내에서는 추진력이 뛰어나고 냉철한 실용주의자로 평가받고 있다. 컴퓨터와 전기공학을 전공한 엔지니어 출신이지만 주요 사업부 매각 등 IBM의 미래를 바꿀 굵직한 결정에 참여했으며, 컨설팅과 인수합병에도 탁월한 실력을 보여 고속 승진할 수 있었다.

로메티는 취임 이후 IBM에 새로운 색상을 입히려고 혼신의 힘을 쏟았다. 이를 위해 포화시장에 속한 사업을 구조조정하는 한편, 인공지능 등 4차 산업혁명 시대에 걸맞는 분야에서 주도권을 잡는 데 전력투구하고 있다. 구조조정 차원에서 그가 매각한 대표적인 부문은 서버와 반도체 위탁생산 사업이다. 한때 IBM의 주력 사업이었지만 시간이 지날수록 적자가 누적된 서버 사업은 레노버에게 넘겼고, 반도체 사업은 글로벌파운드리에 매각했다.

이에 반해 4차 산업혁명 관련 기술이나 분야에는 과감한 투자에 나서고 있다. 로메티가 인공지능과 더불어 주목하고 있는 분야는 빅데이터다. 그래서 사령탑에 오른 이후 IBM이 다양한 정보 생산 기업들과 꾸준히 제휴하고 있다. 날씨 정보 제공업체인 웨더컴퍼니와 공동으로 스마트폰과 자동차, 빌딩, 항공기에 센서를 장착해 이들이 보내는 날씨 정보를 축적하는 것이 대표적인 사례다. 애플과 삼성전자 등 세계적인 모바일 기업들과 보안 및 기업용 소프트웨어 사업에서 협업하거나, 빅데이터 수집에 유리한 위치를 차지하기 위해 클라우드 플랫폼 개발에 박차를 가하는 것도 같은 맥락이다.

하지만 새로운 성장 사업이 가시적 성과를 내기까지는 많은 시간이 소요되는 법이다. 그가 회장에 취임한 지 5년이 지났지만 IBM은 매출 부진을 만회하지 못했다. 그럼에도 불구하고 로메티 회장은 실망하지 않는다. 왓슨을 비롯한 전략 사업의 성장률이 점차 높아지고 있기 때문이다. 로메티 회장은 입버릇처럼 이렇게 충고한다. "무섭고 겁이 나더라도 기회가 오면 무조건 잡아라. 불편한 상황으로 자신을 밀어 넣어라. 성장과 편안함은 공존하지 않는다. 싱싱함을 유지하라." 그가 충고한 대로 언제나 싱싱함을 유지하는 것이야말로 인공지능시대에 세상을 이끌어갈 뉴칼라의 덕목일 것이다.

게임 캐릭터를 직접 잡는다고?
상상을 현실로 만들어라

존 행 크
나이앤틱 CEO

> 내가 1990년대 중반 UC버클리 경영대학원에서 쓴 논문에는 게임과 신기술을 결합해 신개념 공간을 만들면 사업 기회를 제공할 것이라는 내용이 있다. 그 공간 또는 공동체에서 사람들이 활발하게 교류하는 애플리케이션을 구축하는 게 나의 목표였디."

2016년 첫 선을 보이자마자 선풍적인 인기를 끈 스마트폰 게임 '포켓몬 고'를 출시한 나이앤틱 CEO, 존 행크John Hanke가 한 미국 언론과의 인터뷰에서 밝힌 말이다. 사이버 공간이 막 태동하기 시작할 때부터 이미 증강현실의 가능성을 인지했던 것이다. 천재성을 갖춘 사람 대부분이 그렇듯, 존 행크 역시 상상한 것을 현실로 만들려는 욕구가 강했다. 새로운 공간에 대한 그의 상상력은 현실 세계에서 가상 캐릭터를 잡는 포켓몬 고의 시발점이 됐다.

그는 어릴 때부터 컴퓨터에 관심이 많았다. 컴퓨터를 사기 위해 아르바이트를 했을 정도였다. 이후 그는 텍사스주립대학을 졸업하고 버클리대학에서 경영학 석사를 취득한 뒤 몇몇의 온라인게임회사를 차렸다. 당시 설립한 기업이 '키홀'이다.

키홀이 보유한 기술은 획기적이었다. 당시 위성사진으로 디지털 지도를 제작할 수 있는 회사는 많지 않았다. 하지만 완성도 높은 지도를 만들려면 거액의 자금이 지속적으로 들어가야 했다. 작은 벤처기업 하나로는 자신의 꿈을 이루기 힘들다고 판단한 그는 2004년 키홀을 구글에 매각했다. 구글은 그에게 꿈을 펼칠 기회를 제공했고, 이에 존 행크는 키홀의 핵심 기술을 기반으로 구글어스를 비롯한 구글의 지도서비스를 총괄하며 공간의 가치를 재발견해 나갔다.

그러나 앉아서 지시만 내리는 일에 만족하지 못한 그는 사내 벤처인 나이앤틱을 이끌며 증강현실 공간에서 더 많은 땅을 차지하는 모바일게임 '인그레스'를 개발했다. 2011년에 출시된 인그레스는 포켓몬 고의 근간이 됐다. 훗날 존 행크는 인그레스에 적용한 지도와 이용자들이 보낸 수백만 개의 장소를 포켓몬 고에 그대로 적용했다.

인그레스는 이용자가 1,500만 명에 달할 정도로 인기가 있었지만 모바일게임의 주류가 되기에는 역부족이었다. 더 많은 사람이 즐길 수 있는 증강현실 게임은 없을까 고민하던 중 행크는 닌텐도의 자회사인 포켓몬컴퍼니와 조우한다. 그는 포켓몬컴퍼니와 공동 마케팅을 펼치면서 포켓몬 캐릭터의 저력을 실감했고, 급기야 포켓몬을 이용한 모바일게임을 구체적으로 구상하기 시작했다. 포켓몬 고에 대한 아이디어가 탄생하는 순간을 행크는 이렇게 기억한다.

"2014년 4월 1일 만우절에 구글 지도에 포켓몬이 출몰하는 이벤트를 열었다. 이 이벤트가 예상하지 못한 호응을 얻는 걸 보고 포켓몬스터를 게임과 접목하면 좋겠다는 생각이 들었다. 야외에서 뛰어다니며 포켓몬을 잡는 게임을 개발해보자고 마음먹은 것이다. 나는 곧바로 닌텐도에 연락을 했다."

닌텐도가 그의 아이디어를 적극 수용하면서 포켓몬 고 개발은 급물살을 탔다. 신개념 공간에 대한 그의 상상이 드디어 현실세계에서 빛을 발하게 된 것이다.

존 행크는 포켓몬 게임을 개발할 때 원칙 하나를 고수했다. 구글의 무기인 지도를 적극적으로 활용하자는 것이다. 지도는 우리가 사는 공간을 의미한다. 그에게 구글 지도는 그 자체로 게임을 즐기는 공간이 돼야 했다. 그렇다고 아무 데서나 게임을 즐길 수는 없는 법. 존 행크는 인그레스로 축적힌 데이디를 기본으로 사람들이 주로 찾고 몸을 움직이며 게임을 즐기기에 좋은 장소를 추가했다. 한 인터뷰에서 그는 이렇게 강조했다.

"게임을 하면서 새로운 곳을 탐험하는 즐거움도 줄 수 있다는 게 포켓몬 고의 장점이다."

그런 철학 하에 탄생한 포켓몬 고는 미국과 호주 등 첫 출시된 모든 나라에서 돌풍을 몰고왔다. 출시 하루 만에 애플 앱스토어에서만 50억 원이 넘는 매출을 올렸고 닌텐도 주가는 하늘 높은 줄 모르고 치솟았다. 길을 가며 게임을 하다가 실족하거나 운전 중에 포켓몬 고에 빠져 교통사고가 나기도 했다. 해당 국가 정부와 경찰이 주의를 당부하고 포켓몬 고 비상을 걸 정도였다. 한국에서는 정식 출시가 되지 않았던 시기인데도 게임을 다운받은 이용자가 일주일 만에 100만 명을 넘겼다. 강원도 일부 지역에서만 게임을 할 수 있어 그곳을 찾는 관광객이 급증하는 해프닝도 있었다.

시간이 지나면서 그 열기는 다소 가라앉았지만 포켓몬 고 이후 증강현실을 이용한 유사 게임들이 봇물을 이뤘다. 유행을 넘어 커다란 문화 현상으로 자리 잡은 것이다. 현재 증강현실은 의료와 교육 등 여러 분야에서 활용되고 있다. 포켓몬 고가 게임 산업의 패러다임을 바꾸었을 뿐만 아니라 증강현실 지평과 가능성을 넓힌 셈이다.

가성비 좋은 제품을 싫어할
소비자가 있겠는가

레 이 쥔
샤오미 회장

      제품 개발에 소비자를 참여시키는 것은 낚시꾼이 물고기를 잡을 때 느끼는 즐거움을 제공하는 것과 같다. 이것이 우리가 사용자의 의견을 계속 들으면서 제품을 개선하고 새 소프트웨어 버전을 매주 발표하는 이유다. 다양한 방식의 효율성도 중요하다. 이는 마케팅과 유통비용을 최소화하며 싸고 좋은 품질의 제품을 만들 수 있는 비결이다."

레이쥔雷軍 샤오미 회장이 2017년 4월 미국 하버드대 강연에서 한 말이다. 제품 개발에 소비자를 거의 실시간으로 참여시키고 오직 입소문에 의지해 온라인에서만 제품을 판매하며 성공한 중국 기업은 샤오미 이전에는 없었다.

이처럼 레이쥔이 '가지 않는 길'을 갈 수 있었던 것은 젊은 시절에 겪은 실패 경험이 자양분이 됐다. 능력이 모자란 것은 아니었다. 오히려 그는 수재에 가까웠다. 명문 고등학교를 나와 장학생으로 대학에 입학했다. 컴퓨터를 전공했는데 대학 시절 직접 쓴 프로그래밍 책이 베스트셀러가 돼 많은 돈을 벌기도 했다.

레이쥔은 대학 졸업 후 컴퓨터 회사를 차렸다. 중국어를 구현하는 PC카드를 만드는 벤처기업이었다. 개인용 컴퓨터 수요가 급증할 조짐이 보이던 터라 전망이 좋았지만 예상치 못한 복병을 만났다. 중국 시장에 범람한 복제품들이 발목을 잡았던 것이다. 적지 않은 자금을 들여 제품을 개발했지만 사업을 유지할 정도의 매출을 올리지 못했다. 어떻게든 버텨보려 했지만 결국 문을 닫고 말았다.

첫 사업에서 쓴 맛을 본 레이쥔은 PC호환 중국판 워드프로세서 개발업체인 킹소프트에 입사했다. 이곳에서도 처음에는 노력한 만큼 결과를 내지 못했다. 개발부서에 합류해 소프트웨어를 업데이트하며 혼신의 힘을 쏟았지만 마이크로소프트를 비롯한 세계적 기업들의 벽을 넘을 수 없었다. 하지만 기술과 영업 등 여러 부서를 맡아 포기하지 않고 혼신의 노력을 기울여 회사의 기반을 든든하게 만들어 놓았다. 그는 킹소프트에서 15년간 경력을 쌓으면서 대표이사 자리까지 올랐으나 2007년 상장에 성공한 후 자신의 사업을 일구기 위해 회사를 떠났다. 한 언론과의 인터뷰에서 "돈은 바닥을 드러내지만 이상은 어떤 유혹 앞에서도 방향을 잃지 않는다"고 대답한 그의 이상은 다름 아닌 창업이었던 것이다.

그가 젊은 시절 겪은 시련과 좌절, 그리고 다양한 경험은 창업의 밑거름이 됐다. 2010년 샤오미를 설립하면서 자신의 재능을 꽃피우기 시작한 것이다. 샤오미도 초기에는 크고 작은 실수가 있었다. 하지만 레이쥔은 과거 경험을 교훈 삼아 한계를 돌파해 나갔다. 그런 과정에서 성공의 해법을 찾았는데 그것이 바로 '인터넷 플러스' 전략이다.

샤오미는 등장하자마자 선풍적 인기를 끌었다. 애플 짝퉁이라는 소리를 듣긴 했지만 가격 대비 성능은 매우 뛰어났다. 비싼 애플을 살 수 없는 중국 젊은이들의 열광 속에 '미팬'이라 불리는 충성고객이 급증했다. 소프트웨어를 수시로 업데이트하고 소비자가 원하는 성능과 디자인을 곧바로 적용하다 보니 입소문 덕에 별도 영업이 필요 없을 정도였다. 2014년과 2015년에는 중국 스마트폰 시장을 석권하는 기적이 일어났다. 애플과 삼성전자 등 기라성 같은 글로벌 브랜드가 샤오미 돌풍에 무릎을 꿇었다.

그는 샤오미의 유명세에 힘입어 제12기 전국인민대표대회 대표 중 한 명이 됐다. 그러나 당시 그는 샤오미의 한계를 뼈저리게 느끼고 있었디. 샤오미가 세계적인 스마트폰업체로 인정받으려면 미국과 유럽에서도 판매할 수 있어야 하는데 치명적 단점이 있었기 때문이다. 바로 특허 문제였다. 이로 인해 샤오미는 자국 기업의 특허 침해에 관대한 중국을 벗어나기 힘들었다.

샤오미의 판매량에 비하면 보유하고 있는 특허기술이 빈약하다. 처음부터 애플을 비롯한 기술과 디자인 선도기업의 제품을 모방했기 때문이다. 2014년 말에는 스웨덴 통신장비업체인 에릭슨이 특허 침해를 고발해 인도에서 판매 금지 처분을 받았고 미국 진출도 모색 단계에서 좌절됐다. 기껏해야 스마트폰 관련 액세서리를 수출하는 수준에 그칠 수밖에 없었다. 레이쥔은 당시 중국 언론과의 인터뷰에서도 "경쟁업체가 스마트폰 특허를 다수 보유하고 있어 해외 진출이 어렵다"고 토로했다.

그러나 샤오미는 스페인 바르셀로나에서 열린 '모바일월드콩그레스 MWC 2016'을 기점으로 전략을 바꿨다. 당시 레이쥔은 애플과 삼성전자에 필적하는 신기술을 적용한 '미5Mi5'를 공개하며 다시 한 번 '가지 않는 길'을 가겠다는 의지를 보였다. 이는 특허와 기술 한계를 넘어서야만 하는 프리미엄 스마트폰 시장에 눈을 돌렸다는 의미였다.

한때 휴대전화 시장의 절대 강자였던 노키아와 교차특허 계약을 체결한 것도 그에게 중요한 일이다. 그는 계약 체결의 의미를 이렇게 설명했다. "노키아는 스마트폰 하드웨어와 소프트웨어, 통신표준 분야에서 세계 일류 기술을 보유하고 있다. 노키아가 보유한 특허를 기반으로 세계 소비자들에게 더 좋은 기능과 서비스를 제공할 것이다." 이에 앞서 마이크로소프트로부터 1,500개 이상의 기술특허를 구매하고 교차특허 계약을 체결하기도 했다.

레이쥔은 세계 시장에서 자기만의 방식을 추구할 가능성이 높다. 한 언론과의 인터뷰에서 이 같은 견해를 밝혔는데, 애플이나 삼성전자 같은 스마트폰 제조사는 그의 벤치마킹 모델이 아니라는 게 요지다. "우리는 창고형 할인매장을 운영하는 코스트코와 가치체계가 같다. 소비자들이 더 좋은 제품을 싼값에 사용하기를 원한다는 점에서 그렇다." 중국 시장에서처럼 가성비가 좋은 제품과 서비스로 승부하 겠다는 것인데 그가 '가지 않는 길'을 가며 성공할 수 있을지는 좀 더 지켜볼 일이다.

스마트폰의 최종 목표는
스마트 비서가 되는 것이다

다그 키틀로스
비브랩스 대표

> ❝ 우리가 집중하고 있는 것은 다양한 기기들을 모두 연결하는 기술이다. 별도 앱이나 프로그램을 설치하지 않아도 말만 하면 원하는 서비스를 받을 수 있는 오픈 플랫폼이 그것이다.❞

2016년 어느 날 삼성전자 경영진은 회사의 미래를 바꿔 놓을 만한 사람을 만났다. 비브랩스의 창업자인 다그 키틀로스Dag Kittlaus였다. 인용문은 그 자리에서 키틀로스가 갤럭시 시리즈에 구현할 꿈을 설명하며 나온 말이다. 이는 비브랩스를 인수한 삼성전자가 원하는 것이기도 했다. 삼성전자 경영진은 키틀로스가 포부를 밝히기 전에 루프

페이가 삼성페이로 발전해 삼성 스마트폰의 경쟁력을 높인 것처럼, 비브랩스의 인공지능 기술로 또 다른 혁신을 이끌어 달라고 당부했다.

삼성페이는 신용카드를 스마트폰에 넣는 혁신을 이뤄냈다. 핵심 기술이 없었던 삼성전자는 벤처기업인 루프페이를 인수했다. 인수 결과는 대성공이었다. 삼성페이를 장착한 갤럭시 스마트폰의 실적이 크게 올랐다. 삼성페이를 한 번 써본 사람들은 그 편리함에 매혹돼 갤럭시를 재구매했다.

삼성전자가 비브랩스에 기대하는 것은 루프페이를 뛰어넘는 혁신이다. 단지 기능 하나를 추가하는 차원을 넘어 스마트폰의 새로운 지평을 여는 것이 삼성전자와 키틀로스의 최종 목표다. 그 꿈을 이루려면 스마트폰은 문서를 주고받고 통화하는 기기가 아니라 일정을 관리하고 적기에 필요한 정보를 제공하는 스마트 비서가 돼야 한다.

삼성전자는 스마트폰과 반도체, 가전 분야에서 앞서 나갔고, 비브랩스는 인공지능을 비롯한 소프트웨어에서 강점을 발휘하고 있었다. 두 회사의 장점을 살리면 사물인터넷 시대를 주도할 멋진 작품이 나올 수 있었던 것이다. 키틀로스는 삼성전자를 방문한 직후 한국 기자들과 만난 지리에서 자신이 구상하는 인공시능 기술에 대해 이렇게 설명했다.

"사람들은 음성으로 냉장고에게 명령해 스마트폰에 있는 사진들을 보여달라고 할 수 있을 것이다. 지금까지 인터넷과 앱이 기술 혁명을 일으켰다면 이제는 삼성전자의 인공지능 플랫폼이 그 역할을 하게 될 것이다."

그가 말하는 인공지능 플랫폼은 '시리siri'처럼 단순한 음성인식 기술이 아니다. 사람에게 말하듯 명령하면 인공지능이 상황에 따른 맥락을 파악하고 정확하게 임무를 수행하는 차원을 의미한다. 예를 들어 인공지능에게 내일까지 경치 좋은 제주도 호텔을 예약해 달라고 하면 관련 정보를 검색해 적절한 곳을 추천할 뿐만 아니라 예약과 결제까지 처리해준다. 이 기술을 스마트폰을 넘어 모든 사물에 적용하겠다는 것인데 이를 위해 키틀로스가 채택한 전략이 바로 오픈 플랫폼이었다. 이는 모든 사물에 적용할 수 있는 범용성과 편의성을 인공지능 기술에 담겠다는 의미다.

키틀로스는 음성인식 인공지능 분야의 개척자다. 그가 아니면 2011년 애플이 아이폰4S를 선보이며 자랑했던 음성인식 기능인 시리는 세상에 나올 수 없었다. 노르웨이 출신인 그는 아메리칸 드림을 품고 미국으로 건너와 모토롤라에서 일했다. 이때 그는 스탠퍼드대학이 미국 정부의 전폭적 지원을 받아 개발하는 인공지능 연구 프로젝트에 참여하게 됐다. 이는 2007년 그가 시리라는 이름으로 설립한 스탠퍼드대학 학내 벤처의 근간이 됐다.

키틀로스는 2010년 애플 앱스토어에 시리 앱을 등록했는데 그 잠재력을 간파한 스티브 잡스가 그에게 전화를 걸어 회사를 매각할 것을 제안했다. 시리를 접한 잡스는 음성인식 기술이 스마트폰의 핵심 역할이 되리라 직감했을 것이다. 음성인식 기능을 그냥 수많은 앱 중 하나로 서비스하기에는 확장성 면에서 아깝다고 본 것이다. 잡스는 거액의 인수 조건을 제시했다. 카틀로스 역시 시리 외에 다양한 신기술을 개발하고 싶던 터라 나쁠 게 없었다. 그는 시리를 애플에 매각해 1억 달러가 넘는 돈을 손에 넣었다.

시리를 매각하면서 애플에 합류한 카틀로스는 2011년 10월 애플을 떠났다. 애플에서 일한 지 4개월 만이었다. 표면적으로는 가족과 시간을 보내며 과학소설을 쓰기 위해서라고 밝혔지만, 진짜 이유는 경영 면에서 스티브 잡스와 생각이 달라서였다. 키틀로스는 혁신 기술로 시대를 지배하려면 애플 같은 폐쇄형 방식으로는 한계가 있다고 생각했다. 오픈 플랫폼의 대명사인 구글 안드로이드의 대성공은 키틀로스의 판단이 옳았음을 증명한다.

갤럭시S8에 탑재된 인공지능 비서 빅스비가 제대로 된 진가를 발휘하려면 좀 더 기다려야 할지 모른다. 스스로 학습하는 시간이 더 있어야 하고 이용자들의 반응을 토대로 개선해야 할 부분도 생길 것이다. 키틀로스의 혁신이 얼마나 성공할지는 지켜봐야 하지만 결국 모든 기술의 지향점은 오픈 플랫폼으로 귀결될 것이라는 점은 확실하다. 4차 산업혁명을 주도할 사물인터넷 시대에 폐쇄형 방식은 확장성을 기대할 수 없기 때문이다.

사업가가 되고 싶다면
길이 없는 곳에서 길을 찾아라

서 정 진
셀트리온 회장

> 꿈을 갖는 순간 열정이 샘솟고 생각과 몸이 바뀐다. 사업
> 은 꿈을 갖고 미래를 예측하는 것이다. 위험을 감수하지
> 않으면 사업이 아니다. 장사일 뿐이다."

서정진 셀트리온 회장이 임직원과 후학들을 만날 때마다 하는 말이
다. 2016년 유럽에서 바이오시밀러 항암제 트룩시마의 승인 권고가
났다는 소식이 전해진 직후 김형기 셀트리온 사장에게 축하 전화를
걸었다. 그는 셀트리온을 창업할 때부터 서 회장과 동고동락한 사람
이다. 트룩시마는 류마티스 관절염 바이오시밀러인 램시마를 잇는 효
자 상품이 될 가능성이 높다는 점에서 기대가 큰 셀트리온의 전략

상품이었다. 김 사장은 트룩시마가 유럽에서만 연간 1조 원의 매출을 올릴 것으로 기대했다. 통화를 하면서 자연스럽게 서 회장에 대한 얘기가 오갔다. 서 회장을 한마디로 평가해달라는 요청에 그는 이렇게 답했다. "길이 없는 길을 만들면서 가는 기업인이죠."

사실 서 회장을 불가사의한 기업가로 보는 사람이 많다. 국내 최대 기업인 삼성조차 돌다리 두드리듯 조심스럽게 접근했던 바이오시밀러 시장에 거의 맨손으로 뛰어들었기 때문이다. 건국대학에서 산업공학을 전공하고 대학원에서 경영학 석사학위를 취득한 그는 삼성에서 사회생활을 시작했다. 그러나 그가 두각을 나타낸 것은 한국생산성본부로 자리를 옮긴 뒤였다. 경영 컨설턴트 자격으로 대우그룹 일을 하던 중에 김우중 회장의 눈에 띈 것이다. 김 회장은 그를 영입해 대우그룹의 전략을 맡겼다. 그러나 1997년 외환위기로 대우가 해체되면서 그는 직장을 잃었다.

실직자가 된 서 회장은 대우에서 만난 동료들을 규합해 셀트리온의 전신인 넥솔을 세웠다. 이때 그는 바이오시밀러의 잠재력을 알아보고 자신의 모든 것을 베팅하기로 했다. 그는 2002년 회사 이름을 셀트리온으로 바꾼 뒤 여러 곳에서 투자를 받아 바이오시밀러의 신화를 쓰기 시작했다. 자금과 기술이 일천한 상황에서 시작했던 터라 고생할 각오는 했지만 그에게 덮친 시련은 보통 사람이 감당하기 어려운 것이었다. "수년간 한 푼도 벌지 못하고 투자만 하니 자금 압박이 너무 심했다. 이때가 내 인생의 가장 힘든 시기였다. 한강으로 뛰어들 생각으로 차를 몰고 간 적도 있었다. 죽기 직전에 마음을 돌려 다시 해보자고 생각했다." 서 회장이 많은 언론 인터뷰에서 밝힌 당시의 심경이다.

2013년에는 공매도 세력과 싸우는 과정에서 매출과 주가를 조작했다는 혐의를 받기도 했다. 일반 상식으로는 이해하기 어려운 셀트리온의 복잡한 사업 구조를 신뢰할 수 없다며 투자를 외면하는 이도 한둘이 아니었다. '바이오시밀러'라는 길 없는 길을 가면서 그가 치러야 할 대가였다.

외부 사람만 서 회장을 믿지 못한 것은 아니다. 셀트리온의 핵심 인력들도 그의 결정과 신념을 이해하지 못했다. 인천 송도에 공장을 짓고 바이오시밀러 기술에 본격적인 투자가 이루어지고 있던 2007년 무렵, 한 연구원이 이렇게 투덜댔다. "가이던스(판매 관련 법규)도 없는데 개발부터 하는 것이 말이 됩니까?" 이때 서 회장은 확신에 찬 어조로 대답했다. "여러분은 연구개발에 힘쓰세요. 어떤 식으로든 판매할 수 있도록 길을 만들어 놓을 테니까."

이런 배짱과 뚝심은 저절로 나온 것이 아니다. 그는 어린 시절 고등학교 진학을 포기해야 할지를 놓고 고민할 정도로 가난했다. 학비를 벌기 위해 연탄 배달은 물론 장사도 해야 했다. 실직자로 전전하다가 주변 사람들에게 바이오시밀러에 모든 것을 걸겠다고 했을 때 그것은 길이 아니라고, 길은 없을 것이라며 말리는 이들이 많았다. 하지만 그는 자신의 뜻을 포기하지 않았다. 그동안 수많은 어려움을 이겨냈으니 어떤 사업도 성공할 수 있다고 자신했다.

셀트리온 창업 후 10년 이상 시련의 세월을 보내야 했고, 이 과정에서 회사를 매각하고 은퇴할 결심도 했지만 결국 그는 버텨냈다. 셀트리온은 한국을 대표하는 바이오기업으로 우뚝 섰다. 미국과 유럽 등 세계 곳곳에 램시마를 비롯해 다양한 의약품을 판매하고 있고 계열사를 통해 다양한 분야로 사업을 확장하고 있다. 이런 비즈니스 다각화는 '바이오'라는 기본 축을 강화하기 위한 전략에서 나온 것이다.

셀트리온의 성공 신화는 서 회장의 잡초 같은 끈기와 생명력, 새로운 것에 대한 불굴의 도전정신이 없었다면 불가능했던 일이다. "꿈을 갖는 순간 열정이 샘솟고 생각과 몸이 바뀐다." '길 없는 길'을 개척한 기업가의 입에서 나온 이 말은 창업을 꿈꾸는 이들에게 용기를 주는 메시지다.

열심히 일하는 것만으론 부족하다,
파괴적 사고로 무장하라

황 창 규
K T 회 장

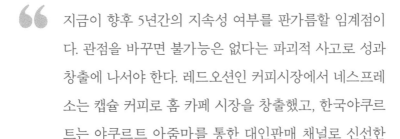

> 66
> 지금이 향후 5년간의 지속성 여부를 판가름할 임계점이
> 다. 관점을 바꾸면 불가능은 없다는 파괴적 사고로 성과
> 창출에 나서야 한다. 레드오션인 커피시장에서 네스프레
> 소는 캡슐 커피로 홈 카페 시장을 창출했고, 한국야쿠르
> 트는 야쿠르트 아줌마를 통한 대인판매 채널로 신선한
> 커피를 소비자에게 제공해 좋은 반응을 얻고 있다.”

황창규 KT 회장이 임원 워크숍에서 했던 말이다. 핵심은 정체된 성
장을 뚫고 나가려면 '파괴적 사고'가 필수적이라는 것이다. 2014년 황
회장 취임 후 변화한 KT의 모습은 파괴적 사고의 궤적을 투명하게 보

여준다. 기존 인터넷보다 10배 빠른 네트워크를 구축한다는 목표로 '기가토피아'라는 통신업체다운 기치를 내걸었지만 실제 내용은 형식 파괴와 발상의 전환으로 점철됐다.

데이터에 대해서만 요금을 부과하는 방식을 최초로 도입하는가 하면 동영상과 웹툰 등 다양한 콘텐츠로 사업 영역을 확장해 나갔다. 원조 통신사업자인 KT가 콘텐츠 영역까지 진출한다는 것은 발상의 전환이 없으면 힘들었을 결정이다. 파괴적 사고로 무장한 황 회장이 최고경영자였기 때문에 가능한 일이었다.

온라인 광고대행사 엔서치마케팅을 600억 원에 인수한 것도 같은 맥락이다. 이 결정에 대해 시장은 의외라는 반응을 보였다. 본업인 통신서비스와 광고대행은 전혀 다른 영역이기 때문이다. 그러나 황창규 회장의 생각은 달랐다. "통신사업자는 네트워크가 제공하는 덤 파이프Dumb Pipe(단순 망제공자)로 전락할지 모른다는 위기의식이 있다. 네트워크가 망의 속도만 높이는 수준을 넘어 다양한 융합 솔루션과 결합하는 방식으로 진화할 것으로 예상한다." 2006년 하버드대학 특별 강연에서 강조한 대목인데 KT가 광고회사를 품은 이유를 짐작할 수 있다.

황 회장이 KT의 새로운 성장 동력 중 하나로 주력하는 분야가 빅데이터다. 그가 국내 광고검색 1위인 엔서치마케팅을 인수한 것은 광고 생산과 소비 경로가 빅데이터와 깊은 연관이 있기 때문일 것이다. 2017년 인터넷전문은행 K뱅크를 출범시킨 것도 통신 영역을 넘어서려는 전략이라 할 수 있다. 그의 파괴적 사고가 기존 통신사업 마인드로는 상상할 수 없는 결합을 이루어낸 것이다. 그는 새로운 성장 동력을 발굴하기 위해 공격적인 투자에 나서는 한편 KT렌탈이나 KT캐피탈 등 기존 사업 부문을 정리해 나갔다.

황 회장의 파괴적 사고는 '황의 법칙'을 발견한 통찰력에서 비롯됐다. 그는 서울대학에서 석사학위를 취득하고 미국으로 건너가 전기공학과 박사학위를 받았다. 스탠퍼드대학 책임연구원 시절 인텔을 자문하면서 반도체와 인연을 맺었다. 당시 삼성전자는 인재 영입에 목말라 있었다. 이건희 삼성 회장은 황 회장의 능력을 간파하고 적극적으로 영입에 나섰고, 한국 반도체를 키워야 한다는 사명감을 가졌던 황 회장은 삼성전자에 합류하기로 결심했다.

그는 삼성전자 반도체총괄 겸 메모리사업부장으로 재직한 2002년 국제 반도체회로 학술회의에서 반도체의 집적도가 2배로 증가하는 속도가 1년으로 단축됐다고 선언했다. 반도체칩의 용량이 18개월마다 2배씩 늘어난다는 '무어의 법칙'을 깬 발표였다. 황 회장의 선언에 전문가들조차 반신반의했지만 그 후 삼성전자는 이를 증명했다. 이를 계기로 삼성전자 반도체 사업은 큰 폭의 성장을 이룰 수 있었다.

그가 KT 임직원들에게 보내는 메시지 중에는 파괴적 사고의 중요성을 일깨우는 명언이 많다. "엉뚱하고 불가능해 보이는 것에 대해 생각할 수 있어야만 혁신이 이루어진다. 열심히 일하는 것만으로는 부족하다." "앞으로는 모바일 시대를 뛰어넘는 거대한 변화가 일어날 것이다."

그는 취임 후 추진했던 혁신과 사업들이 하나둘씩 가시적 결실을 맺기 시작했던 2016년 4월 직원들에게 이런 편지를 띄웠다. "눈에 보이는 성과 이상의 변화가 일어나고 있다." 파괴적 사고가 뜻밖의 선물을 줄 수 있다는 것을 암시하는 말이다.

2장

리더십과 실행력

아직 문제가 없을 때
지붕을 수리해야 한다

마 윈
알리바바 회장

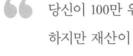

> 당신이 100만 위안을 가지고 있으면 그것은 당신 돈이다.
> 하지만 재산이 2,000만~3,000만 위안 정도 되면 당신 돈
> 이 아니다. 사회가 당신에게 맡긴 돈이라고 봐야 한다. 이
> 돈에 대한 책임이 있다는 의미다. 회사에서 내가 내리는
> 결정 중 중요한 것은 대부분 도덕과 가치관, 사회적 책임
> 과 관련된 사안이다. (이런 측면에서) 기업이 절대 하지 말
> 아야 할 4가지가 있는데 그것은 바로 뇌물 수수와 임금
> 체불, 탈세, 권리침해다."

마윈马云 알리바바 회장이 중국기업가클럽CEC 주석(회장)으로 선임

된 직후 열린 좌담회에서 펼친 주장이다. 2006년 출범한 CEC는 중국을 대표하는 기업 총수와 경제학자, 외교관 등 49명으로 구성된 비영리기구다. 마윈 회장이 취임 일성으로 기업의 사회적 역할과 책임을 강조한 것은, 당시 한 대학생이 바이두가 추천한 병원에서 잘못된 치료를 받다가 숨진 사건으로 중국 내 반 기업 정서가 확산됐던 것과 무관하지 않다. 일부 CEC 회원사에 대한 부정적 여론도 그가 뇌물과 탈세 등 기업 4불不을 새삼 강조한 배경이다.

사실 마윈 회장도 4불의 위험에서 자유롭지 못했다. 한때 알리바바에서 짝퉁을 팔았다는 혐의로 비난을 받았는데 이는 탈세와 권리 침해에 해당된다. 그는 사건이 발생하자 즉시 짝퉁 제품을 추방하겠다는 강력한 의지를 밝히며 위기를 넘겼다. 중국 정부의 곱지 않은 시선도 영향을 미쳤다. 알리바바가 중국 사회를 발전시키기보다 해외에서의 투자나 자선 활동을 더 많이 한다며 당국이 불만을 가졌던 것이다.

하지만 마윈 회장은 기업의 사회적 책무나 사명을 중요하게 생각하고 이를 실행하려는 경영자에 속한다. 그는 기회가 있을 때마다 직원들에게 이렇게 말했다. "알리바바를 단순히 돈을 버는 기업으로 만들고 싶지 않다. 전 세계에 자랑할 만한 위대한 회사를 만들겠다는 사명감을 가지고 일해주길 바란다." 마 회장은 2014년 알리바바의 뉴욕 증시 상장 전에 약 3조 원의 공익신탁을 세웠다. 이 무렵 빌 게이츠와 자선경쟁을 벌이겠다고 선언했는데, 그 이후 꾸준한 사회 기여 활동을 통해 그 공표가 빈말이 아님을 보여주고 있다. 베이징대학 강연에서는 기업의 1차 책임은 기부 이전에 투자를 통한 일자리와 부의 창출이라고 강조해 눈길을 끌기도 했다.

기업이 사회적 약자를 위해 많은 역할을 해야 한다는 생각은 마윈 자신의 경험에서 나왔다. 흙수저 출신에다 머리도 뛰어나지 못했던 그는 자신의 한계를 극복하기 위해 끊임없이 노력했다. 그에게는 앞을 내다보는 혜안이 있었고, 미래에 대한 그만의 통찰로 알리바바를 성공시킬 수 있었다.

그가 세계적인 경영자로 성장하는 과정은 사실 기적에 가깝다. 마윈 회장의 젊은 시절은 좌절의 연속이었다. 대학 입시에 2번이나 떨어졌고 호텔 종업원 취업도 키가 작아 퇴짜를 맞았다. 한마디로 가능성이 별로 없는 청년이었다. 다행히 그에게는 남들보다 뛰어난 2가지가 있었다. 영어 실력과 적극적인 성격이었다. 그가 삼수 끝에 사범대에 진학해 항저우전자과학기술대학에서 영어강사 노릇을 할 수 있었던 것도 탁월한 어학 실력 덕이었다. 개방적이고 쾌활한 성격은 그를 명강사로 만들었다. 하지만 그의 꿈은 훌륭한 영어선생이 아니었다. 그는 1995년 학교를 떠나 창업했다. 유망 분야를 물색하며 그가 내린 결론은 '인터넷'이었다. 인터넷은 중국인들에게 낯선 개념이었지만 언젠가 황금알을 낳는 거위가 될 거라 마 회장은 직감했다.

교사 생활만 했던 그는 사업 초기에 실패를 거듭했다. 그러다가 호구지책으로 중국 정부가 주관하는 인터넷 네트워크 업무를 맡게 됐다. 정부 일을 하는 동안 돈과 명성은 고사하고 고생만 했지만, 전자상거래의 잠재력에 눈을 뜰 수 있었다. 정부 간섭을 받으며 일하는 것에 염증을 느낀 그는 1999년 사표를 내고 드디어 동료들과 함께 알리바바를 설립했다.

모든 스타트업이 그렇듯 알리바바도 처음에는 고전을 면치 못했다. 투자 유치에 나섰지만 수없이 거절당했고 임대료는 물론 직원들 월급조차 주지 못했다. 그러나 그는 포기하지 않았다. 그는 끈질긴 설득 끝에 골드만삭스의 투자를 이끌어냈다. 한 번 물꼬를 트자 후속 투자가 이어졌는데 결정적인 것이 2000년 소프트뱅크 회장 손정의의 2,000만 달러 베팅이었다.

이 결정으로 알리바바는 날개를 달았고 손 회장은 훗날 3,000배의 수익을 획득했다. 소프트뱅크의 투자 이후 알리바바의 성장 속도는 말 그대로 광속이었다. 2001년부터 수익을 내기 시작해 2005년에는 야후 차이나를 인수했다. 2007년 홍콩 증시 상장에 이어 2014년 뉴욕 증시에 입성하며 아마존에 필적하는 전자상거래 기업으로 부상했다. 인터넷으로 승부를 걸면 큰 성공할 수 있을 것이라는 마윈의 통찰력이 적중했던 것이다.

다른 IT 기업 경영자와 마찬가지로 그는 현재 인공지능 분야에 주목하고 있다. CNBC와의 인터뷰에서 그는 이렇게 말했다. "우리는 인공지능 덕에 적게 일하고 더 많이 여행할 수 있게 될 것이다. 앞으로 30년 안에 일주일에 4일, 하루 4시간씩 일하는 날이 온다. 우리 할아버지는 들판에서 하루 16시간씩 일했지만 우리는 하루 8시간, 일주일에 5일 일한다. 요즘 사람들은 (일평생) 약 30곳을 여행하지만 30년 후에는 300곳을 방문하게 될 것이다. 다만 다가올 미래에 발 빠르게 대응하지 못한다면 미래로 가는 길이 고통스러울 수도 있다. 지금 그것에 대한 준비를 해야 한다. 아직 문제가 없을 때 지붕을 수리해야 한다는 게 나의 믿음이다."

인공지능 시대의 한 단면을 정확하게 예측한 것이라는 점에서 의미심장하게 들어야 할 대목이다. 그 역시 인공지능이 미래에 큰 변화를 가져올 것이라는 사실은 부인하지 않는다. 그러나 그는 그 변화를 부정적으로 보지 않는다. 어떻게 준비하고 대응하느냐에 따라 덜 일하면서도 더 행복하고 즐겁게 살 수 있는 미래를 맞을 수도 있다고 주장한다. 그의 혜안과 통찰력이 인공지능 시대에 어떻게 발현될지 지켜볼 일이다.

강력한 카리스마 대신
열린 귀로 승부하다

팀 쿡
애플 CEO

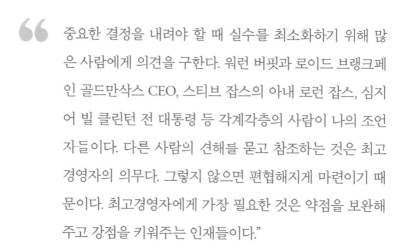

　중요한 결정을 내려야 할 때 실수를 최소화하기 위해 많은 사람에게 의견을 구한다. 워런 버핏과 로이드 브랭크페인 골드만삭스 CEO, 스티브 잡스의 아내 로런 잡스, 심지어 빌 클린턴 전 대통령 등 각계각층의 사람이 나의 조언자들이다. 다른 사람의 견해를 묻고 참조하는 것은 최고경영자의 의무다. 그렇지 않으면 편협해지게 마련이기 때문이다. 최고경영자에게 가장 필요한 것은 약점을 보완해주고 강점을 키워주는 인재들이다."

한 언론 인터뷰에서 팀 쿡Tim Cook 애플 CEO가 밝힌 이 말은 그의 성격과 경영 스타일을 대변해준다. 잘못한 것을 잘못했다고 솔직히 털어놓는 그의 모습은 강력한 카리스마로 애플을 이끌었던 잡스와 확실히 다르다. 오판이나 실수를 줄이는 태도나 방법에서도 두 사람은 차별성을 보인다. 잡스가 철저한 자기관리와 통찰을 통해 최선의 선택을 구했다면 쿡은 가급적 많은 사람에게 조언을 들었다.

2011년 8월 스티브 잡스에 이어 팀 쿡이 애플 사령탑에 올랐을 때 많은 이가 잡스의 혁신이 계승될 수 있을지 의심했다. 쿡은 1998년 애플에 합류해 13년간 잡스와 동고동락하며 2인자의 자리를 굳혔지만 잡스 같은 혁신의 아이콘은 아니었다. 오히려 지독한 노력과 성실성, 꾸준함을 무기로 승부를 펼쳤다.

그를 두고 세간은 잡스 같은 직관력으로 변화에 적극 대응해야 하는 IT업계에서 오래 버틸 수 없을 것이라고 예측했다. 하지만 그가 보여준 성과를 종합적으로 평가하면 그 예상은 절반은 맞고 절반은 틀렸다고 볼 수 있다. 취임 5주년을 기념한 〈워싱턴포스트〉와의 인터뷰에서 그 자신도 매출과 이익, 보유 자산은 2배 이상 증가했지만 아이폰의 지도를 구글 맵 대신 애플 맵으로 바꾼 결정 등 몇 가지 실수가 있었다는 점을 인정했다.

쿡은 기발한 아이디어와 톡톡 튀는 천재성 대신 뛰어난 현실 감각을 지녔다. 그는 애플워치를 활용해 체중을 14킬로그램 가량 뺀 일화를 언론에 밝힌 적이 있다. 매일 새벽 4시에 일어나 애플워치를 착용하고 열심히 운동한 덕에 건강이 많이 좋아졌다는 것이었다. "애플워치는 신체를 단련할 동기를 부여한다. 운동 성과에 대한 피드백은 물론 목표를 설정해주기 때문이다. 애플워치를 차고 꾸준하게 운동한 결과 삶이 바뀌었다는 사람도 많다. 이럴 때 사업하는 보람을 느낀다."

그가 실용성과 실질가치를 중요하게 생각하는 성실한 기업가라는 사실을 엿볼 수 있는 대목이다. 이는 잡스에게는 기대할 수 없는 모습이라 오히려 흥미롭다. 잡스는 꾸준함보다는 천재적인 통찰력에 의존한 혁신기업가였다. 확실한 실적보다는 한 번 터지면 노다지를 캘 수 있는 비전을 믿었다. 잡스에게 중간은 아무 의미가 없었다. 쪽박을 차든 대박을 내든 둘 중 하나였다. 반면 쿡은 위험을 최소화하며 한 단계씩 성장하는 것을 선호한다.

잡스가 21세기 최고 발명품 아이폰을 물려준 덕이 크지만 쿡 회장의 실력도 과소평가할 수는 없다. 그가 취임한 2011년 회계연도에는 애플의 매출이 120조 원대였지만 2016년에는 230조 원을 넘겼다. 투자 여력을 보여주는 현금 보유액도 83조 원대에서 250조 원대로 3배가량 증가했고, 직원도 6만 명에서 11만 명으로 2배 가까이 늘었다. 중국에서의 약진도 눈에 띈다. 그가 사령탑에 오른 후 중국 주요 도시에 애플스토어기 진출해 중국에서의 매출이 5조 원대에서 20조 원대로 대폭 늘어났다. 괄목할 만한 실적에 힘입어 같은 시기 애플 주가도 상승세를 이어갔다.

쿡 회장의 실력은 여러 직장에서 다양한 사람들과 일한 경험에서 비롯됐다. 그는 미국 앨라배마 오번대학에서 산업공학을 전공하고 듀크대학 경영대학원에서 석사학위를 취득한 학구파다. 학업을 마치고

IBM에 입사해 컴퓨터 부서에서 일하다가 잡스를 만났다. 잡스는 그에게 애플의 경영총괄을 맡아달라고 요청했다. 1998년의 일이다.

두 사람은 성향이 전혀 달랐지만 그 때문에 오히려 환상적인 팀이 됐다. 쿡 회장은 깐깐한 잡스와 협력하며 애플의 2인자로 일하다가 잡스가 췌장암에 걸려 정상적으로 업무를 할 수 없게 되자 최고경영자 역할을 수행했다. 잡스가 구상하고 그가 마무리해 발표한 '아이폰4S'는 수천만 대가 팔릴 만큼 인기를 끌었다. 이 제품은 쿡이 최고경영자로서 연착륙하는 데 큰 도움이 되었다.

문제는 전 세계 스마트폰 시장의 성장이 점차 둔화되고 경쟁업체들의 실력이 좋아지고 있다는 점이다. 애플이 주도하던 중국 시장에서조차 화웨이와 오포, 비보 같은 토종업체들에 밀리고 있는 게 단적인 예다. 쿡에게 아이폰의 역주행은 고민이 아닐 수 없다. 이럴 때 잡스가 있었다면 그의 어깨는 한결 가벼울 것이다. 잡스가 혁신을 이끌고 그가 조직관리와 실리를 책임지며 위기를 타개할 수 있을 테니 말이다. 혁신과 관리라는 두 마리 토끼를 한꺼번에 잡으려니 힘겨울 수밖에 없다.

이는 그가 새로운 성장 사업을 끊임없이 언급하고 있는 배경이기도 하다. "인공지능으로 인해 스마트폰의 의존도는 더 커질 것이다. 증강현실은 매우 흥미로우며 미래를 주도할 핵심기술이다." 쿡이 한 언론과 인터뷰하며 밝힌 말을 통해 애플의 청사진을 엿볼 수 있다. 그가 꿈꾸는 미래는 인공지능과 증강현실을 탑재한 신개념 아이폰은 주인이 원하는 정보와 서비스를 알아서 척척 제공해주는 세상이다.

그러나 같은 생각을 가진 경쟁자들이 많다는 게 변수다. 구글과 페이스북 등 신흥 강자들은 물론 IBM까지 가세하고 있으니 앞서 나가기가 쉽지 않을 것이다. 쿡이 귀를 더 크게 열고 여러 사람들로부터 해법을 듣는 일이 점점 중요해질 것으로 보인다.

스킨십 경영으로 오뚜기를
'갓뚜기'로 만들다

함 영 준
오 뚜 기 회 장

" 회사의 모든 안건들을 위로 올렸다가 다시 아래로 내리
는 소통은 잘못된 것이다. 모든 부서를 관통하는 수평적
소통이 중요하다. 특히 젊은 직원들과의 소통을 위해 직
접 만든 사내 모임의 이름을 레츠 고Let's GO, 레츠 테이스
트Let's TASTE, 레츠 에코Let's ECO라고 한 것이 그 예다. '레츠
Let's'란 '함께, 같이' 하자는 것이다. '너 혼자' 하는 것이 아
니라 '함께, 같이' 하는 측면에서의 소통을 강조한 것이
다."

함영준 오뚜기 회장이 직원들에게 강조한 이 말에서 그의 스킨십 경

영이 어떤 것인지 짐작할 수 있다. 문재인 대통령이 취임 이후 가진 첫 번째 기업인 간담회에 초청되기 전까지 그는 일반인들에게 거의 알려지지 않았다. 다만 SNS 상에서 비정규직을 뽑지 않는 회사, 창업자에게서 2세인 함 회장으로 경영권이 넘어갈 때 불법이나 편법 상속 없이 정직하게 세금을 낸 모범 기업으로 소문이 퍼져 있었다. 이때 하나님과 같은 회사라는 의미의 '갓뚜기'라는 별명이 회자됐고, 대통령 귀에도 들어간 듯싶다. 입소문이 아니었더라면 그가 대중에게 주목받을 일은 없었을 것이다. 그도 그럴 것이 함 회장은 언론 인터뷰나 대외 활동을 극도로 꺼리는 사람이기 때문이다.

그러나 회사 안에서는 함 회장만큼 활발하게 움직이는 사람이 없다. 사무실에 앉아 있지 않고 공장으로, 거래처로, 대리점으로 바삐 움직이며 현장 사람들과의 대화를 즐긴다. 젊은 직원들과 어울려 맛집을 탐방하며 격의 없이 이야기하는 모습도 자주 볼 수 있다. 이런 행동은 수평적 소통과 스킨십을 중시하는 그의 경영철학에서 나온 것이다.

함 회장의 스킨십 경영은 실적으로 이어졌다. 그는 현장과 긴밀하게 소통하는 중에 종합식품회사로 빌진시켜야 할 필요성을 느꼈다. 그래서 사업다각화에 나섰다. 카레와 마요네즈에서 건조식품류와 양념소스류, 냉동식품까지 사업을 확장했다. 그 결과 오뚜기는 지금 2,000개가 넘는 제품을 만들고 있다. 한국에 최초로 선보인 카레와 스프, 케첩, 마요네즈는 그동안 한 번도 1위 자리를 놓치지 않은 스테디셀러다.

함태호 오뚜기 창업자의 장남인 함영준 회장은 한양대 경영학과를 졸업한 뒤 미국 서던캘리포니아대학 대학원에서 경영학 석사학위를 받았다. 일찌감치 오뚜기에 입사해 경영수업을 받고 사장을 거쳐 2010년 회장에 취임했다.

그의 생각에 라면은 오뚜기의 아킬레스건이었다. 그래서 부친으로부터 회장직을 물려받은 뒤 라면 사업에 가장 공을 들였다. 농심과 삼양의 거대한 벽을 넘기 위해 2014년 영국 맨체스터 유나이티드와 마케팅 협약을 맺는가 하면, 미국 메이저리그에 진출한 류현진 선수를 광고 모델로 쓰기도 했다. 맛을 개선하기 위해 수시로 시식회를 열었고, 10년째 가격을 동결하는 승부수를 던졌다.

그 결과 2013년 오뚜기 '진라면'은 전년대비 매출이 33퍼센트 급증했고 2015년 9월 출시된 '진짬뽕'은 짬뽕라면 시장을 석권하는 성과를 거뒀다. 오뚜기는 삼양을 제치고 라면 시장 2위에 올랐고, 점유율도 2014년 18.3퍼센트에서 2015년 20.5퍼센트, 2016년 23.2퍼센트, 2017년 25퍼센트로 꾸준히 오르며 선두인 농심을 추격하고 있다. 사업 다각화와 라면 시장에서의 약진에 힘입어 함 회장 취임 당시 1조 원을 조금 웃돌던 매출은 2016년 2조 원을 돌파했다.

"오뚜기는 30년 넘게 우리 제품을 생산하고 있는 협력업체들과 성공적인 동반성장을 해왔다. 오뚜기만 좋은 게 아니라 모두 매출이 성장하고 이익이 늘었다. 그동안 우리는 윤리경영을 해왔기 때문에 안정적으로 회사를 이끌 수 있었다. 앞으로 기업의 윤리경영, 사회적 책임은 기업 활동에서 가장 중요한 평가기준이 될 것이다. 우리가 제일 듣고 싶은 말은 정직한 기업이라는 말이다."

"음식이 인류와 함께 존재하며 우리에게 준 가장 근본적인 것은 행복이다. 기쁠 때나 눈물을 흘릴 때나 그 어떤 순간에도 음식은 행복을 준다. 오뚜기는 바로 이런 행복의 순간을 제공하는 회사다. 연구소는 행복한 순간을 개발하는 곳이고, 공장에선 그런 행복한 순간을 만들며, 영업은 행복을 고객에게 전달해주는 일이다."

함 회장이 기회가 있을 때마다 강조하는 이런 말은 그의 스킨십 경영의 궁극적 목적이 무엇인지 짐작하게 한다.

탁월한 협상력으로
세계적인 브랜드를 인수하다

궈 타 이 밍
폭 스 콘 회 장

> 세계 IT 시장이 급변하는 상황에서 샤프 같은 회사를 정
> 부가 경영하는 것은 어불성설이다. 정부가 관리하면 정상
> 화하기 힘들 것이다. 우리처럼 IT와 가전 분야에 속한 민
> 간기업이 인수해야 일본 정부가 원하는 구조조정 성과
> 를 달성할 수 있을 것이다. 인수 금액도 더 올릴 의향이 있
> 다.”

샤프 인수가 교착 상태에 빠졌을 때 궈타이밍郭台銘 폭스콘 회장은 이
런 말로 일본 정부를 설득했다. 100년 이상의 역사를 지닌 샤프가 외
국 기업에 넘어가는 것을 꺼리던 일본 정부는 민관펀드인 산업협력기

구를 동원해 회사를 구조조정하려고 했다. 하지만 궈 회장이 파격적인 조건을 내거는 바람에 상황은 역전됐다. 그는 인수액을 6,000억 엔 가까이 올렸다. 협상은 급진전됐고 2016년 3월 폭스콘은 샤프를 인수하는 최종 계약 합의를 이끌었다.

하지만 계약을 체결하기 직전 변수가 생겼다. 샤프 장부를 살피던 중 3,500억 엔의 우발채무가 발견된 것이다. 협상의 명수였던 궈 회장은 즉각 계약을 보류했다. 발등에 불이 떨어진 샤프 측은 우발채무가 일시적 문제라고 해명했으나 그는 2년 연속 2,000억 엔대 영업손실과 악성 재고를 거론하며 고개를 저었다. 밀고 당기는 협상 끝에 궈 회장은 인수액을 1,000억 엔 이상 낮췄고, 폭스콘은 당초 책정액보다 훨씬 적은 돈으로 세계적인 브랜드를 보유하는 숙원을 이뤘다.

궈 회장은 자수성가한 기업인이다. 그는 20대 중반인 1974년에 창업을 했다. 시작은 TV에 들어가는 플라스틱 부품을 만드는 하청업체였다. 직원이 10명에 불과한 작은 회사를 비약적으로 성장시킨 계기는 수출이었다. 1990년대 들어 그는 미국을 중심으로 해외 기업에 납품을 시작했다. 품목도 게임기 커넥터 등 다양한 부품으로 확대했는데, 뛰어난 영업력 덕에 해마다 매출이 급승했다.

그는 늘어나는 주문을 충당하려고 중국 선전에 대규모 공장을 세웠다. 그러면서 애플과 휴렛패커드 등 글로벌 기업들의 물량을 따냈다. 특히 애플을 거래업체로 잡은 것은 큰 행운이었다. 애플 아이폰이 전 세계를 휩쓸며 폭스콘의 생산량 역시 큰 폭으로 늘어났기 때문이다. 여기에 아마존의 전자책 킨들과 소니의 플레이스테이션, 전기차용

터치스크린과 서버 등을 생산해주며 사세를 확장했다. 전 세계 가전제품의 40퍼센트를 폭스콘이 생산한다는 말이 나올 정도였다. 결국, 폭스콘은 120만 명이 넘는 직원과 주요 대륙에 공장을 둔 기업으로 우뚝 섰다.

그러나 궈 회장은 허전함을 느꼈다. 가전 OEM 시장에서는 세계를 석권했지만 영업이익률이 높은 완제품을 만들지 못하는 현실이 아쉬웠다. 그런 면에서 한국의 삼성전자는 무척이나 부러운 기업이었다. IT 기기의 핵심 소재인 반도체부터 부품, 가전과 스마트폰 등 완제품까지 완벽한 포트폴리오를 갖췄기 때문이다. 더욱이 삼성전자는 폭스콘 계열사를 고발해 유럽에서 거액의 과징금을 물리는가 하면, 시장에서의 우월한 지위를 이용해 폭스콘 같은 대만 기업들을 힘들게 했다. 또한 폭스콘 최고 거래업체인 애플의 적이기도 했다. 이런 이유로 그는 삼성에 적개심과 열등감을 동시에 느꼈다.

다행히 그는 샤프를 인수하면서 OEM업체의 한계를 넘어섰고, 삼성전자에 대한 열등의식도 어느 정도 해소할 수 있었다. 하지만 그것만으로는 성에 차지 않았는지 도시바 반도체 인수전에도 뛰어들었다. 그의 뜻대로 되지는 않았지만 폭스콘은 도시바 반도체 매각 예비입찰에 경쟁업체보다 1조 엔 가량 많은 3조 엔을 써내 화제가 되기도 했다.

궈 회장에게도 위기는 있었다. 2012년 〈뉴욕타임스〉가 중국 폭스콘 공장의 열악한 근무환경으로 직원들의 자살이 속출하고 있다고 보도해 주문이 끊길 위기에 처하기도 했다. 권위주의적이고 반인권적인 모습으로 구설수에 오르는 등 부정적인 평가도 있었다. 그러나 1,000만 원도 안 되는 자본금에 10명의 직원을 두고 시작한 회사를 연간 매출 150조 원의 기업으로 키운 그의 경영 능력을 의심하는 사람은 별로 없다. 그럴 수 있었던 힘은 어떻게든 생산 물량을 따내는 그의 협상 기술에서 나왔고, 이는 샤프를 비롯한 유명 기업을 사냥하는 과정에서 여전히 힘을 발휘하고 있다.

쇼핑, 놀이, 휴식을 한곳에!
신新 유통의 장을 열다

정 용 진
신세계 부회장

〝 교외 쇼핑몰을 복합 체험 공간으로 확장하는 것이다. 테마파크나 야구장처럼 사람들이 즐길 수 있는 위락 시설과 취향에 맞는 쇼핑을 동시에 할 수 있도록 모든 형태의 매장을 한곳에 모아 놓으면 승산이 있을 것이다. 이것이야말로 온라인 쇼핑몰을 넘어설 수 있는 신新 유통이 아니겠는가?〞

정용진 신세계 부회장이 2016년 9월 9일 개장한 '스타필드 하남' 조성 의미를 설명하며 던진 메시지다. 이 개념을 처음 구상한 것은 할인점 성장세가 둔화되기 시작한 2000년대 중반이었다. 신세계그룹은 이마트의 급속한 성장으로 승승장구했지만 온라인 쇼핑몰의 위협을 피할 수 없었다. 신세계도 온라인 쇼핑몰 사업을 강화했지만 그것만으로는 부족했다. 기존 핵심역량을 극대화하려면 제3의 길을 모색해야 했다. 이런 생각으로 미국 유통시장을 돌아보던 중 그의 눈길을 끈 매장이 있었다. 교외에 위치한 대형 쇼핑몰이었다. 넓은 공간에 백화점과 마켓, 각종 브랜드숍이 모여 있는 쇼핑몰을 돌아보며 그는 무릎을 쳤다.

최초 구상부터 개점까지 10년 이상 공을 들인 스타필드 하남의 개장을 앞두고 그는 거의 매일 현장으로 출근했다. 다양한 채널로 마케팅을 했기에 개장일에 엄청난 인파가 몰릴 게 확실한데, 이에 대비해 세부적인 것까지 챙겨야 했던 것이다. 그만큼 스타필드 하남은 정 부회장과 신세계의 미래에 중요한 의미를 지녔다.

스타필드 하남은 연면적 46만 제곱미터(축구장 70개 규모)에 동시주차 가능 대수가 6,200대에 달한다. 백화점과 창고형 할인매장, 명품 브랜드숍과 각종 전문점까지 들어선 오프라인 쇼핑의 집합체다. 놀이와 휴식을 제공하는 복합 체류 공간을 구현한다는 생각에서 비롯됐다. "하루 종일 머물러도 지루하지 않은 관광 명소가 될 것이다." 정 부회장의 이런 장담에 대해 평가가 엇갈리고 주말에만 사람이 너무 몰린다는 등의 불평이 나오고 있지만 한 번 방문하면 몇 시간 머물 것이라는 그의 예상은 틀리지 않았다.

스타필드 하남처럼 무모해 보이는 아이디어는 모험을 두려워하지 않는 기업가정신과 무관하지 않다. 이 구상을 처음 밝혔을 때는 반대도 많았다. 온라인 쇼핑이 대세인 지금 초대형 쇼핑몰을 건립하는 건 시대에 역행한다는 이유에서였다. 투자액이 1조 원에 달해 자칫 신세계그룹 전체를 위기로 몰아갈 위험도 컸다.

하지만 정 부회장은 자신의 판단을 믿었다. 1995년 신세계 전략기획실 임원으로 입사한 뒤 다양한 시도를 했는데 그중에 크게 성공한 것이 많았기 때문이다. 피코크와 노브랜드 같은 자체상표PB와 할인점 개념을 확장한 이마트타운, 명품 브랜드를 할인가로 판매하는 프리미엄 아울렛 등이 대표적이다. 이런 성공 경험은 아무리 난관이 많은 사업이라도 과감하게 추진할 수 있는 용기를 주었다.

2011년 5월 정 부회장은 하남시와 투자사업 협약을 체결하고 스타필드 하남 건설에 들어갔다. 그 뒤 그는 "우리의 경쟁자는 다른 유통업체가 아닌 야구장"이란 말을 입에 달고 살았다. 2014년 그룹경영전략 워크숍에서는 이런 말로 비장한 각오를 다졌다. "신세계는 앞으로 10년간 새로운 유통 업태 발굴과 집중 투자를 통해 미래 성장 동력을 확보할 것이다. 기존 관행을 떨쳐내고 시장의 한계를 돌파할 창조와 혁신을 주도해야 한다."

2015년 신입사원 연수캠프에서도 새로운 실험의 중요성을 거듭 강조했다. "국내 고객뿐 아니라 한국을 찾는 외국인에게까지, 신세계가 만들면 항상 뭔가 새롭고 재밌을 거라는 기대감을 심어줘야 한다. 이런 신뢰감을 갖게 된다면 굳이 값비싼 마케팅을 하지 않아도 세계 곳곳의 고객들이 신세계란 브랜드에 열광하며 우리를 찾아줄 것이다. 우리가 만든 새로운 상품과 서비스, 콘텐츠로 새로운 경험과 새로운 세상을 보여줘야 한다. 백화점, 이마트, 프리미엄 아울렛 등 기존 유통

채널은 물론 그룹의 모든 역량을 결집해 개발 중인 복합쇼핑몰과 면세사업에서도 신세계다움을 심어줘야 할 것이다."

그의 새로운 유통 실험은 현재진행형이다. 가장 싼 가격에 최고의 상품을 판매한다는 기존 가치와 함께 즐거운 체험을 제공하겠다는 그의 희망이 실적으로 이어지는 건 아직 증명되지 않았다. 하지만 그것이 만족스러운 성과를 거두지 못한다 해도 신 유통을 향한 그의 열정이 식지 않는다면 새로운 실험은 계속될 것이다.

제품이 좋으면 나머지는
저절로 따라온다

제임스 다이슨
다 이 슨 대 표

> 내가 장거리 달리기를 잘하는 것은 체격 조건이 좋아서
> 가 아니라, 남이 넘보지 못할 투지와 확신이 있기 때문이
> 다. 모든 걸 걸고 뛰는 것이다. 다음으로 중요한 건 실패를
> 대하는 태도다. 성공하려면 먼저 실패해야 한다. 직원들
> 에게 실패를 두려워하지 않는 마음을 심어주는 게 가장
> 중요하다."

2014년 〈매일경제신문〉과 가진 인터뷰에서 다이슨의 창업자이자 대
표인 제임스 다이슨James Dyson은 이렇게 강조했다. 지금은 연매출이
수조 원에 달하는 세계적인 기업이지만 다이슨의 시작은 말 그대로

볼품없었다.

영국 왕립미술학교에서 디자인을 전공한 뒤 엔지니어로 사회생활을 시작한 다이슨은 30대 초반에 기존 진공청소기 성능이 떨어지는 이유가 먼지봉투 때문이라는 사실을 우연히 발견했다. 시간이 갈수록 먼지봉투가 청소기의 흡입력을 약화시켰던 것이다. 그럼에도 불구하고 먼지봉투가 내재된 청소기가 100년 넘게 쓰여왔다는 사실에 분노했다. 보통 사람이라면 그러고 말았을 테지만 그는 한 발 더 나갔다. "먼지봉투가 없는 진공청소기를 만들면 대박을 낼 수 있을 것이다." 당시만 해도 현실성이 없던 이 아이디어에 모든 것을 걸기로 결심한 그는 모든 일을 중단하고 신개념 진공청소기 개발에 전념했다. 자본금이 없어 집을 담보로 잡혔고, 생활비는 미술 교사였던 아내가 책임졌다. 1979년부터 꼬박 5년간 5,000개가 넘는 실패작을 내고서야 'G 포스G-Force'라는 진공청소기를 완성할 수 있었다. 제재소에서 원심분리로 톱밥을 걸러내는 것을 보고 힌트를 얻어 고안한 청소기였다.

드디어 원하는 제품을 개발했지만 시장의 반응이 뜨뜻미지근했다. 먼지봉투를 팔아 이익을 남겨왔던 유통업체들은 말할 것도 없고, 제품의 대량 생산을 맡길 공장노 그에게서 등을 돌렸다. 다이슨은 어쩔 수 없이 일본에서 카탈로그 판매를 통해 활로를 찾았다. 그렇게 약 10년간 고생한 끝에 1993년 영국에 자체 공장과 연구실을 갖춘 기업을 설립할 수 있었다.

먼지봉투 없는 청소기를 성공시킨 뒤에도 그는 세상에 없는 가전을 창조하는 데 몰두했다. 마케팅이나 영업보다는 연구개발에 모든 역량을 쏟아부었다. 이를 지켜본 다이슨 직원들은 창업자의 최고 가치가 무엇인지 자연스럽게 터득했다. "오직 최고의 제품을 만드는 데 혼신의 힘을 기울여라. 제품이 좋으면 나머지는 저절로 뒤따라오게 돼 있다." 다이슨이 직원들에게 강조하는 말이다.

다이슨은 영업과 마케팅에 집중하는 일반 가전업체들과 전혀 다른 길을 가고 있다. 다이슨은 먼지봉투 없는 진공청소기가 선풍적인 인기를 끌었다고 해도 후속 제품까지 그렇게 될 것이라고 생각하지 않았다. 개발에 집중하고 마케팅과 영업은 소홀하다 보니 신제품 출시 초기에는 적자를 볼 수밖에 없었다. 하지만 그는 신제품 창조로 승부하는 원칙을 포기하지 않았다. 싼값에 많이 판매하는 '박리다매'로는 버틸 수 없었기 때문에 최고가 전략을 펼칠 수밖에 없었다.

신개념 청소기에 이어 날개 없는 선풍기와 초음속 헤어드라이어 등 고정관념을 깨는 혁신 제품이 나오면서 고가 전략은 성공을 거뒀다. 소비자들은 특별하지 않으면 굳이 비싼 제품을 사지 않을 것이고, 특별하더라도 내구성이 없으면 재구매하지 않는다. 다른 가전업체보다 몇 배나 비싼 다이슨 제품들이 날개 돋친 듯이 팔리는 것은 특별하면서도 오래 쓸 수 있다는 장점 때문이다.

다이슨은 전기자동차업체 테슬라의 임원을 영입하고 배터리업체를 인수하며 더 넓은 시장으로 눈을 돌리고 있다. 2020년에 전기자동차를 내놓겠다는 발표를 하고, 인공지능 연구에도 박차를 가하고 있다. 이 때문인지 일각에서는 다이슨이 배터리 소모를 획기적으로 줄이거나 한 번 충전으로 수천 킬로미터를 달리는 전기자동차를 개발할 것이라는 말이 나오고 있다. 이런 기대심리는 70세를 넘긴 다이슨이 여전히 신제품 연구개발에 참여하고 있다는 사실과 무관하지 않다.

　다이슨의 성공 비결로 혁신 기술에 대한 전폭적인 투자와 독창적인 디자인을 꼽는 사람이 많지만 더 깊이 들여다보면 그 동력이 '올인' 정신에 있다는 것을 알 수 있다. 한번 꽂히면 목표를 이룰 때까지 모든 것을 내거는 집념과 용기가 창조와 혁신을 이끌어내는 원동력이라는 얘기다. 이는 실패를 두려워하지 않고 무모해 보이는 것에도 도전하는 다이슨의 삶과 정확하게 일치한다.

사양산업 안에도
성장하는 기업은 있다

서　경　배
아모레퍼시픽그룹 회장

> 선친께서 30대에 이리저리 뛰어다니시며 고생하셨을 모
> 습을 종종 떠올리는데, 그럴 때면 마음속 고민의 해답이
> 나오곤 한다. 선친의 여권에는 1960년대에 프랑스로 가기
> 위해 프로펠러 비행기를 타고 6개국을 거친 흔적이 남아
> 있다. 한창 피가 끓던 시절 선친의 창업 기운이 녹아있는
> 듯해 늘 소중히 여긴다.”

서경배 아모레퍼시픽그룹 회장은 아버지 서성환 회장의 낡은 여권
을 가끔 꺼내 본다. 발급일이 1960년 6월 29일인 이 여권은 그의 보
물 1호로 ‘기업가정신’을 끊임없이 일깨우는 원천이다. 앞서 인용한 글

은 서 회장이 지인들에게 자주 털어놓는 소회다. 그는 출장을 다닐 때마다 선친의 낡은 여권을 떠올리곤 한다. 특히 대내외 경영환경이 좋지 않거나 큰 어려움에 직면하면 반백 년이 넘는 긴 세월에 누렇게 색이 변한 여권을 생각하며 다시 힘을 낸다.

서 회장은 1997년 회장에 취임하자마자 정상을 향해 질주했다. 그 무렵 아모레퍼시픽그룹(당시 이름은 태평양)의 경영환경은 별로 좋지 않았다. 화장품산업의 미래는 특히 어두웠는데, 외환위기로 자금 사정까지 어려워지면서 핵심 사업을 제외한 계열사들을 매각해야 할 위기에 처했다. 하지만 서 회장은 당황하지 않았다. 하늘이 무너져도 솟아날 구멍이 있다고 믿고, 아모레퍼시픽이 가장 잘할 수 있는 곳에 집중하기로 마음먹었다. 그렇게 탄생한 대표 브랜드가 설화수다.

서 회장은 우수한 품질과 세련된 디자인으로 무장한 제품을 들고 세계 시장에 눈을 돌렸다. 일단 잠재력이 큰 곳부터 공략하기로 했다. 중국이었다. 20년간 공을 들인 중국 시장이 큰 성공을 거두며 실적과 주가가 고공행진을 이어갔다. 2015년 설화수는 화장품 단일 브랜드로는 최초로 연매출 1조 원을 달성했다. 덕분에 주식 가치가 급등해 서 회장은 이건희 삼성 회장에 이어 한국에서 두 번째 수식부자에 이름을 올리기도 했다. 전 세계에 K뷰티를 알리면서 한국 경제가 어려울 때에도 희망의 빛을 쏘아 올린 몇 안 되는 최고경영자로 주목 받았던 것이다.

2017년 3월 아모레퍼시픽그룹은 서 회장 취임 20주년을 맞아 그간의 성장 과정을 보여주는 비교 실적을 발표했다. 이에 따르면 20년간 매출은 약 10배, 영업이익은 21배 증가했다. 특히 100억 원을 밑돌던 해외 사업의 규모는 1조 6,000억 원대로 늘어났다. 외국에서 운영하는 매장도 3,000개가 훌쩍 넘었다. "국민적인 인기를 끌 수 있는 상품을 개발하겠다. 전체 매출의 20퍼센트 이상이 국외에서 나오게 할 계획이다." 서 회장이 최고경영자 자리에 오르며 다짐한 이 목표는 기한에 비해 훨씬 빨리 달성됐다.

서 회장에게도 약점이 있다. 해외 사업이 너무 중국에 치중됐다는 점이다. 이 때문에 중국이 사드를 빌미로 한국 기업들을 괴롭힐 때 아모레퍼시픽그룹 역시 타격을 입었다. 그러나 이 경험은 서 회장이 한 번 더 성장하게 하는 계기가 됐다. 그는 빠른 시일 안에 국외 매출 비중을 50퍼센트까지 늘리겠다고 발표하면서 탈 중국을 선언했다. 먼저 동남아 시장을 공략하고 유럽과 중남미로 판매망을 확대하겠다는 얘기다. 인구가 많은 대도시부터 집중 공략하면 승산이 있을 것으로 서 회장은 확신하고 있다.

그의 성공 뒤엔 특별한 비결이 있다. 통념을 깨고 남들과 다른 길을 가는 것이다. 그가 해외로 눈을 돌리기 전까지 화장품은 내수산업으로 여겨졌다. "사람들이 사양산업 혹은 성장산업이라고 말하지만 그것은 틀린 말이다. 사양산업에도 성장하는 기업이 있고 성장산업 안에서도 쇠퇴하는 기업이 있게 마련이다." "인삼, 녹차, 한방 화장품은 세상에 없던 것을 우리가 처음 만들어낸 것이다. 남들과 다른 특이한 가치를 담은 제품을 만들고 전파하는 혁신기업이 돼야 한다." 서 회장이 입버릇처럼 하는 이 말은 다른 경영자들에게 많은 영감을 주었다.

2016년 신년사에서도 그는 비슷한 메시지를 던졌다. "남들과는 근본적으로 다른 우리만의 것이 있어야 소비자를 감동시킬 수 있다. 세상에 없는 유일무이함을 향한 도전에 더욱 매진하자." 쉽지 않은 길이지만 기업가정신의 무한한 원천인 선친의 여권이 있기에 서 회장에게는 충분히 가능한 목표다.

한계 돌파를 위해
어떤 결단도 내릴 수 있어야 한다

메 리 바 라
G M 회 장

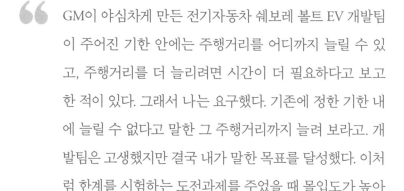

> GM이 야심차게 만든 전기자동차 쉐보레 볼트 EV 개발팀
> 이 주어진 기한 안에는 주행거리를 어디까지 늘릴 수 있
> 고, 주행거리를 더 늘리려면 시간이 더 필요하다고 보고
> 한 적이 있다. 그래서 나는 요구했다. 기존에 정한 기한 내
> 에 늘릴 수 없다고 말한 그 주행거리까지 늘려 보라고. 개
> 발팀은 고생했지만 결국 내가 말한 목표를 달성했다. 이처
> 럼 한계를 시험하는 도전과제를 주었을 때 몰입도가 높아
> 지고 최고 능률이 발휘된다."

메리 바라Mary Barra GM 회장이 2016년 CNBC와 인터뷰하며 밝힌

경험담이다. 그의 말에서 한계를 두려워하지 않는 용기와 한번 정하면 밀고 나가는 저돌성이 엿보인다. GM이 절체절명의 위기를 극복한 저력도 여기서 나온 것이 아닐까.

GM은 2016년 2분기 기대 이상의 실적을 올렸다. 금융위기로 파산한 지 7년 만에 얻은 가장 좋은 성적이었다. 영업이익과 매출은 각각 29억 달러와 424억 달러에 달했다. 매출은 전년 동기 대비 11퍼센트가량 증가했지만 영업이익은 2배로 뛰었다. 주력 시장인 미국과 중국에서 약진한 결과였다. 2008년 미국 산업계의 천덕꾸러기로 전락했던 GM의 회생에는 바라 회장의 위기대응 전략이 주효했다.

그는 1980년 GM에 입사해 연구소와 생산, 제품 개발, 인사 등 여러 분야를 두루 거쳤다. 그의 부친도 40년 가까이 GM 생산라인에서 근무했다. 대를 이어 GM에 몸을 담은 셈이니 회사에 대한 애착이 클수밖에 없었다. 바라 회장은 2014년 GM 역사상 최초의 여성 최고경영자가 되기 전까지 GM의 구조조정을 이끌었고, 제품개발부를 맡아 경쟁력 있는 차종 개발을 주도하기도 했다.

그러나 GM의 최고 자리에 오른 직후 엄청난 시련이 닥쳤다. 취임한 지 보름도 지나지 않아 일부 차량의 점화장치 결함으로 인명피해가 발생한 것이다. 내부적으로는 무려 260만 대를 리콜해야 하는 부담이 있었고, 외부에서는 사람이 희생됐는데 제대로 대응하지 않는다는 비난이 빗발쳤다. 차량 결함을 의도적으로 숨겼다는 보도까지 나왔다. 벼랑 끝에 직면한 바라 회장은 정공법을 택했다. 점화장치의 문제점을 있는 그대로 밝히고 피해자 보상에 적극 나섰다. 이후 불거

진 수십 번의 리콜 사태도 원칙과 절차에 따라 침착하게 대응했다.

그 결과 GM에 대한 불신은 점차 사라졌고 소비자들도 GM 자동차를 다시 찾았다. 과연 여성 회장이 전대미문의 위기를 극복할 수 있을지 의심의 눈길을 보내던 여론도 태도를 바꿨다. 〈포춘〉 지는 바라 회장의 위기관리 능력을 높게 평가하며 '2014년 최고 위기관리자'로 꼽았다.

2017년 들어 세계 자동차 수요가 크게 줄자 바라 회장은 다시 긴축 모드에 돌입했다. 인도와 남아프리카공화국에서 철수하겠다고 선언한 것이다. 비용 절감을 위해 두 나라에서 GM 자동차 판매 조직을 없애겠다는 의미인데, 그렇게 되면 이 지역의 GM 생산라인도 축소될 가능성이 크다. 뿐만 아니라 인도 서부 마하라슈트라 주에 있는 공장을 수출 전용으로 돌렸고, 2015년 발표했다가 보류한 10억 달러 규모의 투자도 최소화했다.

바라 회장은 인도와 남아공 판매 중단에 대해 이렇게 설명했다. "중장기 성장 전략과 수익성 향상을 위한 결정이다. GM은 전 세계 시장에서 적절한 곳을 집중 공략하고, 자원과 시장 전문성을 극대화해 조직의 효율성을 높일 것이다." 한마디로 선택과 집중을 통해 비용을 줄이고 영업이익 구조를 개선하겠다는 얘기다.

불똥이 한국에도 튀었다. 전 세계 직원들에게 보낸 메시지에서 그는 "글로벌 사업 부문을 개편하며 슬림화할 필요는 있었지만 한국을 포함해 동남아와 호주, 뉴질랜드에 대한 비즈니스는 그대로 유지할 방침"이라고 밝혔지만 한국에서 철수할 가능성은 열려 있다. 영업 부진이 계속되고 노사 분쟁으로 생산비용이 올라가면 바라 회장은 결단을 내릴 것이다. 그가 가장 싫어하는 것이 비효율적인 조직 체제와 높은 비용이기 때문이다.

인도와 남아공 철수를 계기로 바라 회장은 GM 글로벌 사업의 구조조정에 속도를 낼 가능성이 높다. 판단과 실행력이 빠르기 때문에 한국GM도 안심할 수 없다. 바라 회장에게 수익성이 떨어지는 사업부는 언제나 정리 대상이다. 유럽에서 쉐보레 브랜드를 철수시켰고, 태국과 러시아, 인도네시아에서도 사업을 대폭 줄인 전례가 있다. 인도와 남아공에서 판매를 접은 것도 같은 맥락이라 할 수 있다.

바라 회장은 볼트 EV 양산형 모델을 발표했던 디트로이트 모터쇼에서 이런 말을 했다. "변하지 않으면 살아남지 못한다. 새 길을 찾는 것이 중요하다." 한계 돌파를 위해 어떤 결단도 내릴 수 있음을 암시한다는 점에서 새겨들어야 할 말이다.

위기를 극복하려거든
퇴로부터 끊어라

카를로스 곤
르 노 회 장

> 앞으로 1년 안에 수익 구조를 개선하고 3년 뒤 회계연도
> 에 수익을 매출의 4.5퍼센트 이상으로 올려놓겠다. 지금
> 의 부채를 절반 수준으로 낮추겠다는 뜻이다. 이 목표를
> 달성하지 못하면 나는 즉각 사임할 것이다."

카를로스 곤Carlos Ghosn 르노 회장은 1999년 르노와 닛산이 합병할
때 닛산의 최고운영책임자에 취임하며 '닛산 재건 계획'을 발표했다.
한마디로 배수의 진을 친 것이다. 곤 회장은 이 계획에 따라 전체 인
원의 14퍼센트인 2만 1,000명을 감원하고 5개 공장을 폐쇄했다. 부품
을 구입할 때도 철저한 경쟁 입찰을 거치도록 했다. 한 푼이라도 허투

루 쓰는 곳이 없도록 감시를 강화하는 동시에 구매 시스템을 180도 바꿨다.

이 모든 것이 실행되기 전, 어느 누구도 곤 회장이 구조조정을 이렇게까지 할 거라고 예상하지 못했다. 그러나 곤 회장은 달랐다. 곪은 곳을 제때 도려내지 않으면 온몸이 썩어 들어갈 것이고, 결국 생명을 잃을 것이라 생각했다. 닛산을 살리려면 설비 감축과 감원은 불가피했다. 엄청난 반발이 있었지만 그는 흔들리지 않았다. 뒤로 물러서거나 돌아갈 곳이 없었기 때문이다.

르노와 합병할 당시 닛산의 부채는 200억 달러가 넘었고 연간 부담하는 이자만 10억 달러에 달했다. 일본에서 판매하는 46개 차종 중 수익을 내는 모델은 3개에 불과했다. '파부침선破釜沈船'이라는 말이 있다. 밥 짓는 솥을 부수고 타고 돌아갈 배를 가라앉힌다는 뜻으로 초나라와 한나라 전쟁에서 항우가 결전을 앞두고 연출한 장면에서 유래했다. 닛산 재건 계획을 발표했을 때 곤 회장은 파부침선의 결의를 다지지 않을 수 없었다.

곤 회장이 절박한 마음으로 단행한 구조조정은 크게 성공했다. 그는 결국 자신이 장담한 약속을 지켰다. 강력한 카리스마가 없었다면 불가능한 일이었다. 침몰 직전의 닛산을 구함으로써 곤 회장은 자동차업계에서 위기관리의 달인으로 인정받은 것은 물론 세계 최고의 경영자 중 한 명으로 발돋움할 수 있었다.

곤 회장이 리더로서 결연한 모습을 보인 것은 이때가 처음이 아니다. 그가 필사의 각오로 기업을 살리는 능력을 최초로 드러낸 건 1985

년 미쉐린 남미사업부 최고운영책임자로 임명됐을 때였다. 브라질 경제의 초 인플레이션으로 수익성이 악화되자 미쉐린 최고경영자는 곤 회장을 구원투수로 발탁했다. 곤 회장은 선택과 집중을 통해 비용을 줄였고, 2년 만에 미쉐린 남미사업부를 흑자로 돌려놓았다. 두 번째로 실력을 발휘한 건 르노 부사장으로 자리를 옮긴 1996년 무렵이다. 르노 역시 극심한 경영난을 겪고 있었는데 남미지역을 맡아 강력한 구조조정으로 1년 만에 놀라운 성과를 냈다.

닛산 재건에 공을 세운 그는 2000년 르노 닛산의 사장이 됐고 이듬해 최고경영자를 겸하게 됐다. 수렁에 빠진 기업을 살리는 그의 역할은 여기서 끝나지 않았다. 2016년에는 연비 조작 스캔들로 파산 직전까지 갔던 미쓰비시자동차를 인수해 정상화시키는 책임을 맡았다. 르노와 닛산에 이어 미쓰비시를 맡은 그는 다시 한 번 배수진을 쳤다. 당시 〈파이낸셜타임스〉와의 인터뷰에서 그는 또다시 장담했다. "미쓰비시는 동남아 시장에서 잠재력에 비해 형편없는 실적을 내고 있다. 닛산과의 제휴를 확대해 점유율을 올릴 것이다." 곤 회장은 2016년 12월 미쓰비시 주총에서도 퇴로를 끊는 전략을 천명했다. "실추된 신뢰를 회복하고 목표를 달성하지 못하면 모든 책임을 지고 물러나겠다."

2012년 곤 회장이 일본 게이오대학에서 위기관리 경영을 주제로 강연을 했다. 요점은 경영자가 현실을 정확하게 파악하되 중장기 전략도 준비해야 한다는 것이다. 그는 닛산 재건 때 구조조정 중에도 친환경 자동차 등 차세대 기술에 대한 투자를 멈추지 않은 것을 예로 들었다. 이론보다는 현장 상황을 판단 기준으로 삼아야 한다는 점도 강조했다. 강의를 끝내며 그는 이런 말을 덧붙였다. "위기로부터 배운 교훈을 적극 흡수해 성장의 자양분으로 전환해야 한다."

곤 회장은 위기 극복을 위한 강력한 추진력뿐만 아니라 조직이 지닌 다양성을 핵심 자산으로 바꾸는 능력도 탁월하다. 부친이 레바논 사람이고 모친이 프랑스인, 태어난 곳은 브라질이라는 배경 덕도 있을 것이다. "다양성을 수용하되 그 안에서 공통점을 찾아내는 게 중요하다." 2009년 한 언론 인터뷰에서 그가 주장한 내용인데 수십만 명의 군사(직원)를 이끌고 배수진으로 승리했던 명장의 충고답다.

채워야 할 것보다
버려야 할 것을 먼저 생각하라

이 경 수
코스맥스 회장

> 혁신은 될 수 있는 한 쉽고 단순하게 해야 한다. 무엇을 넣느냐가 아니라 무엇을 빼느냐에 대한 통찰력이 있어야 한다는 뜻이다. 더 이상 덜어 낼 게 없을 만큼 단순화해서도 최초 목적을 달성할 수 있어야만 최고의 제품이라 할 수 있다."

이경수 코스맥스 회장이 2014년 직접 쓴 장문의 신년사 중 한 대목이다. 그는 이 글에서 코스맥스가 글로벌 1등 화장품 제조업자 개발생산ODM 전문기업으로 도약하기 위한 여러 가지 미션을 제시했는데, 가장 눈길을 끄는 부분이 '단순해지자Be Simple'는 메시지다.

이 회장은 코스맥스가 국내 최초로 일본의 간판 화장품 브랜드 시세이도에 제품을 공급한다고 발표했을 때도 '단순화의 힘'을 언급했다. "혁신의 단순화가 시세이도를 고객사로 유치하는 데 큰 역할을 했다. 군더더기 없는 코스맥스의 기술과 제품이 일본 기업 중에서도 까다롭기로 유명한 시세이도를 만족시켰던 것이다."

이 회장이 말하는 단순함이란 처음부터 단순한 것이 아니다. 충분히 높이 쌓았다가 불필요한 것들을 하나씩 제거하며 순도를 높여 단순미에 이르는 것을 말한다. 이 회장은 이를 '경험의 깊이를 부여해주는 의미 있는 단순함'이라고 정의한다. 그는 혁신을 논할 때도 단순히 새로운 기술을 적용하는 차원을 넘어 소비자가 정말 필요로 하는 것만 골라내는 과정을 거치며 단순화할 것을 주문한다.

"새로운 제품이나 서비스를 선보일 때 발생하는 위험을 줄이려면 혁신의 의미가 전달될 수 있는 가장 간단한 형태가 돼야 한다. 소비자는 무언가 쉽게 인지되면 내가 그것을 좋아해서라고 생각하는 속성을 갖는다. 이를 활용하면 성공 확률을 높일 수 있다." 그의 통찰력을 가장 잘 표현한 말이다.

황해도 송화 출신으로 서울대 약학과를 졸업한 그는 동아제약과 오리콤, 대웅제약에서 일하다가 1992년 40대 후반에 늦깎이로 사업을 시작했다. 화장품을 사업 품목으로 정한 것은 좋았지만 문제는 기술이었다. 수소문 끝에 일본 화장품 ODM업체를 찾아 기술제휴를 체결했다. 제조기술 문제를 해결하자 이번에는 공장 허가가 문제였다. 처음에 입주한 곳이 제약단지였는데 화장품을 생산한다며 지방자치

단체가 발목을 잡았다. 이 회장은 담당자와 이미 입주한 기업들을 설득해 겨우 허가를 받아냈다.

그러나 그 뒤에도 순탄치 않았다. 제조기술을 제공한 일본 업체가 사소한 일로 트집을 잡았다. 이 회장은 장기적으로는 자체 기술 개발이 필요하다고 생각했지만 상대는 종속관계를 원했던 게 불협화음의 원인이었다. 그는 고심 끝에 일본 회사와 결별하기로 결정했다. 독자 기술이 없으면 성장이 불가능하다고 판단했던 것이다.

홀로서기가 쉽지는 않았지만 그는 집념과 뚝심으로 버텨냈다. 수년 간 적자에서 벗어나지 못하는 천신만고 끝에 색조화장품 분야에서 두각을 나타내며 로레알 등 세계적인 화장품업체를 파트너사로 확보해 나갔다. 2004년에는 일찌감치 중국에 진출해 화장품 한류의 교두보를 마련했으며 2013년 로레알로부터 인도네시아와 미국 공장을 인수하는 등 2000년대 중반부터 10년 이상 매년 20퍼센트씩 성장하는 신화를 썼다. 이런 성공 뒤에는 좌고우면하지 않는 단순함과 우직함이 있었다.

이 회장은 하드웨어와 소프트웨어를 가리지 않고 단순함을 추구한다. 자동화를 통한 생산라인의 단순화, 회의를 위한 회의를 피하기 위한 회의 시간제, 연구 개발 과정의 간결화를 목표로 한 원료와 제형의 데이터 뱅크 조직 등 사례는 무척 많다.

이 회장이 가장 많이 받는 질문 중 하나가 이제는 독자 브랜드를 만들어야 하지 않느냐는 것이다. 이에 대한 그의 대답은 한결 같다. "사람마다 각자 역할이 있듯 회사도 그렇다. 코스맥스도 개발과 제조에 집중해야 장점을 살릴 수 있다." 혁신과 제품뿐만 아니라 사업 구조를 단순화하는 것도 기업의 경쟁력을 높이는 방법임을 그는 알고 있는 것이다.

위기를 기회로 바꾸려면
선제적 대응이 필요하다

제이미 다이먼

J P 모 건 회 장

 미국은 문제투성이다. 21세기에 들어서도 전쟁에 수조 달러를 썼다. 그러면서 기반시설 투자는 거의 하지 않고 있다. 20년 동안 대형 공항을 하나도 건설하지 않은 게 단적인 예다. 소득 격차는 심해졌고 계층 이동은 위축됐다. 왜 사람들이 정부와 국가기관, 지도자들에게 분노하는지 충분히 납득할 수 있다. 좌절감과 위기에 빠진 미국을 구하려면 정부와 공공기관들이 하루빨리 선제적 대응에 나서야 한다. 그렇지 않으면 신뢰를 회복할 수 없다."

제이미 다이먼Jamie Dimon JP모건 회장이 주주들에게 보낸 2017년 연례 서한에 쏟아낸 말이다. 미국이 지금의 태도를 바꾸지 않으면 몰락의 길을 걷게 될 거라고 경고한 것이다. 그가 도널드 트럼프 정부의 재무장관 물망에 올랐고 위기 감지 능력이 탁월한 월가의 승부사라는 점에서 전 세계 언론과 지식인들은 이 편지에 주목했다.

다이먼 회장의 발언이 무게감 있게 받아들여지는 배경에는 그가 걸어온 삶이 자리 잡고 있다. 성공과 실패, 승리와 좌절로 점철된 경험이 그를 위기관리의 대가로 만들었다. 지나친 승부욕으로 비인간적인 면모를 보인 적도 있지만 절체절명의 순간에 그가 보인 능력을 과소평가하는 사람은 많지 않다.

그는 그리스 이민자 출신의 중산층 가정에서 태어났다. 조부와 부친은 모두 주식중개인이었다. 대학에서 심리학과 경제학을 전공하고 하버드대학에서 경영학 석사를 받았다. 학업을 마치고 골드만삭스 같은 월가의 간판급 금융회사에 들어갈 수 있었지만 샌디 웨일 아메리칸익스프레스(아멕스) 사장의 비서직을 선택했다. 웨일은 그의 부친이 다닌 시어슨의 최고경영자였다. 다이먼이 대학생 때 쓴 경영보고서를 우연히 읽어 본 웨일은 다이먼의 재능을 기억하고 있었다. 웨일의 제안을 받아들여 그의 비서가 된 건 청년 다이먼의 승부수였다. 웨일은 보통 야심가가 아니었고, 다이먼은 그런 웨일과 기질이 맞았다.

시어슨을 매각하며 아멕스 사장에 오른 웨일은 여러 차례의 인수합병을 통해 1998년 미국 최대 금융기업인 시티그룹의 최고경영자 자리에 올랐다. 그런 웨일의 후계자로 공인을 받던 다이먼의 앞날도 탄탄대로일 가능성이 컸다. 그러나 실제로는 그렇지 못했다. 다이먼이 이끌던 시티그룹 자회사가 대규모 적자가 난 데다 웨일 친딸의 승진 문제까지 생겨 두 사람은 대립했다. 결국 다이먼 회장은 바로 그해 돌연 해고 통보를 받았다. 하루아침에 실업자로 전락한 것이다. 생애 첫 시련이자 위기였다.

그는 약 2년간 고민과 방황을 거듭한 끝에 활동 지역을 시카고로 옮겼다. 시카고에 본사를 둔 미국 5위 은행 뱅크원의 최고경영자로 선임된 것이다. 그는 이 기회를 놓치지 않았다. 웨일에게 배운 대로 부실한 뱅크원을 강력하게 구조조정하며 우량 금융사로 탈바꿈시켰다. 그로부터 4년 후 JP모건이 뱅크원을 합병했고 다시 2년이 지난 뒤 다이먼 회장은 JP모건의 최고경영자 자리를 꿰찼다. 글로벌 금융위기가 터지기 2년 전인 2006년, 시티그룹에서 해고된 지 8년 만에 일생의 최대 위기를 기회로 바꿔 더 큰 성취를 이룬 것이다.

하지만 그는 멈추지 않았다. 금융위기가 발생하며 수많은 금융회사가 문을 닫을 때 오히려 기회를 잡았다. 헐값에 나온 베이스턴스와 워싱턴뮤추얼을 인수하며 JP모건의 덩치를 불렸다. 이는 위험을 미리 내다보고 취한 선제적 대응과 철저한 위기관리 덕이었다. 그는 서브프라임 모기지 사태를 사전에 감지하고 지속적인 구조조정과 보수적인 투자를 감행했다. 이를 통해 이미 많은 실탄을 보유한 JP모건은 금융위기를 거치는 동안 오히려 고공행진을 할 수 있었다. 이로써 다이먼 회장은 월가의 황제로 등극하며 세계에서 가장 영향력 있는 인물로 부상했다.

2,300만 달러의 고액 연봉을 받으며 최고의 시절을 보내던 그는

2012년에 또 다른 위기에 직면했다. JP모건 런던 지점에서 '런던 고래'라는 별명으로 파생상품을 거래하던 직원이 62억 달러의 손실을 본 것이다. 일명 '런던 고래 사건'으로 불리는 이 일은 리스크 관리에서 경쟁력이 높았던 다이먼 회장의 명성에 치명타를 입혔다. 사내에서는 물론 정부와 연기금 등 외부의 비판도 심했다. 당시 다이먼 회장은 최고경영자를 겸하고 있었는데 두 직책을 분리해야 한다는 목소리도 높았다.

하지만 다이먼 회장은 대규모 손실을 상쇄할 만큼 많은 이익을 내는 한편 기업가치를 높이는 방법을 구사해 스스로를 방어했다. 여기에 더해, JP모건을 떠나겠다며 주주들을 압박하는 전략을 펼쳤다. 결과적으로 그는 자신의 뜻을 관철하며 다시 한 번 위기를 기회로 돌리는 승부사 기질을 보였다.

다이먼 회장이 주주들에게 보내는 또 다른 편지에서 JP모건의 미래 비전을 언급한 적이 있다. "인공지능을 활용한 로보어드바이저 서비스를 도입할 것이다. 아마존 프라임멤버 고객들이 받는 수준만큼 사용하기 쉽고 싸며 자동화된 인공지능의 자문을 제공하는 게 목표다." 4차 산업혁명의 급물살 속에 모든 금융회사가 추구하는 것이지만 위기 승부사인 그가 강조했다는 점에서 눈길을 끈다.

기업가의 의무는 기부가 아니라
일자리 창출이다

카를로스 슬림
텔 멕 스   회 장

“ 좋을 때일수록 내핍 경영을 해야 위기를 넘길 수 있다. 회
사에 남아 있는 돈은 증발한다. 수익을 재투자하는 이유
다. 모든 순간이 호기好期다. 단 제대로 일할 줄 알고 일할
수단을 가진 사람에 한해서 그렇다.”

카를로스 슬림Carlos Slim 텔멕스 회장이 자신의 공식사이트에서 밝
힌 10가지 경영철학 중 일부다. 그의 기회포착 능력이 우연이 아님을
보여주는 격언이다. 이 말은 사마천의 《사기》〈화식열전〉의 백규를 떠
오르게 한다. '인기아취 인취아여人棄我取 人取我與', 즉 사람들이 버릴
때 취하고 사람들이 취하려 할 때 내놓은 백규의 원칙과 일맥상통하

기 때문이다.

그는 한때 세계 최고 부자 자리를 놓고 빌 게이츠와 다투면서 유명해졌다. 2016년에는 본인 소유의 자동차회사 자이언트모터스가 중국 장화이자동차JAC와 손잡고 남미 시장에 판매할 차량을 생산할 예정이라고 발표해 세계적인 주목을 받았다. 그의 행보가 화제에 오른 건 트럼프 대통령이 북미자유무역협정NAFTA 재협상과 국경세 부과로 멕시코를 압박한 데 따른 탈脫미국 선언이라고 볼 수 있었기 때문이다.

슬림 회장은 태생적으로 사업가 기질이 강했다. 어릴 때부터 돈벌이에 관심이 많았던 그는 20대 중반에 부친이 준 40만 달러로 부동산 사업을 시작했다. 개발도상국이던 멕시코가 경제 성장과 함께 땅값이 크게 오른 것을 기회로 삼은 것이다. 그러나 그가 정말 큰돈을 벌 기회를 잡은 건 1982년 멕시코에 경제위기가 닥쳤을 때였다. 유동성 위기로 기업들이 부실해지자 그는 그간 모은 자금으로 기업사냥에 나섰다. 유선통신사 텔멕스도 이때 인수했다. 텔멕스는 멕시코 유선통신시장의 90퍼센트를 차지하고 있는 국영통신사였다.

이런 텔멕스를 손에 넣은 건 그에게 큰 축복이었다. 멕시코가 경제위기를 벗어나면서 텔멕스 주가는 폭등했고, 이를 기반으로 슬림 회장은 해마다 수십억 달러를 벌어들였다. 통신 사업으로 재미를 본 그는 남미 최대 이동통신사인 아메리카 모빌까지 인수하며 비즈니스 영토를 확대해 나갔다. 통신뿐만 아니라 보험과 은행, 항공, 건설, 운송, 에너지 등 멕시코에서 그가 손을 대지 않은 사업이 거의 없다. 그러다 보니 멕시코 경제에서 그가 보유한 기업들이 차지하는 비중은 절대적이다.

슬림 회장은 통신기업들의 주가가 오르면서 2007년부터 10년간 전성기를 구가했다. 2016년 〈포브스〉가 발표한 그의 추정 재산은 545억 달러를 기록했다. 그가 돈을 모은 과정은 1970년대 이후 급성장했던 한국의 재벌과 비슷한데, 기업을 인수하고 사업을 확장하는 과정에서 정경유착 등 구설수에 올랐다는 점도 닮았다. 독점으로 지나친 이익을 취한다는 비난을 받았지만, 현실에 안주하지 않고 기회가 생길 때마다 끊임없이 투자에 나서는 기업가정신은 본받을 만하다.

슬림 회장은 기업가의 가장 큰 의무는 기부가 아니라 일자리 창출이라는 신념을 갖고 있다. 그렇다고 기부를 전혀 안 하는 건 아니지만 부자 국가가 되려면 결국 회사를 많이 만들어 사람들이 일할 수 있게 해야 한다는 생각에는 변함이 없다. 이런 신념으로 현재 그는 무료 모바일 교육 사업에 역점을 두고 있다. 교육 사각지대에 놓인 멕시코의 젊은이들에게 제대로 일할 수 있는 기반을 마련해주기 위해서다.

그는 검소한 삶을 사는 기업가로도 유명하다. 예리한 눈으로 사업 기회를 포착하고 돈 버는 일에 철두철미하지만 30년째 같은 집에 살면서 직접 운전하는 것을 즐긴다고 한다. 세계 최고 갑부이면서도 소박한 삶을 지향하는 반전의 모습도 갖춘 셈이다. 개발도상국 출신으로 중남미 시장을 제패한 그의 행보가 어디로 향할지 자못 궁금하다.

핵심가치를 사람에 둔다면
성장은 자연스럽게 이루어진다

하워드 슐츠
스타벅스 회장

66 스타벅스는 한 회사가 인간의 마음과 영혼을 살찌우면서
돈을 벌 수 있다는 것을 증명한다. 직원들을 존경과 품위
로 대하고, 매장은 사람들에게 활력을 불어넣는 장소로
만들려고 했다."

하워드 슐츠Howard Schultz 스타벅스 회장이 자신의 책《스타벅스 커
피 한 잔에 담긴 성공신화》에서 강조한 말이다. 뉴욕 빈민가 출신인
그는 가난한 삶 속에서도 인간 존중의 중요성을 체득했다. 힘들게 대
학을 졸업하고 세일즈맨으로 직장생활을 할 때도 그런 마음을 잃지
않았다. 그리고 스타벅스를 만나면서 자신의 신념을 사업과 연계할

수 있다는 점을 깨달았다.

1980년대 초 그는 한 다국적 주방기기업체 미국 지사 부사장으로 재직하고 있었다. 그 전까지 제록스 영업부서에서 일했는데 능력을 인정받아 이 회사 고위 임원으로 영입됐던 것이다. 당시 그는 거래처였던 시애틀의 한 커피전문점을 방문했다. 바로 스타벅스였다. 개업한 지 10년이 넘은 이 커피전문점은 커피 맛이 다른 카페와 전혀 달랐다. 슐츠 회장은 그 가치를 간파하고 스타벅스 주인에게 사업을 확장할 것을 권했다. 앞으로 고급 커피 시장이 열릴 가능성이 높으니 미리 준비하자는 것이었다. 그러나 주인은 그의 제안을 거절했다. 슐츠 회장은 어쩔 수 없이 직접 커피전문점을 개업했다. 당연히 다니던 직장은 그만 뒀다.

그동안 해온 일과 전혀 다른 분야에서 2년 동안 악전고투하던 그에게 좋은 소식이 들려왔다. 스타벅스 매장이 매물로 나왔다는 것이었다. 그는 즉시 스타벅스를 인수했다. 1980년대 중반 무렵이었다. 그는 오래 전부터 가지고 있던 생각대로 '휴먼마케팅'을 펼쳤다. 기업의 핵심가치로 사람을 중심에 둔다면 성장은 자연스럽게 이루어진다고 믿었다.

휴먼마케팅의 첫 대상은 내부 고객인 직원들이었다. 슐츠 회장은 직원이 어떻게 하느냐에 따라 기업의 성패가 갈린다고 생각했다. 그는 모든 직원에게 의료 혜택을 주는 등 복지를 확대했다. 그러면서 스타벅스 매장을 찾는 사람들에게 편안한 휴식을 제공하기 위해 투자를 아끼지 않았다. 당장의 이익보다는 직원과 소비자 모두에게 인간을 중시한다는 스타벅스의 가치를 보여주는 것이 훨씬 더 중요하다고 판단했기 때문이다.

시간이 갈수록 슐츠 회장의 휴먼마케팅은 가시적인 성과로 되돌아왔다. 직원들이 자발적으로 기발한 아이디어를 내서 매출과 수익이 증가하는가 하면, 실적과 관련이 없어도 고객을 위하는 각종 서비스가 쏟아졌다.

커피 맛과 편안한 공간, 친절한 서비스는 스타벅스의 인지도를 높여줬을 뿐만 아니라 명품 브랜드 반열에 올려놓았다. 사업 초기에는 매장을 구하기가 힘들었지만 이름이 알려지면서 저절로 해결됐다. 건물 주인들이 스타벅스 입점을 선호하는 바람에 오히려 더 유리한 조건에 점포를 열 수 있었다. 사람을 위한 경영을 펼치면 좋은 결과가 뒤따라 올 것이라는 슐츠 회장의 예상이 맞아 떨어진 것이다. 슐츠 회장이 인수했을 때 10여 개에 불과했던 매장은 전 세계로 진출하면서 그 수가 수만 개로 늘었다.

현재 스타벅스의 휴먼마케팅은 사회문제를 해결하는 등 인간 존중의 지평을 넓히고 있다. 슐츠 회장은 도널드 트럼프 대통령이 반反이민 행정명령에 서명하자 직원들에게 이런 편지를 보냈다. "전쟁과 폭력, 박해와 차별을 피해 전 세계를 떠도는 난민은 유엔 추산 6,500만 명이 넘는다. 우리는 5년간 75개국 스타벅스에서 이런 난민 1만 명을 채용할 것이다."

그는 "시민의식과 인권이 공격받고 있고 미국의 양심과 아메리칸 드림에 대한 약속에 의문이 제기되는 전례 없는 시기"라며 트럼프 대

통령을 비난했다. 스타벅스뿐 아니라 많은 미국 기업이 반 이민 행정
명령에 반발하고 있지만, 이를 행동으로 보여주겠다고 천명한 기업가
는 드물다. 슐츠 회장이 이런 모습을 보인 배경에는 민주당을 지지하
는 정치적 입장과 인간을 중시하는 기업관이 자리 잡고 있다.

"나 홀로 성공하는 것은 공허할 뿐이다. 가급적 많은 사람들과 함
께 도달해야 값진 것이다." 그는 2016년 12월 CEO 자리를 케빈 존슨
스타벅스 최고운영책임자에게 승계한다고 밝히며 이렇게 말했다. 적
절한 시기에 물러나는 것도 휴먼마케팅이라고 생각한 듯싶다.

기업의 경쟁력은
인재경영에서 판가름난다

허　샹　젠
메이디그룹 창업자

> 돈을 포기하는 한이 있어도 뛰어난 인재는 절대 놓칠 수 없다. 수익은 일시적이지만 사람은 회사의 근간이기 때문이다. 급변하는 시장을 정확하게 진단하고 재빨리 대응하는 힘은 인재에게서 나온다."

허샹젠何享健 메이디그룹 창업자는 대중 앞에서 말하는 것을 꺼린다. 그런 그가 기회가 있을 때마다 강조하는 것이 바로 '인재'다. 한국에서 메이디라는 회사는 하이얼만큼 유명하지는 않다. 하지만 중국과 베트남 등 세계 곳곳에서 선풍기와 에어컨을 비롯해 200개가 넘는 가전제품을 생산하고 있으며, 2015년 기준으로 연매출이 약 25조 원, 순익은 2조 원이 넘는 우량기업이다. 직원도 11만 명에 달한다.

일본 도시바의 가전 부문을 6,000억 원에 인수한 데 이어 독일의 로봇 전문기업 쿠카의 대주주로 올라서며 세간의 주목을 받았다. "118년 역사를 자랑하는 독일의 대표적 산업용 로봇 전문기업 '쿠카' 중국으로 넘어가다." 〈블룸버그〉 등 외신들은 이런 제목으로 메이디가 쿠카를 인수했다는 소식을 크게 보도했다. 〈니혼게이자이신문〉은 산업용 로봇 분야에서 세계 1위인 일본 화낙이 2020년까지 생산량을 2배로 늘릴 것이라는 소식과 함께 메이디의 투자 결정으로 중국이 로봇 분야에서 무섭게 치고 올라올 것이라는 경계론을 펼치기도 했다.

그럴 만한 이유가 있었다. 메이디가 인수한 쿠카는 1898년 설립된 독일 장수기업으로 산업용 로봇 분야에서 세계 4위권이다. 메이디는 2015년 8월 처음으로 지분 5.4퍼센트를 사들였고 이듬해 5월에 추가로 8.1퍼센트를 매입했다. 그리고 곧이어 쿠카의 대주주인 보이트로부터 25.1퍼센트의 지분을 12억 유로에 인수했다. 쿠카 인수를 위해 메이디가 투자한 총금액은 5조 원에 달하는 것으로 알려졌다. 쿠카를 손에 넣음으로써 중국은 로봇 분야에서도 최고 기술을 보유하게 됐다. 이미 산업용 로봇의 최대 시장이 된 중국은 정부 차원에서도 로봇산업을 적극 지원하고 있는데, 메이디의 허샹젠이 이 정책에 보조를 맞췄던 셈이다.

1942년생인 그는 초등학교밖에 나오지 못했지만 타고난 성실성을 바탕으로 성공의 길을 걸었다. 그는 20대 중반인 1968년 100만 원도 안 되는 자본금으로 광둥성의 한 마을에서 주민들과 함께 유리병과

플라스틱 뚜껑을 만드는 마을 공동체 기업을 창업했다. 이웃사람이자 직원인 주민들의 적극적인 참여를 유도하며 꾸준히 돈을 모았다.

도약의 발판은 1980년대부터 생산한 선풍기와 에어컨이었다. 덥고 습한 광둥성에서 선풍기와 에어컨은 날개 돋친 듯이 팔렸고 1993년 선전증권거래소에 상장해 더 많은 자본을 확충할 수 있었다. 2013년 그룹 전체 자산으로 선전 증시에 재상장한 메이디는 화링과 룽스다, 샤오톈어 등 많은 가전업체들을 인수하며 덩치를 키웠다. 도시바 가전 부문을 인수한 것도 메이디의 성장에 큰 몫을 했는데, 이로 인해 메이디의 기업가치가 올라가고 그의 재산도 늘어났다.

그가 메이디를 성공적으로 키울 수 있었던 것은 기업들을 지속적으로 인수해 시너지를 올렸기 때문이기도 하지만 뛰어난 인재를 발굴해 적재적소에 배치한 것이 결정적이었다. 2012년 회장직을 팡훙보 회장에게 넘긴 것은 인재 중시 철학을 몸소 보여준 상징적 사건이다. 가전제품 보조금 제도가 없어지며 매출이 급감하자 위기를 타개할 적임자를 전면에 내세우고 자신은 뒤로 물러났던 것이다.

1992년 평사원으로 입사한 팡 회장은 영업 현장에서 잔뼈가 굵은 인재였다. 나 아니면 안 된다는 생각으로 자리를 고집하는 것은 최고 경영자들이 저지르는 흔한 실수인데, 허샹젠은 그렇게 하지 않았다. 위기를 극복할 수 있는 적임자에게 전권을 넘겼고, 임무를 맡은 팡 회장은 직원들이 자발적으로 뛰게 하는 혁신 프로그램으로 회사를 살려냈다.

인재를 중시하다 보니 메이디는 임원들에 대한 처우가 훌륭하다.

후한 인센티브를 주는 기업으로 유명한데, 메이디의 주요 사업부를 맡고 있는 경영자들은 다른 중국 기업과 비교해 연봉이 매우 높은 편이다. 좋은 성과를 올린 임원들 역시 외국의 다국적 기업에 버금가는 임금을 받고 있다. 허샹젠이 인재를 아끼는 모습을 보면《삼국지》에 나오는 유비가 떠오른다. 일을 맡기면 의심하지 않았고 인재를 키우기 위해 아낌없이 투자했다는 점에서 그렇다.

'부진즉퇴'의 정신으로
한 걸음씩 전진하라

정 몽 원
한 라 회 장

    선대 정인영 회장은 '학여역수행주 부진즉퇴學如逆水行舟 不進則退'라는 글귀를 좋아했다. 배운다는 것은 강물을 거슬러 배를 모는 것처럼 어렵지만, 그래도 앞으로 나가지 않으면 후퇴하게 된다는 뜻이다. 기업 경영도 이와 다를 바 없다. 진진하지 않으면 밀려나고 만다."

정몽원 한라 회장은 인생에서 가장 중요한 덕목이 무엇이냐는 질문을 받으면 이렇게 답한다. 힘든 상황에 처했어도 어떻게든 앞으로 가려는 노력이 있으면 잘 극복할 수 있다는 의미를 전하고 싶어서다. 자신이 직접 경험한 것이라 더 확신을 가지고 하는 말일 수도 있다.

한라그룹 2세 경영자였던 그는 취임한 지 1년도 되지 않아 외환위기를 맞았다. 그룹 부도를 선언하고 거의 모든 계열사를 매각한 뒤 한라건설만 남았다. 객관적으로만 보면 다시 일어서기 힘든 상황이었다. 하지만 정 회장은 포기하지 않았다. 남은 자원과 30대 중반부터 만도와 한라공조 등 계열사에서 쌓아온 경험을 바탕으로 그룹 재건을 위한 실탄을 모았다.

정몽원 회장의 생애 최고 순간은 2008년 3월 만도를 되찾았을 때다. 1997년 외환위기 직격탄을 맞아 그룹이 해체된 뒤 10년간 절치부심 끝에 이룬 목표였다. 그는 만도를 다시 찾은 뒤에도 한 걸음씩 전진하며, 한라를 작지만 튼튼한 기업으로 바꿔나갔다.

당시 그가 역점을 둔 것은 기술 개발이다. 한라를 떠난 만도의 가장 큰 문제는 연구개발비가 300억 원도 되지 않을 만큼 신기술 개발 투자에 소홀했다는 점이었다. 정 회장은 만도가 세계적인 자동차 부품 회사로 도약하려면 독창적인 기술이 필요하다고 판단했다. 그는 연구개발 투자액을 매출의 5퍼센트 대까지 늘렸다. 연간 2,000억 원 이상을 신기술 개발에 투입했던 것이다. 그 효과는 점진적으로 나타나다가 어느 순간부터 매출과 영업이익률이 동시에 상승했다. 2015년에는 한라홀딩스를 정점으로 하는 지주사 전환까지 마무리 지었다. 경영권 안정과 실적이라는 두 마리 토끼를 잡은 것이다. 만도 등 자동차 부문 매출은 10년간 3배 이상 늘었고, 금융위기 이후 적자였던 건설 사업도 결국 흑자로 돌아섰다. 이렇듯 정 회장이 부도와 그룹 해체라는 깊은 수렁에서 빠져나올 수 있었던 것은 어느 순간에도 멈추지 않고 앞으로 나가겠다는 간절함이 있었기 때문이다.

그에게는 만도를 되찾았을 때 말고도 또 다른 절정의 순간이 있다. 2016년 한국 남자 아이스하키 대표팀이 세계선수권대회에서 우크라이나를 꺾고 1부 리그에 진출한 사건이다. 축구로 말하면 처음으로 월드컵 16강에 오른 것과 같은 쾌거였다. 그는 1999년 한라 아이스하키단을 창단했다. 지금도 그렇지만 당시 아이스하키 팀을 운영하는 기업은 드물었다. 그는 이것을 인연으로 아이스하키 열성 팬이 됐다. 경기가 열릴 때면 항상 찾아갔고 감독과 코치, 선수들과 형 동생 사이로 지냈다. 불모지에 가까웠던 한국 아이스하키를 20년 넘게 지원하면서 2013년부터 대한아이스하키협회를 이끌어온 그에게 세계선수권대회 1부 리그 진출은 감격적인 일이었다.

공중 분해됐던 그룹을 재건하고 아이스하키 대표팀을 세계적 수준으로 키운 근저에는 절실함이 있었다. "아이스하키 경기를 지켜보며 기업 경영을 배웠다. 선수들과 팀의 약점을 파악하고 그것을 극복하려는 노력은 기업 경영과 다르지 않다. 우리 아이스하키는 올림픽에서 좋은 성적을 거두겠다는 공동 목표가 있었고 그 간절함으로 1부 리그 진출의 새 역사를 쓰게 됐다. 기업도 마찬가지다. 고객에게 간절함으로 다가갈 때 사랑받을 수 있고 지속될 수 있다." 아이스하키 대표팀이 1부 리그에 진출한 직후 그가 강조한 말이다.

이처럼 만도와 아이스하키의 성공의 배경에는 간절함을 가지고 끊임없이 정진한 정 회장의 '부진즉퇴' 정신이 있었다. 어디 배움과 경영뿐이겠는가. 삶의 모든 성공 조건이 그럴 것이다.

무엇을 아느냐보다
얼마나 빨리 배우느냐가 중요하다

제프리 이멜트
G E   전   회 장

 내가 회사에 들어왔을 때와 지금은 완전히 다른 세상이
다. 현재 신입사원은 영업이든 재무든 어느 부서에 배치
를 받든 (컴퓨터) 코딩을 배워야 한다. 모든 직원이 프로그
래머가 돼야 한다는 얘기는 아니다. 이제는 무슨 일을 하
든지 소프트웨어를 알아야 한다는 뜻이다. GE는 100년이
넘는 역사를 가진 기업이지만 스타트업이 돼야 한다. 자고
일어나면 바뀌는 세상에서 판에 박힌 사고방식을 하는
사람은 곤란하다."

GE 전 회장 제프리 이멜트Jeffrey Immelt가 SNS에 올린 글이다. 그의

전임자인 잭 웰치도 그랬지만 이멜트 역시 인재를 발굴하고 키우는 일을 가장 중요하게 여겼다. GE에 오래 근무한 한 임원은 이멜트의 인재 사랑에 대해 이렇게 말했다.

"많은 CEO가 '인사는 만사'라고 외치지만 정말 사람을 위해 쓰는 시간은 많지 않다. 그러나 이멜트 회장은 인재를 찾고 육성하는 데 업무의 3분의 1을 할애한다. 그가 직접 챙기는 사람만 600~650명이다. 글로벌 사업을 담당하는 최고경영자와 수석 부사장, 전무급을 비롯해 전 직원에게 관심을 보인다. 그는 저녁식사 자리나 라운드테이블을 마련해 수시로 직원들을 만나 재능이 있다고 판단되면 일단 감당하기 힘든 일을 맡기는 방식으로 기회를 준다."

이멜트의 용인술은 자신이 거쳐 온 과정이기도 하다. 그는 2001년 9월 회장에 오르기까지 무려 7년간 테스트를 받았다. 하버드대학에서 MBA를 취득하고 1982년 GE에 입사한 그는 여러 부서를 거치며 두각을 나타냈다. 냉장고 대량 리콜 사태 때는 가전 부문을 맡아 탁월한 문제해결력을 보이기도 했다.

회장이 된 후에도 시험은 이어졌다. 취임 첫해 9.11테러로 실적이 곤두박질치면서 그는 입사 이래 최대 위기를 맞았다. 하지만 그간 혹독한 테스트를 거치면서 저력과 안목을 갖춘 그는 침착하게 문제를 해결해갔다. 그는 당장 실적을 올리겠다는 근시안적 결정 대신 앞으로 변할 시대에 대비했다. 금융과 가전같이 성장과 수익이 낮은 부문을 과감히 정리하고 환경과 신재생 에너지 등 신사업 투자를 확대한 것이다.

2016년에는 GE의 간판 사업인 가전 부문을 중국 하이얼에 매각하는 한편 3D프린팅 등 4차 산업혁명에 적합한 기술에 과감히 투자했다. 회사의 미래를 위해 필요하다고 생각하는 기업들을 적극 사들이기도 했다. 예컨대 GE가 인수한 스웨덴 아르캠과 독일 SLM솔루션은 3D 금속 프린터 분야에서 세계 선두 기업이다.

이멜트 전 회장이 가장 공을 들인 분야는 '프리딕스'로 대표되는 산업 인터넷 소프트웨어 플랫폼이다. 프리딕스는 공장의 모든 설비에 센서를 부착해 데이터를 축적하는 방식으로 생산 효율성을 높이는 플랫폼이다. 생산과 유통, 최종 소비자 반응 정보까지 합한 빅데이터와 클라우드 서비스를 접목한 산업 생태계를 구축하는 것이 목표인데 이멜트가 꿈꾸는 4차 산업혁명이자 미래 공장의 모습이다.

그는 포스코와 한국전력, 한화 등 한국 기업들도 자주 만났다. 세부 사업 내용은 기업마다 다르지만 현안은 하나다. 앞으로 공장을 어떻게 혁신할 것인가 하는 문제다. 바로 그 중심에 프리딕스가 있다. 그가 한국을 방문했을 당시 한 강연에서 미래의 인재가 갖춰야 할 능력에 대해 언급한 적이 있다.

"GE는 실리콘밸리 기업 문화와 결합해 패스트웍스라는 업무 방식을 도입했다. GE 외부 관계자들과 협력해 민첩하게 시장에 대응하고 각 부서에 전달하는 방식이다. 4차 산업혁명 생태계에서 살아남으려면 특정 기술보다 시장 변화를 읽고 재빨리 대응하는 능력이 필요하다. 소비자 인터넷과 산업 인터넷은 극명하게 다르다. 소비자 분야는 고객의 요구를 바로 반영할 수 있지만 산업 인터넷은 그렇지 않다. 좋은 기술과 우수한 인재, 생산성을 높이는 운영시스템 등 모든 요소가 맞아 떨어져야 한다. 이런 시기에 중요한 것은 러닝(학습)이 아니라 언러닝(탈학습)이다. 기업을 경영할 때 가장 어려운 것이 기존에 배운 것을 내려놓는 것이다."

그는 존 플래너리 회장을 후계자로 지목한 이유도 같은 맥락으로 설명했다. "사업은 완성의 게임이 아니라 앞으로 나아가는 진보의 게임이다. 우리는 그가 지금 무엇을 알고 있느냐를 보고 뽑지 않았다. 얼마나 빨리 배울 수 있는지를 보고 맡긴 것이다." 인재를 판단하는 이멜트의 통찰력이 엿보인다.

승산이 있다고 판단되면
그 즉시 움직여라

박 현 주
미래에셋 회장

> 한 번 투자를 결정하면 3개월 이상 끌지 말라. 들어오고
> 나갈 때 머뭇거리지 말고 전광석화처럼 빠르게 움직여야
> 한다.”

박현주 미래에셋 회장은 의사결정을 빠르게 하는 경영자로 유명하다.
인용한 문장은 그가 평소 임직원들에게 자주 하는 말이다. 그는 기업
을 인수할 때 처음 말이 나오고부터 최종 계약까지 3개월을 넘기지
않으려고 한다. 물론 그 이전에 충분한 타당성 검토를 할 것이다. 짧
게는 1년, 길게는 몇 년에 걸쳐 숙고했을 수도 있다. 그러나 한 번 정
하면 속도감 있게 일을 추진하는 게 박 회장 스타일이다.

2016년에는 불과 수개월 만에 1조 원이 넘는 해외 부동산을 사들이기도 했다. 당시 그는 9,000억 원 가량을 베팅해 하와이 와이키키 해변의 대표적 랜드마크인 '하얏트 리젠시 와이키키 비치 리조트 앤 스파'를 인수하고, 그 즉시 미국 시애틀 중심지에 있는 아마존 본사 사옥을 2,900억 원에 계약했다. 2건 모두 협상을 시작하고 결론을 내기까지 3개월이 채 걸리지 않았다. 말 그대로 전광석화 같은 속도로 거래를 마무리한 것이다.

신속한 의사결정은 성과로 이어졌다. 2006년 2,600억 원을 투자했던 상하이 미래에셋타워의 가격이 4배 가까이 상승한 것을 비롯해 지난 10년간 미국과 브라질, 베트남, 호주 등에서 총 5조 원을 들여 인수한 해외 자산 모두가 수익을 내고 있다. 2011년에는 타이틀리스트와 풋조이 브랜드를 보유한 세계 최대 골프용품업체 아쿠시네트를 12억 달러에 인수했는데 여기서도 적지 않은 수익을 올렸다.

이 중 상당수는 박 회장의 통찰력과 모험정신이 없었다면 성사되지 않았을 가능성이 높다. 상하이 미래에셋타워만 해도 거의 모든 임원이 박 회장을 찾아가 반대했고 인수 후에도 고가 매입 논란이 있었지만 결과적으로 큰 수익을 안겨줬다. 2015년 말 2조 4,000억 원대의 가격을 제시하며 대우증권을 인수하는 과정에서도 일단 승산이 있다고 판단되면 좌고우면하지 않고 빠르게 결정하는 박 회장의 모험정신을 엿볼 수 있다.

그는 평범한 샐러리맨에서 출발했다는 점에서 특히 청년 창업자들에게 귀감이 된다. 대학에서 경영학을 전공한 그는 투자자문회사를 차렸다가 좀 더 경험을 쌓기 위해 동양증권에 입사했다. 영업사원으로 일하는 동안 주식시장과 투자에 대한 남다른 감각으로 두각을 나타내기 시작했다. 기대 이상의 실적을 올려 30대 초반에 지점장 자리에 올랐고, 이후 고속 승진을 거듭했다. 하지만 기업에 속한 몸으로는 끊임없이 떠오르는 아이디어를 실행하는 데 한계가 있었다. 결국 그는 비슷한 생각과 열정을 가진 동료들과 창업을 결심했다.

1997년 미래에셋자산운용을 창업한 그는 업계의 메기 역할을 했다. 국내 최초로 뮤추얼펀드를 선보이며 매너리즘에 빠져 있던 자산운용시장에 공모 펀드 돌풍을 일으켰다. 2008년 금융위기로 인사이트 펀드 수익률이 급락하면서 어려운 시절을 겪기도 했지만 박 회장은 좌절하지 않았다. 한국 자산운용사로는 처음으로 홍콩에 해외 법인을 설립해 세계적인 강자들에게 도전장을 던지기도 했다. 한국의 걸출한 금융사들이 엄두도 내지 못하던 일을 역사가 짧은 미래에셋이 시도했던 것이다.

"우리 사회는 타성에 젖어 야성이 사라지고 있다. 현재의 안락함에 안주하며 미래를 위해 모험을 하지 않으려고 한다. 세상이 변하는 속도는 광속인데 우리 사회의 변화는 멈춰 있다. 인식은 있지만 행동이 없는 것이다. 변화를 적극 리드해야 된다. 변화에 대한 대응은 파괴적 혁신이다." 그가 평소에 모험과 도전을 강조하며 자주 하는 말이다.

미래에셋증권은 2016년 대우증권 인수를 마무리했다. 본 입찰에서 2조 4,000억 원을 제시해 유력 후보였던 KB금융지주와 한국투자증권 등을 제친 것이다. 미래에셋대우로 사명을 바꾼 미래에셋증권은

이로써 자기자본 7조 8,000억 원, 고객자산 230조 원, 국내지점 178개, 14개 해외법인과 4개의 해외사무소, 임직원 수 4,800명 이상의 국내 1위 증권사로 도약했다.

하지만 박 회장은 여기에 만족하지 않고 더 큰 비전을 제시했다. 바이오와 헬스케어 등 유망 벤처에 10년간 10조 원을 투자하겠다는 것이다. 구글의 지주사 알파벳처럼 미래를 바꿀 혁신 기술에 투자하는 기업으로 거듭나겠다는 포부다. 조선과 철강 등 기존 산업의 경쟁력이 떨어지고 있는 시점에서 그의 이런 도전은 반가운 소식이 아닐 수 없다.

기업의 성장을 바란다면,
위임하고 또 위임하라

아난드 마힌드라
마힌드라그룹 회장

 우리는 콩글로메리트(기업집단)가 아니라 페더레이션(연
합체)이다. 사업가치와 목적은 같지만 각 회사가 프로페
셔널리즘에 입각해 독립경영을 한다는 점에서 그렇다."

아난드 마힌드라Anand Mahindra 마힌드라그룹 회장이 쌍용자동차를
인수하기 직전인 2010년 세계지식포럼에서 밝힌 소신이다. 그는 만성
적자에 시달리던 쌍용차를 9년 만에 흑자로 돌렸다. 희망이 없어 보
이던 쌍용차를 돈 버는 회사로 탈바꿈시켜 놓은 비결은 무엇일까? 이
물음에 한 쌍용차 임원이 이렇게 답했다. "마힌드라 회장은 쌍용차의
핵심역량을 봤다. 코란도와 렉스턴 같은 스포츠유틸리티차량SUV의

잠재력을 믿고 1조 1,000억 원을 투자했다. 오랜 기간 기다리는 인내력도 한몫했다. 한번 맡기면 의심하지 않는다는 신념이 강했다. 이는 마힌드라그룹에 인수되기 직전까지 쌍용차 대주주였던 중국 상하이자동차 경영진과 대조된다." 한마디로 마힌드라그룹이 상하이자동차보다 한 수 위라는 뜻이다.

인도인은 뛰어난 상술로 유명하다. 중국 상인도 혀를 내두를 정도라고 한다. 거래 상대의 의중을 간파하는 실력이나 협상력이 타의 추종을 불허한다. 때론 야박하고 비인간적으로 흥정하기도 하지만 인도인의 비즈니스 능력 자체를 부정하는 사람은 별로 없다. 마힌드라그룹의 쌍용차 경영은 인도인의 상술이 중국인을 압도한 사례로 기록될 만하다.

2017년 초 쌍용차 생산라인과 협력업체를 둘러보기 위해 내한한 마힌드라 회장은 서울모토쇼에 참석해 쌍용차에 1조 원을 더 투자하겠다는 청사진을 내놓았다. SUV의 성공신화를 이어가면서 전기자동차 같은 첨단기술 개발에도 힘쓰겠다는 것이다. 이로써 쌍용차는 인도 전기자동차 시장을 주도하고 있는 마힌드라그룹의 자본과 기술, 시장을 공유하며 글로벌 기업으로 성장할 발판을 마련했다.

쌍용차의 구세주 역할을 한 마힌드라 회장은 이미 사업가로서 명성이 높은 인물이다. 1955년 인도 뭄바이에서 태어났다. 마힌드라그룹 창업주가 할아버지 형제이니, 3세 경영자인 셈이다. 1945년 그의 종조부는 삼성 이병철 회장처럼 '사업보국'을 내세우며 마힌드라를 창업했다. 마힌드라 회장은 이런 창업이념을 발전적으로 계승해, 마힌드라그룹을 세계적인 기업으로 성장시켰다.

그는 하버드대학에서 필름과 비주얼 분야를 전공하고 하버드 비즈니스스쿨을 졸업했다. 학력이 사업에 직접적인 도움을 주지는 않았지만 하버드대학을 다니며 쌓은 인맥은 그의 큰 자산이 됐다. 학업을 마친 그는 마힌드라 우진스틸컴퍼니라는 계열사에 들어가 경험을 쌓기 시작했다. 그리고 지난 2012년 작은아버지인 케슈브 마힌드라 회장의 뒤를 이어 그룹 사령탑에 올랐다.

아난드 마힌드라 회장은 1991년 그룹 대표이사를 맡은 후부터 두각을 보이기 시작했다. 그뒤 16년간 농기구와 트랙터 회사이던 마힌드라를 글로벌 기업으로 키웠다. 점유율이 세계 1위인 트랙터를 기반으로 자동차와 방위산업, 금융과 IT, 소매, 서비스 등 다양한 사업에 진출하며 회사의 성장을 이끌었다. 쌍용차 인수도 그가 이룬 큰 성과 중 하나였다.

마힌드라 회장은 철저한 위임경영을 통해 그룹을 이끌고 있다. 각 계열사의 자본 확충과 시장 확대를 적극적으로 지원하되 인력 파견은 최소화하고 기존 경영자에게 전적으로 권한을 위임해 독립적으로 경영하게 한다. 마힌드라그룹은 100개 이상의 국가에 진출해 있으며 직원이 20만 명에 달한다. 마힌드라 회장은 거대 조직을 효율적으로 움직이는 전략으로 콩글로메리트가 아닌 페더레이션를 선택했다. 그런 철학 하에 각 계열사는 그룹의 가치를 공유하지만 철저하게 독자경영을 한다.

"일반적으로 기업을 인수하면 고위직부터 하위직까지 사람을 보내

점령군 역할을 시키는 경우가 많다. 마힌드라는 그렇게 하지 않는다. 인수한 기업의 내부 경영 질서를 최대한 유지하면서 독자적인 의사결정을 할 수 있도록 만들 것이다." 마힌드라 회장이 쌍용차를 인수한 뒤 한국 언론에 밝힌 말이다. 이 약속은 잘 지켜졌다.

위임경영을 하려면 뚝심과 비전이 필요하다. 마힌드라 회장은 일단 방향을 정하면 끝까지 밀어붙여 성과를 내는 것으로 유명하다. 대표적인 사례가 IT 기업인 사트얌Satyam 인수 건이다. 마힌드라에 인수된 뒤 사명이 테크마힌드라로 바뀐 사트얌은 기존 경영진의 부정행위로 존속이 어려운 회사였다. 대부분의 사람이 회사를 정리하거나 매각하는 게 낫다고 했지만 마힌드라 회장은 사트얌이 가진 기술과 인력을 믿었다. 처음에는 망가진 조직을 바로 잡느라 고전했지만 테크마힌드라는 시간이 지나면서 진가를 발휘했다.

"최고경영자는 조직 내의 열정을 느낄 수 있어야 한다. 새로운 아이디어들이 쏟아지며 창조적 잡음이 생겨야 한다. 모든 직원이 행복감에 젖어 있으면 창조적 잡음이 충분하지 않다는 신호다." 마힌드라 회장이 평소 강조하는 말이다. 직원들의 의견을 적극 경청하고 그들이 최선을 다할 수 있도록 권한을 위임하는 것이야말로 혁신의 자양분이라는 의미로 들린다.

/ **조지 소로스** 소로스펀드매니지먼트 회장

/ **마화텅** 텐센트 회장

/ **정몽구** 현대자동차그룹 회장

/ **장루이민** 하이얼 회장

/ **리드 헤이스팅스** 넷플릭스 회장

/ **왕젠린** 완다그룹 회장

/ **강병중** 넥센타이어 회장

/ **마크 파버** 마크파버리미티드 회장

/ **돤융핑** 부부가오그룹 회장

/ **제임스 퀸시** 코카콜라 회장

/ **모리스 창** TSMC 회장

/ **왕촨푸** BYD 회장

/ **빌 그로스** 펀드매니저

/ **도요다 아키오** 도요타자동차 사장

/ **청웨이** 디디추싱 회장

/ **리카싱** 청쿵그룹 회장

/ **렌들 스티븐슨** AT&T 회장

/ **강태선** 블랙야크 회장

3장

기회 포착과 결단

투자 수익을 결정하는 것은
끊임없는 불확실성이다

조 지 　 소 로 스
소로스펀드매니지먼트 회장

❝ 실물경제와 금융시장은 밀접한 관계가 있지만 언제나 일
치하지는 않는다. 어떤 이유로 불균형이 생기면 시간이
갈수록 증폭된다. 이런 현상이 하나의 흐름으로 정착되
고 시장 참여자들에게 착시현상을 일으킨다. 이 때문에
실체와 시장의 간극은 점점 커지다가 어느 시점에서 제
자리를 잡으려는 대 반전이 일어난다. 바로 이때 투자 기
회를 잡으면 큰 수익을 올릴 수 있다.❞

이 시대 최고의 펀드매니저라 불리는 조지 소로스George Soros의 투
자 철학 '재귀성 이론'을 요약한 것이다. 보다 쉽게 설명하자면, 투자자

는 시장의 객관적 현실에 과도하게 반응하고 그 정도가 지나치면 다시 제 자리를 찾아가는 성향이 있다는 것이다. 소로스는 여기에 근거해 시장 변화와 미래를 예측하고 투자 전략을 세웠다.

그는 브렉시트(영국의 유럽연합 탈퇴) 투표 전후에도 이 이론을 설파해 주목을 받았다. 2016년 6월 브렉시트 투표 직전 소로스는 영국 〈가디언〉에 기고한 글에서 '블랙 프라이데이(6월 24일)'를 예언했다. 세계 증시가 크게 출렁거릴 뿐만 아니라 영국 파운드화가 폭락할 것이라고 주장했는데 모두 적중했다. 투표 결과가 나온 당일 파운드화는 장중 한때 12퍼센트 떨어졌고 그 이후에도 약세를 면치 못하고 있다. 그는 브렉시트가 금융시장과 실물경제에 동시에 타격을 줄 것이라고 경고했다. 2008년 금융위기에 버금가는 후폭풍을 몰고 올 수도 있다고 말해 전 세계를 긴장시키기도 했다.

당시 소로스는 한동안 세간에 모습을 드러내지 않다가 경영 일선에 복귀해 화제가 됐다. 다시 투자 전선에 나선 그의 입에서는 비관론이 마구 쏟아져 나왔다. 세계 경제에 막대한 비중을 차지하는 중국이 자본 유출과 외환보유액 감소로 충격을 받을 것이고, 브렉시트 협상 과정에서 유럽연합 체제에 균열이 생겨 세계 경제는 극심한 불안에 휩싸일 것이라고 경고했다. 이런 분석에 근거해 소로스가 선택한 안전자산은 금이었다. 그는 자신이 운영하는 펀드를 통해 보유 주식을 매각하는 대신 금과 금광주 매집에 나섰다. 다만 파운드화의 급락을 예언하고도 여기에 베팅을 하지 않았다고 밝혀 고개를 갸우뚱하게 만들었다.

소로스와 파운드화는 인연이 깊다. 그를 투자의 귀재로 각인시킨 것이 파운드화였다. 1990년 이후 독일이 통일 비용을 마련하느라 마르크화를 다량으로 유포하는 바람에 1992년 무렵 유럽환율메커니즘 ERM에 묶인 유럽 각국의 통화가치가 급락했다. 다른 나라와 마찬가지로 영국도 금리 인상을 통해 이를 막으려고 했지만 역부족이었다. 소로스는 이를 파고들어 파운드화 하락에 투자했고, 이를 방어하려던 영국 중앙은행인 영란은행과 치열한 결투를 벌인 끝에 승리했다. 그는 이 싸움의 전리품으로 10억 달러의 수익과 '중앙은행을 격파한 투자자'라는 명성을 얻었다.

물론 그의 예언이나 투자가 항상 성공한 것은 아니다. 2000년 IT 버블 때 수십억 달러를 날리기도 했다. 그러나 그는 평균적으로 꾸준한 수익률을 유지하며 건재함을 과시하고 있다.

헝가리 이민자 출신으로 1차 세계대전에 참전하기도 했던 그는 영국에서 힘든 유학생활을 하며 철학박사학위를 받았다. 경제학을 전공했지만 철학에 더 관심이 많았다. 20세기 저명한 철학자인 칼 포퍼의 제자이자 추종자이기도 했다. 철학 교수가 꿈이었지만 금융권에서 일하면서 투자에 소질이 있다는 것을 발견했다.

삶의 터전을 미국으로 옮긴 뒤 그는 본격적으로 주식시장을 탐구하기 시작했다. 주식 종목 선택이 탁월해 기대 이상의 투자 성과를 올렸고, 이렇게 모은 자금이 사업 밑천이 됐다. 그는 1970년에 소로스펀드, 1973년에 짐 로저스와 함께 퀀텀펀드를 세우며 본격적인 투자에 나섰는데 반세기 가까이 활동하며 헤지펀드 시장에 수많은 전설을 남겼다. 철학을 공부하고 다양한 금융 분야에서 일한 경험은 이론과 투자 감각을 겸비할 수 있는 바탕이 됐다.

"시장은 끊임없는 불확실성에 노출돼 있지만 그것이 투자 수익을 창출한다." 소로스의 지론이다. 자본시장의 역사를 돌이켜 볼 때 극심한 불확실성이 승자와 패자를 결정했다는 점에서 틀린 말은 아니다. 불확실성은 누군가에게는 기회가 될 수 있다.

시장이 막 무르익는
타이밍을 노려라

마 화 텅
텐 센 트 회 장

> 미래 계획을 너무 멀리 잡을 필요가 없다. 장기적으로 어떤 일이 일어날지 예측하는 것은 쉽지 않다. 시장에는 많은 사람들이 참여하고 있기 때문에 미리 계획을 세운다고 성공을 보장 받는 것은 아니다. 현재의 일을 충실히 하면서 기회를 보는 게 현명하다. 평소 맥락을 파악하고 있다면 무엇을 해야 하는지 보이게 마련이다."

창업을 준비하는 젊은이들에게 마화텅馬化騰 텐센트 회장이 강조하는 말이다. 그가 2016년 6월 손정의 회장의 소프트뱅크로부터 슈퍼셀을 인수하기로 한 것도 이 말의 의미를 엿볼 수 있는 사례다. 평소 맥락을 잘 들여다보고 있다가 적절한 타이밍을 잡은 것이다. 당시 소식이 알려지자 〈월스트리트저널〉과 〈블룸버그〉는 이렇게 선언했다. "텐센트가 전 세계 게임시장을 평정했다." 핀란드 기업인 슈퍼셀은 2015년 매출 24억 달러를 달성한 모바일게임 1위 업체였다. '클래시 오브 클랜'이 대표적인 게임이었는데 이것만으로 13억 5,000만 달러를 벌었다.

당연히 마화텅이 직접 슈퍼셀 인수를 주도했다. 그는 슈퍼셀을 품기 위해 86억 달러를 베팅했는데 일각에서는 슈퍼셀이 아무리 잘나가는 기업이라 해도 너무 과하지 않느냐고 의문을 제기하기도 했다. 하지만 그간 마화텅이 주도한 인수합병이 대체로 성공적이었기 때문에 슈퍼셀이 텐센트의 새로운 성장 동력이 될 것이라는 기대감도 높았다. 그가 2011년 인수한 라이엇게임즈는 '리그오브레전드' 등 대형 히트작으로 PC온라인 게임 분야에서 선두를 달리고 있었으니 게임 대제국을 건설한 것만은 분명했다.

마화텅은 '창조적 모방'을 잘하는 경영자로 알려져 있지만 그의 능력 중에 더 주목해야 할 부분은 바로 '타이밍'이다. 어떤 사업을 시작하거나 기업을 인수할 때 가장 중요한 것이 시기다. 너무 빠르면 투자한 재원에 비해 수익이 낮아 실패할 수 있고, 늦으면 시장에서 경쟁이 치열해 뚫고 들어가기가 어렵다. 이런 측면에서 그는 뛰어난 타이밍 감각을 보유한 기업인이다.

1998년 텐센트를 설립해 메신저 사업을 시작한 것부터 시기가 절묘했다. 중국인 대부분이 사용하는 온라인 메신저 'QQ'가 이때 나왔다. 초기에는 아메리칸온라인AOL의 ICQ를 모방해 'QICQ'라는 이름으로 시작한 메신저가 상표권 침해 소송에 걸리는 시행착오를 겪으며 고전했다. 하지만 마 회장은 당황하지 않고 벤치마킹 대상이었던 ICQ를 넘어서는 서비스와 기능을 추가하며 이용자를 늘려 나갔다.

2001년에는 상표를 QQ로 전환하며 사업이 탄력을 받아 사용자가 1억 명에 육박했다. 이 무렵 그는 한국의 싸이월드가 온라인에서 게임 아이템 등을 판매하는 것을 보고 힌트를 얻어 QQ를 유료 사업 모델로 전환하는 데 성공했다. 짧은 기간에 사용자가 급증하자 서비스와 인력 등 고정비가 증가하며 또 한 번 위기가 찾아왔다. 자금난 때문에 QQ를 매각하려고 했지만 실패했다. 하지만 이것이 전화위복이 됐다. 2004년 텐센트를 홍콩 증시에 상장해 62억 달러의 자금을 확보하는 데 성공한 것이다.

한국의 카카오톡을 모방해 출시한 모바일 메신저 '위챗'도 타이밍이 절묘했다. 위챗은 2011년에 나왔는데 바로 이때부터 중국에서 스마트폰이 빠르게 보급되기 시작했다. 마 회장은 이 추세에 맞춰 모바일 메신저 기능과 서비스, 영업을 확대했고 그것이 소비자의 욕구와 딱 맞아 떨어지면서 위챗 사용자는 월 평균 수억 명으로 급증했다. 중국에서 스마트폰을 가지고 있는 거의 모든 사람이 위챗을 쓰는 셈이다. 이에 앞서 텐센트는 독자적인 SNS를 시작했고 2015년에는 인터넷 전문은행인 위뱅크의 대주주로 핀테크 시장 공략에 나섰다. 이와 함께 카카오와 넷마블게임즈, YG엔터테인먼트 등 한국의 IT와 게임, 콘텐츠업체에 대한 지분투자도 확대했다.

마 회장이 결정한 사업이나 투자 타이밍을 보면 공통점이 있다. 시장이 막 무르익을 때를 노린다는 점이다. 그러다 보니 혁신이 없는 모방기업으로 보일 수 있지만, 사업가는 '고수익'이라는 성과로 말해야 한다는 점에서 그의 전략이 한 수 높은 것이다. 언젠가 그는 "무슨 일이든 관심이 생기면 몰입한다"고 밝혔는데 이것 역시 타이밍의 고수가 된 비결이다.

어떠한 경우에도
품질만큼은 양보할 수 없다

정　몽　구
현대자동차그룹 회장

66 품질에는 타협과 양보가 있을 수 없다. 품질 향상은 기업
의 존재 이유다. 자동차가 고장이 없었다는 것은 경사스
러운 얘기다. 완성차의 품질 경쟁력을 더욱 높여야 한다."

정몽구 현대자동차그룹 회장이 평생 입에 달고 사는 말이다. 그가 공
장을 방문하거나 연구소를 둘러볼 때 가장 많이 당부하는 말을 대보
라고 하면 단연 '품질 확보'다. 현대자동차의 품질경영 시발점을 얘기
할 때 회자되는 일화가 있다. 1999년 정 회장이 현대자동차 사령탑에
오른 직후 울산공장을 방문했을 때 벌어진 일이다. 정 회장은 출시한
지 얼마 되지 않은 승합차 그레이스의 생산라인을 둘러보고 품질과

성능을 직접 실험해보고 싶었다. 그레이스는 옆으로 밀어 여닫는 슬라이딩 도어를 장착하고 있었는데 정 회장이 여러 차례 반복해서 밀고 당기자 그만 문짝이 떨어져 나갔다. 충격적인 사건이었다. 1974년부터 현대자동차서비스를 이끌면서 이미 차량 불량을 호소하는 고객들을 많이 만나본 정 회장은 품질의 중요성을 더 절감했다.

품질 향상을 위한 정 회장의 판단과 실행력은 큰 결실을 맺었다. 소나타를 비롯한 현대자동차의 주력 모델들은 미국 시장조사기관인 JD파워 평가에서 상위에 이름을 올렸고, 세계 자동차업계 순위도 지속적으로 상승했다. 다른 자동차업체들이 부진한 탓도 있지만, 정 회장의 품질경영이 미국과 유럽은 물론 신흥시장에서 판매 증가로 이어지면서 이룬 성과라고 할 수 있다.

2016년 현대자동차는 1962년 첫 자동차를 내놓은 이후 54년 만에 누적 판매 대수 1억 대를 돌파했다. 1억 대 중에 79퍼센트인 7,854만 대가 정 회장이 현대자동차를 맡은 이후 거둔 실적이다. 정 회장의 뚝심을 다시 한 번 생각해보게 만드는 소식이 아닐 수 없다.

정 회장의 뚝심 경영을 극명하게 보여준 첫 사건은 2005년 5월 준공한 미국 엘라배마 공장 건립이다. 정 회장이 미국에 생산 공장을 짓는다고 했을 때 회의적인 시각이 많았다. 1989년 캐나다에 공장을 세웠다가 실패하고 철수한 경험이 있었기에 더욱 그랬다. 하지만 글로벌 경영에 대한 정 회장의 의지는 확고했다.

우여곡절 끝에 앨라배마 공장은 가동에 들어갔다. 정 회장은 앨라배마 주 정부의 전폭적인 지지를 이끌어내며 비교적 좋은 조건에서 생산을 시작했다. 다행히 앨라배마 공장에서 만들어진 자동차는 품질이 좋았고, 가격 대비 성능에서도 장점이 있었다. 공장을 짓기 전에 제기됐던 문제점들을 불식시키며 연착륙에 성공해 미국 시장 점유율을 높이는 데 크게 기여했다.

이듬해 정 회장은 또 한 번 한국 자동차업계를 놀라게 만들었다. 현대자동차 공장이 자리 잡기도 전에 조지아 주에 기아자동차 공장을 건설하겠다고 밝힌 것이다. 이때도 업계에서는 정 회장이 무리수를 두고 있다며 말렸다. 제너럴모터스GM와 도요타 등 쟁쟁한 업체들이 치열하게 경쟁하는 미국에서 기아자동차처럼 잘 알려지지 않은 브랜드로는 승산이 없다는 것이었다. 더욱이 기아자동차는 당시 엄청난 영업 손실을 보고 있었다. 그럼에도 정 회장은 자동차의 본고장인 미국을 공략하지 않고서는 세계적인 기업이 될 수 없다며 사업을 밀어붙였다.

이후에도 그는 세계 곳곳에 현지 공장을 건설하며 영역을 확대해 나갔다. 그러면서도 잃지 않았던 초심은 다름 아닌 '품질'이다. 가장 기본적인 제품경쟁력이 뒷받침되지 않았더라면 정 회장의 세계 경영은 결실을 맺지 못했을 것이다. 한동안 정 회장이 매년 발표하는 신년사에는 새로 짓는 공장 수와 눈에 띄게 늘어난 판매 목표가 포함돼 있었다.

정 회장의 뚝심이 발휘된 또 다른 사건은 현대자동차그룹 계열인 현대제철의 일관제철소 건립이다. 2006년 이 계획을 발표했을 때 미국 공장 진출 때보다 훨씬 더 심한 반대가 있었다. 자동차에 들어가는 강판을 원료 단계부터 직접 생산한다는 취지였는데 과연 신생 업체와 다름없는 현대제철이 그럴 만한 실력이 있는지 의문이라는 지적이 많았다. 정 회장이 괜한 고집을 부려 과잉 투자를 하는 바람에 현대자동차그룹 전체가 어려워질 것이라고 예단하는 사람도 있었다.

하지만 이런 걱정은 기우로 끝났다. 이 결정 덕에 현대제철은 규모를 키울 수 있었고, 자동차의 내구성을 높인 고급 철판시장에서도 우위를 점할 수 있었다. 정 회장은 기회가 있을 때마다 "첨단 철강 소재 개발에 매진해 완성차의 품질 경쟁력을 더 높일 것"이라며 현대제철의 역할을 강조했다.

고급차 브랜드를 만들겠다는 꿈을 실현해나가는 과정도 정 회장의 '뚝심 경영' 사례에 속한다. 그가 '제네시스' 브랜드를 내놓고 프리미엄 자동차시장에 도전하겠다고 했을 때 업계에서는 벤츠와 BMW, 렉서스 같은 고급 차들과 경쟁할 수 있을지 반신반의했다. 그러나 제네시스는 새로운 모델이 나올 때마다 진화를 거듭하며 고급차 브랜드로 성장했다. 벤츠와 BMW, 아우디 등 독일 럭셔리 자동차에는 못 미치지만 계속해서 자리를 잡아가고 있다. 현대자동차그룹은 품질만은 절대 포기할 수 없다는 그의 뚝심을 물려받아 또 하나의 과제를 풀어야 한다. 산업의 패러다임이 바뀌어도 통할 수 있는 친환경 자동차가 그것이다.

품질을 잃으면
모두 잃는 것이다

장 루 이 민
하 이 얼 회 장

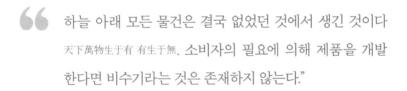

> 하늘 아래 모든 물건은 결국 없었던 것에서 생긴 것이다
> 天下萬物生于有 有生于無. 소비자의 필요에 의해 제품을 개발
> 한다면 비수기라는 것은 존재하지 않는다.”

첫 문장은 장루이민張瑞敏 하이얼 회장이 자주 인용하는《도덕경》의
한 구절이며, 두 번째 문장은《도덕경》에서 얻은 영감을 사업에 적용
한 것으로 '무無에서 유有를 창조하는 원천은 소비자로부터 나온다'는
그의 경영철학을 대변한다. 그에 대해 '기절한 물고기를 살리는 기업
인'이라는 평가가 나오는 것도 같은 맥락으로 해석할 수 있다.
　장루이민 회장은 중국뿐 아니라 세계적으로 존경받는 기업인을 꼽

을 때 빠지지 않고 등장하는 인물이다. 그는 노동자 출신이다. 부모도 공장에서 일했다. 가난했던 데다 정치 상황도 혼란스러워 대학 진학을 포기하고 스무 살도 안 돼 칭다오 시가 운영하는 국영공장에 취업했다. 손재주가 좋고 성실했던 그는 윗사람들의 눈에 들었고, 승진도 빨랐다.

그의 운명을 결정한 사건은 30대 중반이었던 1984년에 찾아왔다. 계속되는 적자에 허덕이던 칭다오 냉장고 공장을 맡게 된 것이다. 그가 중책을 맡은 뒤 알아본 바에 따르면 회사가 어려워진 결정적인 원인은 직원들의 무책임한 행태와 형편없는 품질에 있었다. 하자 있는 제품에 대한 소비자 항의가 잇따르자 그는 충격 요법을 썼다. 냉장고 70여 대를 전 직원이 보는 앞에서 쇠망치로 부순 것이다. 이건희 삼성 회장도 1995년 3월 삼성전자 구미공장에서 500억 원 상당의 불량 휴대전화 15만 대를 불태우면서 품질경영에 대한 결기를 다진 적이 있는데 이와 비슷한 일이 10년 전에 칭다오의 작은 공장에서 벌어진 것이다. 휴대전화 화형식 이후 삼성전자가 스마트폰 시장에서 급성장한 것처럼 불량 냉장고 폐기 이후 이 공장에서 만든 냉장고도 품질을 인정받으면서 승승장구했다. 그 후 장루이민 회장은 칭다오에 있는 작은 가전 기업들을 인수하며 사업을 확장했고, 30년 만인 2014년 하이얼을 매출 36조 원의 세계적인 가전업체로 키웠다.

그가 존경받는 것은 외형적 성장을 이끌었다는 사실 때문만은 아니다. 중국에는 마윈 알리바바 회장처럼 짧은 기간에 그보다 훨씬 큰 기업을 일군 최고경영자들이 널렸다. 그가 많은 이에게 존경받는 이유는 보통 사람이 상상할 수 없는 파격적인 실험으로 기적 같은 성과를 이루어낸 기업가정신에 있다. 몇 가지 예를 들어보자. 장 회장은 1999년 미국 사우스캐롤라이나에 가전공장을 건립했다. 인건비 부담이 중국의 10배에 달했지만 그는 미국에서 하이얼 제품의 인지도를 높이려면 이 방법밖에 없다고 판단했다.

백색가전 시장에서 세계 선두권에 진입하기 직전인 2008년에는 물류 창고를 모두 없애는 결정을 내렸다. 이에 직원들은 창고가 없으면 주문이 들어왔을 때 어떻게 원활하게 공급할 수 있겠느냐며 반발했다. 대리점들도 불만이 이만저만 아니었다. 하지만 장루이민 회장은 이렇게 말했다. "적시 생산시스템으로 재고 비용을 줄여야 한다. 혁신하지 않아 발생하는 비용을 고객에게 전가해서는 안 된다." 그는 자신의 뜻을 관철시켰다. 초기에는 혼란을 겪었지만 결론적으로 그의 판단은 옳았다. 세계 금융위기로 가전 시장이 불황에 빠졌을 때 경쟁업체들은 재고 때문에 고전한 반면 하이얼은 거의 타격을 입지 않았다.

장루이민 회장이 주장한 파괴적 창조의 절정은 2013년부터 시작된 '아주 작게 쪼개기小微' 전략이다. 2만 명 이상의 직원을 회사에서 내보낸 뒤 그들 스스로 작은 벤처기업을 창업하도록 도운 것이다. 직원들이 세운 소기업들은 하이얼의 지원을 받았고, 그중 일부는 독자적인 방식을 취해 큰 기업으로 탈바꿈했다. 이 혁신은 회사의 관료화를 방지하는 동시에 급변하는 시장 환경에 빠르게 대응하는 일석이조의 효과를 보았다. 장 회장은 모든 직원이 창업해 혁신을 확대재생산하는 것이 쪼개기 전략의 궁극적 목표라는 말로 자신의 의도를 밝혔다.

창조적 파괴의 지향점이 하이얼 제품을 사용하는 소비자를 향해 있었다는 것도 주목할 만한 사실이다. 빨랫감이 많은 여름철에 적합한 1.5킬로그램짜리 초소형 세탁기, 아이스크림을 살짝 녹은 상태로 보관할 수 있는 전용 냉동고 등 9만 종에 육박하는 하이얼 제품은 고객이 원하면 무엇이든 만든다는 장루이민 회장의 철학에서 나왔다.

그는 2016년 GE의 가전사업 부문을 54억 달러에 인수하며 또 다시 전 세계 언론의 이목을 끌었다. 하늘 아래 모든 사물은 없었던 것에서 생긴다고 생각하는 장 회장의 파격 실험은 어디까지 갈까? 같은 입장에 처해 있는 삼성과 LG전자 등 한국 가전업체들도 주시해야 할 대목이다.

서비스의 차별화 앞에
레드오션은 없다

리드 헤이스팅스
넷플릭스 CEO

> 혼자 아프리카를 여행하면서 온갖 어려움을 겪었고 다양한 종류의 위험을 구별하는 법을 배웠다. 주머니에 달랑 10달러만 넣고 아프리카를 횡단하기도 했는데 무엇인들 못하겠는가. 어떤 창업도 내게는 큰 도전이 아니다."

좋은 직장을 잡을 수도 있었을텐데 군이 사업을 하는 이유를 묻는 질문에 넷플릭스 CEO 리드 헤이스팅스Reed Hastings는 이렇게 답했다. 거의 맨손으로 시작해 기존의 거대 기업들을 하나씩 쓰러뜨린 건 비단 운 때문만은 아니었나 보다.

그는 한국인에게도 익숙한 기업인이다. 봉준호 감독의 영화 〈옥자〉

를 제작한 사람이기 때문이다. 〈옥자〉는 개봉하기도 전에 영화계에 파장을 일으켰다. 국내 최초로 인터넷과 극장 동시 개봉을 시도한 것이 발화점이었다. 새로운 실험이라며 반기는 쪽과 거대 다국적 기업이 한국 영화계 질서를 파괴하는 행위라며 반발하는 진영이 팽팽하게 맞섰다. 결국 CGV와 롯데시네마, 메가박스 등 국내 스크린의 90퍼센트 이상을 점유한 3개 멀티플렉스가 상영을 거부했지만, 〈옥자〉로 촉발된 영화 플랫폼 주도권 논쟁은 계속될 가능성이 높다.

그 중심에는 전 세계 190여 개국에 1억 명 가까운 유료 가입자가 있고 기업가치가 70조 원 대에 달하는 넷플릭스가 있다. 창업자인 헤이스팅스는 무모할 만큼 도전을 즐기는 기업인이다. 그의 성향과 돌파력을 감안하면 영화 플랫폼 전쟁에서 멀티플렉스가 기득권을 지키기 쉽지 않을 것이다.

이 전쟁에서 만약 넷플릭스가 승리한다면, 영화관에서 먼저 개봉하고 일정 기간이 지난 뒤에야 인터넷상에 VOD(주문형 콘텐츠)로 유통되는 영화 생태계는 무너지게 된다. 넷플릭스처럼 인터넷 유통망을 보유하고 있으면서 영화도 제작하는 다국적 기업이 플랫폼을 장악하면 극장 지체가 사라질 것으로 보는 극단적 견해도 있다. 멀티플렉스가 단성사와 피카디리 등 독립영화관의 몰락을 재촉하고 스크린을 장악한 것처럼, 넷플릭스 같은 거대 기업이 영화계의 최상위 포식자로 부상하지 말라는 법도 없다. 이는 헤이스팅스가 궁극적으로 노리는 목표이기도 하다.

그는 이미 거인을 때려눕힌 경험이 있다. 헤이스팅는 1997년 지그

문트 프로이트의 조카 손자인 마크 랜돌프와 넷플릭스를 공동 창업했다. 지금은 넷플릭스가 글로벌 콘텐츠 시장의 큰손으로 부상했지만 설립 당시에는 작은 DVD 대여점에 불과했다. 헤이스팅스 주변에는 이 사업으로 돈을 벌 수 있을지 의문을 제기하는 사람이 많았다. 미국 전역에 '블록버스터'라는 DVD 대여 체인점이 버티고 있었기 때문이다. 1985년에 설립된 블록버스터는 9,000개가 넘는 매장과 4,000만 명에 달하는 회원을 보유하고 있었다. 달랑 점포 하나로 블록버스터에 대항한다는 건 말 그대로 다윗이 골리앗에게 덤비는 것과 다름없었다.

그러나 헤이스팅스의 손에는 블록버스터의 급소를 강타할 돌멩이가 있었다. 고객의 니즈를 충족시켜주는 서비스가 그것이다. 넷플릭스는 온라인으로 주문받아 우편으로 DVD를 보내주는 영업 방식을 도입해 획기적으로 인지도를 높였다. 과연 이 서비스가 지속 가능할지 의문이었지만 기대 이상의 호응을 얻었다.

넷플릭스는 이처럼 차별화된 마케팅으로 회원을 꾸준히 늘렸고 2002년 주식시장에 상장할 수 있었다. 헤이스팅스는 이에 멈추지 않고 2007년부터 동영상 스트리밍 서비스를 제공하며 도약의 발판을 마련했다. 넷플릭스가 질주하는 동안에도 블록버스터는 기존 방식을 고수했다. DVD 대여 시장의 공룡은 점점 경쟁력을 잃더니 결국 2010년 문을 닫고 말았다. 다윗인 넷플릭스가 골리앗인 블록버스터와 싸워 13년 만에 완벽하게 승리를 거둔 것이다. 헤이스팅스는 치열한 경쟁에서 넷플릭스가 성장한 비결을 묻는 질문에 이렇게 답하곤 한다.

"변화에 대한 빠른 대응과 변화를 향한 끊임없는 열망이 우리의 장점이다."

헤이스팅스만큼 사업가 기질이 충만한 인물도 드물다. 그는 미국 매사추세츠 주 보스턴의 중산층 가정에서 태어나 보든대학에서 수학을 전공했다. 그의 첫 직업은 고등학교 교사였지만 모험을 즐기는 그에게 학교생활은 따분하기만 했다. 그는 새로운 일을 하려고 스탠퍼드대학에 입학해 컴퓨터공학 석사학위를 취득했다. 그는 학창 시절부터 많은 경험을 쌓았는데, 고등학교 때는 매장에서 물건을 팔았고 대학 졸업 후에는 군에 입대했다. 그의 삶에 가장 큰 영향을 준 경험은 군을 제대한 후 평화봉사단에 들어가 아프리카에서 활동한 일이다.

넷플릭스의 동영상 스트리밍 서비스는 적당한 가격에 고객이 원하는 콘텐츠를 제안한다는 장점이 있다. 여기에 선풍적인 인기를 몰고 있는 미국 드라마 〈하우스 오브 카드〉 등 자체 제작 콘텐츠까지 갖췄다. 차별화한 동영상 스트리밍 서비스와 독창적 콘텐츠는 넷플릭스를 막강한 기업으로 만드는 무기가 될 것이다.

헤이스팅스는 방송과 영화 생태계를 바꾸기 위해 엄청난 투자를 하고 있다. 최근 들어 콘텐츠 개발에 투입한 자금이 수백억 달러인데, 〈옥자〉 제작비만도 600억 원에 달했다. 동영상 스트리밍 서비스에서는 회원들에게 맞춤형 콘텐츠를 제공하는 알고리즘 개발에 총력을 기울이고 있다. 이런 물량 공세가 얼마나 결실을 맺을지는 좀 더 두고 봐야 하겠지만 넷플릭스의 성공 여부를 떠나 동영상 콘텐츠 제작과 유통의 변화는 불가피할 것이다.

성공의 열쇠는
누가 먼저 선점하느냐에 있다

왕 젠 린
완다그룹 회장

> 남들이 꺼리는 시장에 길이 있다. 성공의 열쇠는 경쟁에서의 승리가 아닌 독점에 있다. 시장이 무르익어 다른 기업들이 진출할 때까지 기다리면 안 된다. 먼저 들어가 선점하는 것이 중요하다. 중국의 중소 도시에 수백 개의 완다플라자를 건설하려는 것도 이런 전략에 따른 것이다"

왕젠린王健林 완다그룹 회장이 자신의 저서와 강연에서 강조하는 말이다. 2000년대 들어 그가 세계 영화산업에 일으킨 돌풍도 그의 독점 지향적인 태도에서 나온 것이다. 그는 중국을 넘어 미국과 북유럽까지 손을 뻗고 있다. 완다그룹 산하 미국 영화관 기업 AMC가 스웨

덴과 노르웨이 등 북유럽에서 가장 많은 영화관을 보유한 노르딕시네마를 9억 3,000만 달러에 인수하려고 한 것이 대표 사례다. 이에 앞서 그는 유럽 최대 영화관 체인 오데온앤유씨아이Odeon&UCI를 사들이며 유럽 영화 시장 전체를 석권하겠다는 야심을 보였다.

북미 시장에서는 이미 2012년 AMC를 인수했고, 이어 AMC 경쟁 업체인 카마이크까지 품은 터라 왕 회장이 이끄는 완다그룹은 전 세계적으로 1,500개에 육박하는 상영관과 1만 5,000개의 스크린을 보유하게 됐다. 박스오피스 점유율도 20퍼센트대에 달할 것으로 예상된다. 왕 회장은 2016년 다보스포럼에서 로이터통신과 인터뷰하며 "해외 엔터테인먼트와 스포츠 분야에 매년 50억~100억 달러를 투자할 것"이라고 밝혔는데 이를 실행에 옮긴다면 세계 영화 시장에서 완다의 영향력은 더욱 커질 것이다.

그의 왕성한 인수합병에는 1988년 완다를 창업할 때부터 견지해온 경영철학이 자리하고 있다. '독점 전략'이 그것이다. 1970년 16세 소년병으로 중국 인민해방군에 입대한 뒤 16년간 군 생활을 하다가 전역한 그는 1년 남짓한 공무원 생활을 접고 기업가로 변신했다. 당시 중국은 덩샤오핑의 개혁·개방 정책으로 급변하고 있었다. 그는 사람들이 도시로 몰리는 것을 보고 부동산 개발에서 기회를 찾았다. 집값이 변변치 않던 시절이라 주택 사업은 모험이었지만 그는 도시화가 빨라지면 주택 수요가 늘어날 거라고 확신했다.

이 예상은 정확했다. 왕 회장은 다롄 시의 낙후한 구도심의 주택개발에 뛰어들어 대박을 냈다. 신개념 주택을 선보인 점도 있지만 위험이 큰 사업이라 경쟁자 없이 시장을 독점할 수 있었다는 점이 결정적인 성공 요인이었다. 1990년대 후반 들어 중국 주택 시장이 레드오션으로 바뀌자 왕 회장은 완다플라자 같은 대규모 복합쇼핑몰 등 상업용 부동산 개발에 눈을 돌렸다. 이 역시 독점 전략에 따른 것으로 새로운 영역이라는 점에서 위험은 있지만, 왕 회장은 남보다 한 발 앞서 진출해 시장을 선점하며 엄청난 수익을 올렸다.

미개척지에 대한 왕 회장의 공격적인 경영이 끝까지 성공가도를 달릴 수 있을지는 좀 더 지켜봐야 할 것 같다. 중국 정부가 외국 기업이나 자산에 투자하는 것을 꺼리기 때문이다. 중국 금융당국은 2017년 7월 국영은행 책임자들이 모인 자리에서 완다그룹의 해외 투자의 문제점을 지적했다. 중국 정부의 규정을 위반했다는 게 요지였다. AMC와 카마이크, 오데온앤유씨아이, 노르딕시네마 인수에 대해서도 시비를 걸었다. 모두 왕 회장이 영화제국 건설을 위해 사들인 외국 기업들이다.

정부의 의도를 간파한 왕 회장은 시장을 선점했던 감각으로 먼저 움직였다. 은행을 통한 자금 압박이 들어오면 그동안 추진해온 프로젝트에 차질이 생길 수 있으므로 불요불급한 국내 자산을 매각하기로 결정한 것이다. 매물로 내놓은 호텔이나 테마파크가 덜 중요한 건 아니지만 더 큰 야심을 위해 포기할 것은 포기해야 했다.

완다그룹이 계열사를 통해 매각하려는 자산 규모는 수십조 원에 달했다. 이 때문에 시장에서는 왕 회장이 뜻하는 대로 거래가 성사될지 의문을 갖고 있다. 중국 금융당국이 완다그룹을 옥죌 것이라는 우려도 나왔다. 하지만 왕 회장은 이렇게 말했다. "완다그룹은 현재 1,000억 위안을 보유하고 있다. 여기에 리조트와 호텔, 테마파크를 매각하면 680억 위안이 들어오기 때문에 은행 대출금을 비롯한 채무를 상환하는 것은 어렵지 않을 것이다. 또 임대료 수입도 상당한 편이다. 현금 유동성에는 이상이 없다는 의미다."

현재로서는 독점 전략을 앞세운 그가 중국 부동산을 넘어 세계 테마파크와 리조트, 영화산업의 황제로 등극할 수 있을지 알 수 없다. 왕 회장이 닥쳐올 시련을 잘 견뎌내고 완다그룹을 세계적인 기업으로 성장시킬 수 있을지 지켜볼 일이다.

생각이 복잡하면
메모를 통해 마음을 다잡는다

강 병 중
넥센타이어 회장

> 무슨 일이 생기면 오랫동안 숙고하는 버릇이 있다. 밤잠을 설치기도 한다. 이럴 때 늘 메모를 하는데 잘 때도 머리맡에 메모지를 놓아두고 밤중에 일어나 메모를 하기도 한다."

강병중 넥센타이어 회장이 언론들과의 인터뷰 중에 밝힌 말이다. 1999년 넥센타이어 전신인 우성타이어를 인수할 때도 강 회장은 메모지에 다음과 같이 썼다.

'부채비율 6,000퍼센트에 극심한 자금난을 겪고 있는 우성타이어. 그렇지만 세계적인 타이어 기업인 미쉐린과 합작법인을 설립해 기술

제휴를 한 경험이 있음. 제품의 품질과 기술력이 뛰어나고 직원들의 애사심도 높음.'

우성타이어는 1996년 우성그룹이 법정관리에 들어가면서 매물로 나왔다. 차입 경영에 멍들어 과연 살아날 수 있을지 아무도 장담하지 못했다. 이때에도 강 회장은 메모를 통해 마음을 다잡았던 것이다.

강 회장은 대학 졸업 후 일본의 중고화물차를 수입하며 사업을 시작했다. 그렇게 모은 돈으로 1967년 한국 최초의 화물운수회사 옥정산업을 설립했다. 당시 한국은 2차 경제개발계획이 막 시작되던 때였다. 경부고속도로 공사가 한창 진행 중이었는데, 화물차 수요가 크게 늘어나면서 그는 사업을 확장할 자금을 모을 수 있었다. 당시 강 회장은 정부의 경제개발계획을 듣고 건축자재와 골재를 운반할 덤프트럭이 많이 필요할 거라 생각했는데 그 예측이 맞아 떨어진 것이다. 이후 그는 운수사업에서 가장 큰 소모품인 타이어에 관심을 갖게 됐고, 1973년 재생타이어를 생산하는 홍아타이어공업을 세웠다.

이후 자동차용 튜브로 미국과 일본, 중동 등 세계 시장을 공략해 40퍼센트를 점유했지만 타이어는 전혀 새로운 분야였다. 여러 측면에서 우성타이어를 인수하기에는 무리였고 기존 사업까지 위험하게 만들 수 있다며 말리는 이들도 많았다. 하지만 그는 메모지에 쓴 자신의 결론을 믿기로 했다. 우성타이어는 회생이 쉽지 않은 상태에 있었지만 잠재력이 충분히 큰 회사였다. 무엇보다 세계 타이어 시장이 성장하면 우성타이어도 기회를 잡을 수 있을 거라는 확신이 있었다.

강 회장은 일단 결심이 서면 재거나 망설이지 않는 경영자다. 그는 자신의 경영 스타일에 대해 이렇게 말한다. "대규모 투자나 중장기 비전 제시 등 사업상 중요한 결정을 내릴 때는 현장을 둘러보고 마음의 문을 열어놓은 상태에서 사람들의 의견에 귀를 기울인다. 생각은 신중하게, 결단은 신속하게 해야 하는 것이다. 처음 사업을 시작했을 때나 중고차를 수입해 판매하려고 했을 때, 운수업과 흥아타이어 설립, 우성타이어 인수와 중국 진출, 창녕 공장 건설과 유럽 공장에 투자할 때 비슷한 과정을 거쳤다."

우성타이어 인수 후 강 회장의 과감한 추진력이 빛을 내는 데는 그리 오랜 시간이 필요하지 않았다. 2000년 넥센타이어로 이름을 바꾼 뒤 매년 큰 폭으로 성장했다. 인수 당시 1,800억 원에 불과하던 매출액은 2015년 10배가 넘는 1조 8,375억 원을 기록했고, 전 세계 130여 개국에 250여 달러를 보유할 정도로 성장했다. 2012년 수출 7억 달러를 돌파해 상을 받았고 8퍼센트에 불과하던 내수시장 점유율은 25퍼센트를 넘어섰다. 미국, 독일, 중국을 비롯해 세계 각국에 판매법인과 지점을 설립했으며 중국과 유럽 등 해외 여러 곳에 다수의 공장을 가동하고 있다. 2010년부터 프로야구단 '넥센히어로즈'를 운영하며 스포츠마케팅에서도 큰 성과를 보였다. 폭스바겐과 크라이슬러, 르노, 피아트, 미쓰비시 등 세계 완성차 기업들을 대상으로 타이어를 공급하고 있다.

'상장사 중 새해 첫 주총'은 강 회장이 줄곧 고집한 방침이다. 그는 주주총회에서 경영성과 발표와 더불어 회사 비전과 새로운 각오를 다진다. 이를 통해 주주들의 폭넓은 지지를 얻고 고객에 대한 신뢰도

쌓는다. '심청사달心淸事達'은 강 회장이 가장 좋아하는 문구다.《명심보감》에 나오는 이 사자성어는 마음이 맑으면 모든 일이 잘된다는 뜻이다. 심청사달에 근거해 복잡하고 중요한 일을 수시로 메모하며 마음을 잘 정리하는 습관이 넥센타이어를 세계적인 기업으로 만든 원동력이 아니었을까 싶다.

시류나 통념에 휩쓸리지 말고
독자적 판단을 따라라

마 크   파 버
마크파버리미티드 회장

 모든 자산시장에 거품이 잔뜩 끼어 있다. 어떤 자산도 싼
것이 없다. 지금은 1999년과 2000년 무렵 IT 종목을 중심
으로 증시가 폭락했던 상황과 유사하다. 언젠가는 거품
이 꺼질 것이고 자산의 50퍼센트가 사라질지도 모른다.
뉴욕 증시의 상승장을 이끌고 있는 IT 관련 주식도 안심
할 수 없다. 아마존과 넷플릭스도 한순간에 10퍼센트 폭
락할 수 있다."

마크 파버Marc Faber가 경제전문 채널 CNBC와 가진 인터뷰에서 퍼
부은 독설이다. 미국의 양적완화 정책이 효과를 거두면서 경기가 호

전되던 시기였다. 미국을 비롯한 세계 증시가 동반 상승하고 있었기 때문에 이 경고는 받아들여지지 않았다. 구글과 아마존 등 실리콘밸리의 혁신기업들이 4차 산업혁명 시대를 이끌 거라는 기대감이 높은데 벌써부터 거품을 얘기하는 건 적절치 않다는 의견이 많았다. 워런 버핏을 비롯한 투자 귀재들도 당분간 경기가 좋은 흐름을 이어갈 것으로 보고 있었다. 이처럼 낙관론이 지배적인 상황에서 그가 주장한 거품론은 잘 작동하고 있는 시장에 뜬금없이 재를 뿌리는 것과 다름없었다. 하지만 꼭 그럴까? 파버의 전력을 보면 그의 경고를 허투루 들을 수 없다.

그는 누리엘 루비니 뉴욕대학 교수, 스티븐 로치 예일대학 교수와 더불어 미국 월가의 대표적인 비관론자다. 그는 아시아 금융 중심지인 홍콩에서 펀드운용과 투자자문을 주력으로 하는 마크파버리미티드를 30년가량 경영하고 있다. 마크 파버는 그동안 여러 차례 폭락장을 예언했고, 그의 말은 맞아 떨어졌다. 무시무시한 뉘앙스를 풍기는 '닥터 둠Doctor Doom'이란 별칭을 갖게 된 것도 그의 비관적 전망들이 적중했기 때문이다.

그는 1987년 뉴욕 증시의 '블랙먼데이'를 앞두고 폭락을 예고했다. 그의 권유에 따라 주식을 팔고 현금화한 투자자들은 재앙을 피할 수 있었다. 이때부터 그는 주목을 받았다. 1990년에는 장기간 호황을 누린 일본 경제가 무너질 것이라는 징후를 발견했고, 1997년 아시아의 금융위기를 일찌감치 경고하기도 했다. 그의 말을 경청했더라면 우리나라도 외환위기를 피할 수 있었을 것이다.

서두에 소개한 증시 활황이 버블 때문이라는 그의 경고 역시 처음은 아니었다. 그는 주식시장의 폭락 가능성을 끊임없이 점쳤다. "미국 증시는 투매에 취약한 상태에 있다. 어느 하나의 사건을 계기로 붕괴되지는 않겠지만 본격적 하락세가 시작되면 매도가 눈사태처럼 진행될 것이다." CNBC와 이런 내용의 인터뷰를 하기 한 달 전에도 그는 주가 상승을 "더 높은 다이빙대에 올라서는 것"이라고도 비유했다. 그만큼 낙폭이 클 것이라는 의미다.

1946년 스위스에서 태어난 파버 회장은 취리히대학에서 경제학 박사학위를 받았다. 학업을 마치고 월가에 뛰어들었는데 고위험 고수익을 추구하는 정크본드 전문 투자업체인 드렉셀 번햄 램버트에서 경험을 쌓았다. 이 회사의 홍콩 법인 전문이사를 역임하는 등 주로 아시아 시장에서 활동하다가 1990년 마크파버리미티드를 설립했다.

월스트리트와 홍콩에서 금융시장을 분석하며 그가 획득한 투자 비결의 핵심은 '역발상'이다. 시류나 통념에 휩쓸리지 말고 독자적인 판단에 따라야 한다는 것이다. 자산시장에 낀 거품을 적기에 통찰하는 힘도 여기서 나왔다. 그는 시장의 밑바닥에 흐르는 실체를 파악해, 겉으로 드러난 것과 정반대 방향으로 투자했다. 처음엔 그를 이해하지 못하던 투자자들은 고수익을 얻고서야 역발상 투자의 진가를 인정하곤 했다.

그렇다면 증시에 형성된 버블의 원인을 무엇일까? 파버가 언론들과 가진 인터뷰를 종합하면 다음과 같다. "금융위기 이후 각국 정부의 초저금리 정책으로 기업들의 영업이익과 순이익이 기록적 수준에 도달했다. 국내총생산GDP 대비 부채비율이 너무 높다. 미국은 물론 멕시코와 브라질, 아시아 증시도 가치 이상으로 올랐다. 바로 이것이 거대한 역풍을 걱정하는 근거다."

그는 이런 진단에 대한 처방도 잊지 않았다. "거품 붕괴 징후가 나타나면 미국 정부는 다시 돈을 찍어낼 것이다. 그렇기 때문에 금이나 구리 같은 광물은 투자자들에게 확실한 수익을 줄 것이다. 유가 상승이 일어날 가능성도 높기 때문에 원자재 관련 주식도 매력적이다."

사실 이런 방식의 분석은 새로운 것이 아니다. 그가 2008년 발간한 《내일의 금맥Tomorrow's Gold》 증보판 서문에는 이런 대목이 있다. 금융위기의 원인을 설명하는 부분이다. '신용증가 속도가 늦춰지면 유동성 부족과 대출채권의 부실화가 곧바로 일어나게 되고 결국 위기가 오게 된다.' 오래 전에 쓴 글이지만 지금도 수긍할 만한 내용이다. 탄탄한 이론을 기반으로 한 파버 회장의 경고가 또 다시 적중할지 좀 더 지켜볼 일이다.

혼자 빨리 가지 말고
많은 사람과 느리게 가라

돤 융 핑
부부가오그룹 회장

> ❝ 회사의 이익을 가급적 많은 사람과 나눠야 한다. 그래야
> 임직원과 판매점이 회사의 일을 자신의 일로 생각하게 되
> 고, 회사도 성장할 수 있는 것이다."

중국 전자기업 부부가오의 회장인 돤융핑段永平은 이런 신념에 따라
거의 모든 주식을 직원들에게 나눠줬다. 소매점에게 주는 판매 장려
금도 다른 브랜드에 비해 많은 편이다. 이렇듯 고객 접점에서 일하는
사람들과 스킨십을 집중한 결과는 부부가오그룹 소속 스마트폰인 오
포와 비보 제품을 쓰는 소비자의 충성도로 나타났다. 삼성과 애플,
화웨이의 스마트폰을 쓰다가 오포와 비보로 갈아타는 소비자도 많아

졌다. 오포와 비보 제품을 사용하다가 다른 브랜드로 바꾸는 소비자의 2배가 넘는다.

세계 스마트폰시장에서 선두 다툼을 벌이는 기업을 모르는 사람은 없을 것이다. 삼성전자와 애플이다. 하지만 지역을 아시아·태평양으로 좁히면 이야기가 달라진다. 아시아 태평양 지역에서는 중국 기업이 40퍼센트 이상의 점유율을 차지하며 세계적 강자인 애플과 삼성전자의 명성을 무색하게 만든다. 그 선두에는 오포와 비보가 있는데 두 기업을 창업한 인물이 돤 회장이다.

오포와 비보가 약진한 요인은 카메라 기능과 초고속 충전 등 가격대비 성능이 뛰어나다는 점도 있지만 저인망 식 영업 전략이 더 주효했다. 중국 전역에 오포와 비보는 각각 수십만 개의 판매점을 두고 있다. 다른 업체들이 베이징과 상하이 같은 대도시 위주로 거점을 마련한 것과 달리 오포와 비보는 웬만한 지역의 작은 도시에도 그물망처럼 포진한 것이다. 전쟁에 비유하면 '인해전술'을 쓰고 있는 셈이다. 하지만 돤 회장이 승기를 잡은 이유는 압도적인 소매점 숫자에만 있지는 않다. 고객뿐 아니라 직원과 거래처를 위한 배려가 결정적인 역할을 했다. 기업 활동을 통해 더 많은 사람이 혜택을 보도록 하는 것이 그의 목표였다.

돤 회장의 성공스토리는 널리 알려져 있다. 중국의 명문 대학과 대학원에서 각각 전자공학 학사와 경제학 석사를 취득한 그는 1989년 진공관업체인 이화그룹 계열사에 취업한다. 이곳에서 학습용 컴퓨터 '사오바왕'을 개발해 그룹 매출을 뛰어넘는 성과를 올리며 명성이 높아졌다. 30대 중반이었던 1995년 회사를 나와 부부가오를 창업해 오디오와 비디오, 학습기기를 주력으로 회사를 성장시켰다. 부부가오는 점점 높아진다는 뜻이다. 회사 이름처럼 그의 사업은 지속적으로 성장했다.

휴대전화 사업은 2001년 오포를 설립해 분사시키면서 본격화했다. 그러나 2007년 애플의 아이폰이 등장하면서 스마트폰이 대세가 되자 노키아 등 다른 휴대전화 기업들과 마찬가지로 위기에 직면했다. 이에 돤 회장은 전략을 수정했다. 고심 끝에 브랜드 성격을 달리하는 '오포'와 '비보'라는 2가지 스마트폰을 개발하기로 한 것이다. 오포는 보급형 스마트폰이고, 비보는 부부가오의 통신사업부에서 만드는 프리미엄 스마트폰이다.

공략 계층을 차별화한 그의 판단은 결과적으로 옳았다. 오포는 학생들과 젊은 여성들이 선호했고, 비보는 고급스런 디자인 덕에 중년 남성들이 주요 구매층을 형성했다. 돤 회장의 이런 복수 브랜드 전략은 1980년대 소니가 '워크맨'으로 전성시대를 열면서 '소니'와 '아이와' 2개의 브랜드로 시장을 평정했던 것을 연상시킨다.

오포와 비보는 처음 나왔을 때는 별로 눈길을 끌지 못했다. 샤오미가 가격 대비 우수한 성능으로 출시되자마자 소비자들을 끌어모았던 것과는 대조적이다. 하지만 광고에 스타급 모델을 쓰고 다양한 기능을 탑재하며 입소문이 나기 시작했다. 카메라와 오디오를 대폭 강화해 다른 스마트폰과 차별화한 것도 판매량을 증가시킨 비결이다. 그러나 오포와 비보가 두 자릿수 점유율을 차지하게 된 것은 인해전술

방식의 마케팅이 결정적인 역할을 했다.

부부가오를 세웠을 때부터 관계를 이어온 소매점은 짧은 기간 안에 두 스마트폰의 판매망을 획기적으로 늘릴 수 있는 기반이 됐다. 부부가오의 오디오와 비디오 제품을 취급했던 판매점은 곧바로 오포와 비보 매장으로 변신했다. 오프라인 매장은 소비자가 직접 제품을 손으로 만져보고 구매 후 이상이 생기면 바로 매장으로 가져와 애프터서비스를 받을 수 있다는 장점이 있었다.

일단 판매망이 구축되자 오포와 비보는 무섭게 질주했다. 2016년 오포와 비보는 중국 스마트폰 시장에서 각각 1위와 3위를 차지했고, 두 브랜드의 점유율은 30퍼센트가 넘었다. 2위였던 화웨이 판매량의 2배에 달하는 수치였다. 중국에서 입지를 굳히면서 세계 시장에서도 두 브랜드의 성장 가능성은 높아지고 있다.

돤 회장은 대외 활동을 거의 하지 않는 경영자다. 2006년 워런 버핏 버크셔해서웨이 회장과의 점심식사를 내건 경매에서 약 7억 원을 걸어 주목을 받기도 했지만 경영 일선에는 모습을 드러내지 않는다. 역설적이게도 이런 느긋한 모습이 부부가오의 성장과 성공을 이끄는 서력이 되고 있다. "느린 것이 빠른 것이다. 욕속부달欲速不達이라는 말이 있다. 빨리 가려고 하면 도착할 수 없다는 뜻이다. 사업도 이와 다르지 않다." 돤 회장이 중국 언론과 인터뷰하며 밝힌 말이다. 서두르기보다는 긴 안목을 보고 투자하는 게 중요하다는 의미일 것이다.

때론 오른팔을 잘라내는
용기가 필요하다

제임스 퀸시
코카콜라 회장

　　코카콜라는 탄산음료를 넘어 차와 생수 등 다양한 음료를 생산하는 기업으로 거듭나야 한다. 그동안 하지 않던 시도를 해야 하는 것이다. 그에 따른 실패를 무서워하면 안 된다. 실수에 대한 두려움 때문에 아무런 행동을 하지 않는 것이 실수하는 것보다 나쁘다. 실수하지 않는 건 그만큼 노력하지 않는다는 의미일 수도 있다."

제임스 퀸시James Quincey 회장은 코카콜라의 새 사령탑에 오르자마자 이렇게 말했다. 취임 후 가진 첫 언론 인터뷰에서였다. 그는 새로운 코크 신드롬을 강조했다. 세계 최대 탄산음료 브랜드라는 생각을 버리고 시행착오가 있더라도 신규 사업에 나서야 한다는 게 요지였다.

전 세계 브랜드 가치 순위에서 항상 최상위권을 유지하는 코카콜라 최고경영자가 환골탈태를 주문한 배경에는 탄산음료 수요가 급감하는 현실이 자리 잡고 있다. 2016년 코카콜라 매출은 418억 6,300만 달러였다. 4년 전에 비해 13퍼센트나 감소한 수치다. 그 이듬해 1분기 수익도 20퍼센트 이상 줄었다. 퀸시 회장이 취임 일주일을 앞두고 미국 본사 인력의 20퍼센트인 1,200명을 감원하겠다고 발표한 데에는 이 같은 실적 부진 탓이 컸다.

"구조조정을 통해 3년 안에 연간 8억 달러의 비용을 절감할 수 있다. 탄산음료의 판매 감소에 대응해 소비자 입맛과 취향 변화에 맞춰 사업 포트폴리오도 조정할 것이다. 설탕 사용을 줄이는 세계적인 추세를 감안해 (콜라와 전혀 다른) 신제품 개발에도 힘쓰겠다." 코카콜라 신임 회장 입에서 나온 말로는 믿기지 않지만 이것이 현실이었다.

미국을 비롯한 주요 탄산음료 시장에서 코카콜라가 직면한 상황을 보면 퀸시 회장의 고육책을 납득할 수 있다. 2011년 세계 각국이 설탕에 세금을 부과하면서 매출이 큰 폭으로 줄기 시작한 코카콜라는 급기야 걷잡을 수 없는 국면에 접어들었다. 북미와 유럽은 말할 것도 없고 신흥시장에서도 성장세가 꺾인 것이다. 코카콜라는 탄산음료 비중이 여전히 70퍼센트를 넘는다. 펩시를 비롯한 경쟁사들이 일찌감치 비 탄산음료 쪽으로 눈을 돌린 것과 대조된다.

퀸시 회장은 최고경영자 자리에 오르기 전부터 비슷한 주장을 펼쳤다. 취임 3개월 전 CNBC와의 인터뷰에서 이렇게 말했다. "코카콜라의 앞날은 명확하다. 코카콜라는 세계 최대 소프트드링크 기업이지만, 세계 최대의 음료 기업이기도 하다. 모든 종류의 음료를 만들고 있다는 의미다. 그리고 거의 전 부문에서 선두를 달리고 있다. 앞으로는 성장할 수 있는 제품군으로 역량을 이전할 것이다. 특히 스파클링 음료를 성장시킬 것이다. (기존 콜라 수요가 꺾인 것은 불가피하지만) 칼로리가 없는 '코카콜라 제로'는 잘나가고 있다. 전 세계 시장에서 이 제품은 다양한 마케팅을 통해 성장률이 높아지는 추세다. 이처럼 칼로리가 없는 탄산음료의 미래는 밝다고 할 수 있다."

그는 영국 리버플대학 전자공학과를 졸업한 뒤 베인앤컴퍼니와 맥킨지앤컴퍼니에서 컨설턴트로 일했다. 1996년 코카콜라 전략 담당으로 영입돼 20년간 비 탄산음료 브랜드를 인수합병하는 등 사업 확장 분야에서 큰 성과를 보였다. 나이지리아의 주스 회사를 사들이고 중국 곡물 음료 회사를 인수했으며 유니레버의 두유 브랜드를 품기도 했다. 최고경영자로서 '탈脫 콜라'의 고육책을 수행하기에 가장 적합한 인물이었던 셈이다.

최고운영책임자로 발탁된 2015년 4월 한 콘퍼런스에서 퀸시 회장은 이런 말을 했다. "지난 15년간 생수와 에너지음료, 과일주스 등 비 탄산음료 비중이 25퍼센트로 커졌는데 앞으로 이 부문을 더 확장시킬 계획이다." 일찌감치 코카콜라의 아킬레스건을 간파한 것이다. 시장의 흐름을 민감하게 살피지 않았더라면 과연 이런 통찰력을 얻을 수 있었을까.

1886년 설탕 등을 넣은 시럽에 탄산수를 첨가해 성공했던 코카콜라가 절체절명의 위기에 직면해 핵심 성분인 설탕을 버리는 고육책으로 옛 영광을 이어갈 수 있을지는 전적으로 퀸시 회장의 어깨에 달렸다.

기술력만 있으면
틈새시장을 석권할 수 있다

모 리 스 창
TSMC 회장

66 대만은 반도체 설계 기술과 마케팅이 약해 기존 사업 방
식으로는 불리했다. 반면 반도체 설계 회사의 의뢰를 받
아 순수하게 생산만 하면 승산이 있었다. 대만은 전통적
으로 생산 기술이 우수한 나라다. 팹리스 기업들은 충분
히 많았고, 이들 중 상당수는 반도체 설계 정보 유출을
걱정해 기술력 있는 전문 생산업체가 있으면 외주를 주고
싶어 했다."

모리스 창Morris Chang, 張忠謀 회장은 2011년 미국의 한 잡지와 인터
뷰하면서 TSMC 설립 배경에 대해 이렇게 설명했다. 그의 생각은 적

중했다. TSMC는 처음부터 TI와 인텔, 모토롤라 등 세계적인 반도체 업체들의 물량을 따내 비교적 쉽게 시장에 진입했고, 파운드리(반도체 수탁생산) 분야에서 최고의 자리에 올랐다.

반도체 기업은 크게 2가지 유형으로 나뉜다. 사용될 목적에 맞게 반도체를 설계·개발하는 팹리스와 이미 설계된 반도체를 생산해주는 파운드리가 그것이다. 저장장치로 쓰이는 메모리 반도체는 표준화돼 있기 때문에 한 업체가 설계와 생산을 모두 진행해도 효율성을 높일 수 있지만, 종류가 많은 비메모리 반도체의 경우 설계업체가 생산까지 하면 과다한 비용을 유발한다. 그래서 파운드리가 필요했는데 창 회장은 바로 이 점을 주목한 것이다.

중국 저장성 닝보에서 태어난 그는 국공내전 막바지였던 1941년 홍콩으로 이주했고, 미국에서 사는 친지의 도움으로 MIT에서 공부할 수 있었다. 졸업 후 미국의 작은 반도체 회사에 입사해 3년간 일하다가 1958년 미국의 대표적인 반도체 회사인 텍사스 인스트루먼츠TI로 이직했다. 그 뒤 TI에서 25년간 근무하며 첨단 반도체 기술을 접했고, 회사의 배려로 스탠퍼드대학에서 박사학위를 취득했다. TI에서 부사장까지 역임한 그는 제너럴 인스트루먼트 사장 겸 최고운영책임자로 영입됐다.

1985년 창 회장에게 삶의 전환점이 되는 일이 벌어졌다. 대만 정부가 그에게 국책연구기관인 산업기술연구소ITRI의 책임을 맡긴 것이다. 그곳에서 일하는 동안 그는 TSMC 설립 계획을 세웠고, 그 과정에서 대만이 가장 잘할 수 있는 틈새시장이 '파운드리'라는 사실을 간파했다.

하지만 파운드리 전문기업인 TSMC를 세운다고 했을 때 회의적으로 보는 시각이 많았다. 그가 하려는 일이 축적된 지식과 기술이 있어야만 하는 반도체 설계는 아니었지만, 그렇더라도 반도체 경험이 거의 없는 대만에서 정교한 기술이 절대적인 반도체 수탁 생산을 할 수 있을지 의심하는 이들이 있었던 것이다.

그러나 창 회장은 대만의 기술력을 믿었다. 최소한 생산 분야에서는 충분히 승산이 있다고 판단했다. 그는 대만 정부를 설득해 TSMC를 창업했고 미국에서 일하면서 쌓은 인맥과 기술을 총동원해 회사가 연착륙할 수 있도록 힘썼다. 그가 예상한 대로 대만의 반도체 생산능력은 뛰어났고, 다른 것은 몰라도 파운드리 분야에서만큼은 독보적인 나라로 급부상했다. 전 세계 파운드리 시장의 절반 이상을 차지하는 TSMC 외에도, 반도체 수탁 생산에서 경쟁력을 갖춘 기업이 대만에 탄생했던 것이다. 창 회장이 TSMC를 설립한 덕에 인텔과 퀄컴, 애플 등 팹리스 기업들은 기술 유출에 대한 염려나 물량 부족 걱정을 덜 수 있었다.

1931년생인 창 회장은 90세를 앞둔 나이에도 정력적으로 활동하고 있다. 그는 대만 정부와 함께 TSMC를 창업했기 때문에 회사 지분율은 높지 않다. 하지만 2010년대 중반부터 시작된 반도체 활황으로 TSMC 주가가 급등하며 늦깎이로 10억 달러 부자 대열에 합류했다.

그는 2017년 열린 주주총회에서 삼성전자 경계론을 주문해 눈길을 끌었다. 삼성전자가 TSMC의 텃밭인 파운드리 시장을 공략하기 위해 사업부를 신설한 것에 민감하게 반응한 것이다. 애플을 비롯한 대형 고객사를 둔 창 회장이 삼성전자를 향해 "상대는 강력하다"며 긴장감을 내비친 배경에는 삼성뿐 아니라 다른 반도체업체들이 파운드리 사업을 강화하는 추세라는 점도 작용했을 것이다.

그렇다고 자신감을 잃은 건 아니다. 그는 비슷한 시기에 투자자들 모임에서 이렇게 말했다. "TSMC는 올해도 사상 최고 실적을 기록할 것이다. 새로 개발한 첨단 공정으로 점유율이 더 높아질 것이기 때문이다." 그가 삼성전자 등 강력한 추격자들과 점유율 격차를 계속 유지할 수 있을까? 흥미로운 관전 포인트다.

위기일수록
초심으로 돌아가라

왕　촨　푸
B Y D　회 장

 새로운 에너지로 달리는 자동차 기술은 중국이 다른 (선
진) 국가들과 같은 수준이거나 더 앞서고 있다고 생각한
다. 중국은 자국 기업들이 전 세계 전기자동차 시장의 발
전 속도에 보조를 맞추기를 바라고 있다.”

왕촨푸王傳福 BYD(비야디) 회장은 2009년 4월 CNN과의 인터뷰에서
중국 전기자동차의 경쟁력이 최고 수준이라 확신한다며 이렇게 말
했다. 그로부터 7년이 지난 2016년 ‘베이징 국제모터쇼’가 열린 베이
징 국제전람센터의 BYD 부스에는 관람객들의 발길이 끊이지 않았다.
2,500개가 넘는 완성차와 부품업체가 참가한 베이징 국제모터쇼의 주

제는 '이노베이션 투 트랜스포메이션Innovation to Transformation(변화를 위한 혁신)'이었는데 이런 취지에 가장 부응하는 기업이 바로 BYD였기 때문이다.

BYD는 'EV300'를 비롯해 7개 전기자동차 모델을 전시했다. 〈차이나데일리〉 등 중국 언론들은 BYD가 2015년 전기자동차 부문에서 40퍼센트 성장한 것에 힘입어 매출 120억 달러를 기록했다며 찬사를 아끼지 않았다. '포춘 글로벌 500대 기업'에 진입하는 것은 시간문제라고 장담하는 언론도 있었다. BYD의 이런 비약적 성장은 친환경 자동차 정책을 채택한 중국 정부의 전폭적인 지원이 큰 힘이 됐겠지만 왕촨푸 회장의 초지일관과 끈질긴 노력이 없었더라면 불가능했을 것이다.

왕 회장은 가난한 농촌 출신이었지만 명석한 젊은이였다. 그는 중난대학 야금물리화학과를 졸업한 뒤 비철금속연구원에서 석사학위를 취득했다. 배터리와 인연을 맺은 건 연구원에 속한 작은 배터리 개발·생산업체를 맡으면서부터다. 배터리에 대한 지식을 쌓으면서 엄청난 시장성이 있다는 사실을 깨달았다. 1995년 30세였던 그는 친척 형에게 250만 위안을 받아 충전용 휴대전화 배터리를 생산하는 BYD를 설립했다.

품질만 충족하면 시장을 개척하는 것은 어렵지 않다고 판단한 그는 외국 선진 기업에 버금가는 배터리 기술을 개발하는 데 총력을 기울였다. 휴대전화를 비롯해 배터리 수요가 갈수록 증가할 것이기 때문이다. 그의 전망은 적중했다. BYD는 대만 휴대전화 기업과 공급 계약을 체결하며 도약의 발판을 마련했고, 그 후 매년 2배 이상 성장하며 주목을 받았다.

배터리 납품업체로서 단단하게 입지를 다진 왕 회장은 2003년 경영난에 허덕이던 한 자동차회사를 인수했다. 그의 결정은 단지 사업 다각화를 위한 것이 아니었다. 배터리 기술력을 확장하려면 자동차가 필요했기 때문이었다. 이는 BYD가 중국을 대표하는 전기자동차 기업으로 발진하는 순간이기도 했다.

애초에 그는 배터리 기술이 축적되면 궁극적으로 전기자동차에 적용될 거라는 확신이 있었다. 마침 중국 정부가 친환경 자동차산업 육성 정책을 펼친 덕에 결정적인 도움을 받았다. 운도 따랐지만 미래 에너지산업의 큰 흐름을 파악한 왕 회장의 혜안이 없었다면 기회는 BYD가 아닌 다른 기업에게 넘어갔을 것이다. 중국에서 전기자동차와 배터리는 기술과 사업, 정부 정책이 딱 맞아떨어진 몇 안 되는 분야였다. BYD는 전기자동차 개발에 적지 않은 돈을 투자한 끝에 폭발적인 수익 창출을 이어갔다. 2008년에는 워런 버핏이 BYD의 지분을 인수하며 화제가 되기도 했다. 이 과정에서 왕 회장 역시 개인 자산이 늘어 중국 갑부 대열에 합류하며 스타 최고경영자로 많은 언론의 조명을 받았다.

물론 어려운 시절도 있었다. 짧은 시간 안에 급성장한 탓에 2010년 이후 생산과 판매에 문제가 생겼고, 사고 난 BYD 전기자동차에 불이 붙어 인명 피해가 발생하는 등 악재가 겹쳤다. 자동차는 안전에 이상이 생기면 시장에서 살아남기 힘들다. 사고 가능성이 높은 차를 구매하려는 사람은 없기 때문이다. 아무리 기술력이 뛰어나고 동종 제품에 비해 값이 싸더라도 안전 문제를 해결하지 못하면 소용이 없었다. 벼랑 끝으로 몰릴 법한 위기에서 왕 회장은 초심으로 돌아가는 방법을 택했다. 사업을 처음 시작할 때 가졌던 마음은 배터리에 관한 한 최고 기술로 승부한다는 것이었다. 여기에는 제품의 안전성도 포함돼 있었다. 그는 기본으로 돌아가 배터리뿐만 아니라 다른 핵심 부품들의 경쟁력을 높이는 데 혼신의 힘을 기울였다. 왕 회장은 품질을 높이고 차종을 다양화하며 위기를 극복해 나갔다.

중국 정부가 전기자동차의 최대 고객이었기 때문에 BYD의 성장 토대는 튼튼했지만 그것만으로는 부족했다. 왕 회장이 전기 버스를 처음으로 대량생산해 미국과 영국으로 수출하는 등 세계적인 기업의 이미지를 갖추기 위해 노력했던 이유다. 배터리와 전기자동차에 대한 그의 열정은 BYD를 판매 대수 세계 최대인 전기자동차 기업으로 만들었다. 중국은 물론 전 세계 전기자동차 시장에서 BYD를 빼놓고 얘기할 수 없는 현실이 된 것이다.

BYD의 강점은 대부분의 핵심 부품을 자체 생산할 수 있을 만큼 기술력이 높다는 것이다. 왕 회장은 자신이 가장 좋아하는 말이 '꿈'이라고 말했다. 그 꿈을 위해 그는 20년 이상 밤잠을 설쳐가며 배터리 기술 개발에 매달렸다. 전기자동차의 경쟁력이 배터리라는 점에서 그의 꿈은 실현될 가능성이 점점 높아지고 있다. 이는 2009년 CNN 인터뷰에서 왕 회장이 강조한 것처럼 중국이 전기자동차 강국으로 발전하는 기반이 될 것이다.

투자에 성공하려면
분위기에 휩쓸리면 안 된다

빌　그　로　스
펀 드 매 니 저

 미국과 유럽, 일본의 중앙은행들이 쏟아내는 마이너스 수
익률 채권이 자본주의를 위협하고 있다. 저축하는 사람이
나 투자자는 거의 제로에 가까운 수익 한 조각을 놓고 다
투는 처지가 됐다. 중앙은행들은 돈을 마구 풀어 도박판
을 키우고 있는데, 이는 블랙 스완이나 그레이 스완을 초
래할 것이기에 결코 좋게 끝날 수 없다."

'채권 왕'이라는 명성을 가진 빌 그로스Bill Gross가 투자자들에게 보
낸 편지 내용의 일부다. 여기서 그는 미국 연방준비제도(연준)와 유럽
중앙은행ECB, 일본은행BOJ의 양적완화 정책이 가져올 파국을 강도

높게 비판하고 있다. 그로스는 블랙 스완과 그레이 스완을 모두 언급했지만 초저금리 정책은 자산 거품으로 생기는 부작용을 어느 정도 예측할 수 있다는 점에서 돌발 위험을 뜻하는 블랙 스완보다는 그레이 스완에 더 가깝다.

그가 중앙은행들의 저금리 정책을 비난한 배경에는 채권투자 전문가들의 설 땅이 점점 좁아지고 있는 현실이 크게 작용했다. 채권투자자의 입지가 좁아지는 징후는 2014년 10월 그가 공동 창업해 43년간 일해 온 핌코를 갑자기 그만둔 사건에서 나타났다. 이를 두고 업계에서는 그로스가 핌코 대주주인 알리안츠에 토사구팽 당했다느니, 예전과 같은 성과를 낼 자신이 없어 스스로 그만두었다느니 말이 많았다. 확실한 사실은 중앙은행들의 저금리 정책으로 채권투자 환경이 나빠지면서 그로스에게도 변화가 필요했다는 사실이다.

그는 핌코에 비해 운용자금이 훨씬 작은 야누스 캐피털로 자리를 옮겼다. 그곳에서 그는 채권 왕이라는 명성을 무기로 적지 않은 자금을 모았다. '빌 그로스' 효과 덕에 야누스 캐피털은 규모도 커지고 수익률도 좋아졌다. 하지만 아무리 그로스라 해도 초저금리 환경에서 채권투자를 하는 데는 한계가 있었다. 수익률이 운용 수수료도 감당하지 못할 만큼 떨어지자 자금이 이탈했고, 결국 야누스 캐피털은 영국 자산운용사인 헨더슨에 넘어가게 되었다. 당시 〈파이낸셜타임스〉와 〈월스트리트저널〉 등 외신들은 헨더슨이 야누스 캐피털을 26억 달러에 인수해 3,200억 달러 규모의 '야누스 헨더슨 글로벌 인베스터스'로 탄생했다며 그로스의 좌절 소식을 대대적으로 알렸다. 그로스는 합병 회사에서 중요한 역할을 맡겠지만 초저금리라는 거센 도전을 피할 수 없었던 것이다.

그가 투자의 길로 들어선 건 우연한 일이었다. 대학 시절 교통사고로 한동안 활동할 수 없었는데, 그때 접한 블랙잭 게임이 삶의 방향을 결정했다. 블랙잭에 흠뻑 빠지면서 그는 게임의 묘미를 알았고 자신이 이 분야에 소질이 있다는 사실을 발견했다. 도박으로 모은 돈을 경영학 공부에 필요한 학자금으로 쓴 그는 전문 도박사가 되기 위해 한동안 라스베이거스에 머물기도 했다.

하지만 곧 도박사의 꿈을 접고 투자의 세계로 눈을 돌렸다. 판세를 읽고 정확하게 판단해야 승산이 있다는 면에서 도박과 투자는 일맥상통했다. 그의 능력은 핌코에 꽃을 피웠다. 채권 왕이라는 별명에 걸맞은 그로스의 활약 덕에 핌코는 세계 최대 채권 운용사로 이름을 날렸다. 블랙잭 게임에 빠져들어 도박의 세계에까지 발을 들여놓았던 경험은 그가 유능한 투자자로 성장하는 데 적지 않은 도움이 됐다. 특히 판돈이나 분위기에 휩쓸리지 않고 냉정하게 판단하는 것이 성공 투자의 핵심이라는 교훈을 체득했다. 초저금리로 힘든 시절을 보내면서도 그의 이런 원칙은 변함없이 유지됐다.

"전 세계적인 부채 증가와 시대에 뒤떨어진 통화 및 재정 정책은 실물 경제를 다치게 할 것이다. 투자자들은 살얼음판 위에 서 있음을 알아야 한다. 주식과 채권에 대한 투자는 모두 피하고, 그 대신 금이나 부동산 등 다른 유형자산에 투자하는 것이 좋다."

이 대목 역시 그가 투자자들에게 보낸 편지 내용 중 일부다. 채권 왕 빌 그로스가 채권을 피하라고 언급한 것은 이례적이다. 역설이지만 틀린 말은 아니다. 초저금리를 넘어 마이너스 금리로 돈을 맡기면서 오히려 돈을 지불해야 하는 역설의 시대에는 역설이 정설일 수도 있기 때문이다.

침착하게 맥을 짚으면
어떤 문제도 해결할 수 있다

도요다 아키오
도요타자동차 사장

> 대규모 리콜 사태로 미국 청문회에 참석한 직후 CNN 방
> 송에서 래리 킹과 인터뷰하며 품질 문제에 대해 끊임없이
> 추궁을 받았다. 래리 킹은 마지막 질문으로 물었다. 어떤
> 차를 타냐고. 내 대답은 이랬다. '1년에 200개 모델의 차를
> 탄다. 어떤 차를 탄다고 말하기 어렵다. 그만큼 나는 자동
> 차를 사랑한다.' 이 말은 들은 래리 킹은 살짝 웃었다. 그
> 의 미소 속에서 내 진심이 전달됐다는 사실을 알았다."

도요다 아키오豊田章男 도요타자동차 사장이 2010년 한 포럼에서 밝
힌 경험담이다. 문맥의 의미를 이해하려면 그가 사장 자리에 올랐던

2009년 도요타에 몰아닥친 위기를 알아야 한다. 도요타는 당시 가속 페달 결함으로 발생한 리콜 차량이 1,000만 대를 넘어서는 초유의 사태를 맞았다. 경영진은 어찌할 바를 몰라 갈팡질팡했고, 회사가 문을 닫을 수도 있다는 위기감이 팽배했다.

도요타의 창업자인 도요다 기이치로의 손자이기도 한 아키오 사장은 이 일로 인해 취임하자마자 미국 의회 청문회에 불려갔고 가혹한 추궁에 끝내 눈물을 흘렸다. 이에 앞서 그는 나고야 본사에서 이미 공식 사과를 했다. 이때 그는 도요타가 지켜온 자동차 철학을 거듭 천명했다. "자동차를 통한 사회 기여는 도요타가 처음부터 지켜온 중요한 원칙이다. 취임한 이후 고객제일주의와 함께, 어떤 문제가 생기면 발생한 곳에서 실마리를 찾고 그 문제를 해결하는 과정을 공유하며 고칠 수 있는 방법을 발견하면 가급적 빨리 마무리한다는 현지현물주의를 지켜왔다. 전 세계 모든 임직원과 딜러, 협력업체가 힘을 합쳐 신뢰를 회복할 것이다." 이렇게 선언한 아키오 사장은 그 뒤 품질특별위원회를 만들어 차근차근 대응해나갔다.

그의 장점은 절체절명의 위기 속에서도 침착하다는 것이다. 또한 당면한 문제의 맥을 정확하게 짚어내는 능력이 탁월하다. 그는 먼저 리콜 대상 차량을 신속하게 수리해 리콜 관련 뉴스가 확산되는 것을 막았다. 동시에 품질 불량의 근본 원인을 찾았다. 2008년 글로벌 금융위기 직전까지 추구한 1등주의가 문제였다. 그는 양적 성장에 치중한 전략을 버리고 전 세계 생산라인을 대대적으로 조정했다. 차종과 모델을 단순화하는 방식으로 원가를 절감하고 품질의 완벽성을 추구했다. 쥐어짜기만 했던 협력업체와의 관계를 재설정하는 한편 본사와 해외의 방만한 조직도 축소했다. 이런 일련의 조치를 통해 아키오 사장은 리콜 사태를 단기간에 극복했을 뿐만 아니라 회사 체질까지 강화할 수 있었다.

2011년 3월 일어난 동일본 대지진은 그에게 또 한 번의 시련을 안겼다. 일부 공장이 파괴돼 수출에 비상등이 켜진 것이다. 빨리 대응하지 못하면 리콜 사태 이상의 타격을 받을 수도 있는 위기였다. 이때도 아키오 사장은 차분하게 문제를 풀어나갔다. 사고 수습을 위한 불필요한 절차를 최소화하며 모든 역량을 현장 복구에 집중했다. 위기 극복에는 속도가 가장 중요하다는 맥을 잘 짚었기 때문이다.

아키오 사장은 도널드 트럼프 미국 대통령이 취임하자마자 미국 수출용 코롤라 생산 공장을 멕시코에 건설하면 엄청난 세금을 내야 할 것이라고 엄포를 놓자 다음과 같은 말로 즉각 대응했다. "도요타는 미국에서 13만 6,000명을 고용하고 있다. 지난 60년간 미국에 220억 달러를 투자했다. 앞으로 5년간 100억 달러를 추가로 투자할 것이다." 그의 위기관리 능력을 다시 한 번 엿볼 수 있는 대목이다. 트럼프의 협박 이후 생길 불확실성을 그대로 방치하면 여러 측면에서 유리할 게 없다고 판단했던 것인데 이 역시 돌아가는 상황의 맥을 잘 짚어낸 것으로 볼 수 있다.

아키오 사장은 동일본 대지진을 극복한 직후인 2012년 초 한국을 방문했다. 대지진 참사에 대한 지원에 감사의 뜻을 전하는 동시에 신제품 '뉴 캠리'를 설명하는 자리에 참석하기 위해서였다. 7개월 전에도 한국을 찾았던 터라 그의 내한은 예상하지 못한 일이었다. 더욱이 도요타 전체 매출에서 한국이 차지하는 비중은 크지 않았다. 그러나 그에겐 한국에 와야 할 이유가 있었다. 위기를 넘긴 뒤 해야 할 일은 세계 곳곳에서 판매량을 늘리는 것이었다. 한 대라도 더 팔 수 있다면 시장 규모는 중요하지 않았다.

"도요타를 탄 고객 얼굴의 환한 미소를 떠올리면 행복하고 자동차 회사 최고경영자로서의 사명감을 다시 생각하게 된다. '뉴 캠리'는 도요타가 세계에 새롭게 선보인 모델이다. 출시되기까지 이전의 어떤 모델보다 더 많이 고객과 대화했고 완성도를 높이기 위해 노력했다." 이 말에서 자동차에 대한 아키오 사장의 애착을 느낄 수 있다. 결국 그가 경영의 맥을 잘 짚을 수 있는 비결은 래리 킹과의 인터뷰에서 말했듯이 도요다 가문의 천직인 '자동차 사랑'이 아니었을까.

기업가에게는 골리앗을
상대할 배짱이 필요하다

청 웨 이
디디추싱 회장

> 세계 30대 도시에서 해마다 교통 문제로 2,660억 달러가
> 낭비되고 있다. 모바일 인터넷 기술을 이용해 교통수단
> 사이의 폐쇄된 시스템을 없앤다면 이 문제를 해결할 수
> 있다. 중국에는 자가용이 넘친다. 그러나 10대 중 9대 이
> 상은 주차장에서 공간만 차지하고 있다. 자동차의 존재
> 이유는 무엇인가. 목적지까지 가는 것이고 차를 탄 사람
> 에게 편리함을 제공하는 것이다."

청웨이程維 회장은 2014년과 2015년 언론들과 인터뷰하며 디디추싱을
세운 배경에 대해 이렇게 말했다. 2016년 중국 산업계에서 벌어진 이

변 중 하나는 세계 1위 차량공유 서비스업체인 우버가 중국에서 철수한 것이다. 우버는 막대한 자금을 투입해 중국 시장을 공략했지만 결국 두 손을 들고 말았다. 이로써 청 회장은 우버라는 골리앗을 쓰러뜨린 다윗이 됐다.

2016년 상반기만 해도 디디추싱이 우버에 승리할 것이라고 본 사람은 많지 않았다. 청 회장은 우버가 디디추싱을 인수하겠다고 했을 때 단번에 거절했지만, 우버의 공세를 언제까지 막아낼 수 있을지는 장담할 수 없었다. 중국에서 차량공유 서비스 시장의 80퍼센트를 점유한 디디추싱이었지만 선진 기술과 막강한 자금력을 가진 우버를 상대하는 건 쉽지 않았다.

그러나 청 회장은 시장을 선점한 효과를 극대화하는 동시에 중국 안팎에서 굵직한 투자와 파트너를 유치하며 대응해 나갔다. 여러 곳에서 투자를 받았는데 그중에는 애플의 CEO 팀 쿡이 디디추싱과 청 회장의 잠재력을 보고 베팅한 10억 달러도 있었다. 결국 2년간 지속됐던 우버와 디디추싱의 싸움은 디디추싱이 완승하며 싱겁게 끝났다. 우버는 우버차이나를 디디추싱에 넘기고 합병회사 지분 일부를 받는 것에 합의하고 중국을 떠났다. 디디추싱은 우버와 혈전을 벌이는 과정에서 적자가 쌓였지만, 우버차이나 합병을 계기로 세계적인 기업으로 부상할 기반을 다지게 됐다.

중국에서 우버를 물리친 청 회장은 디디추싱의 세계화를 위해 곧바로 행동에 들어갔다. 특히 중동의 온라인 택시 서비스업체인 카림에 투자해 주목을 받았다. 두바이에 본사를 둔 카림은 사우디아라비아와 이집트 등 중동 인근 국가 80개 도시에서 1,000만 명 이상의 고객을 확보하고 있다. 이에 앞서 디디추싱은 유럽 시장을 공략하기 위해 에스토니아의 택시파이와 손을 잡기도 했다. 택시파이는 체코와 영국, 남아프리카공화국에서 사업 중인데 디디추싱과 제휴해 유럽 전역으로 서비스를 확대한다는 복안을 갖고 있다.

유럽은 우버가 선점한 시장이라 중국에 이어 두 번째 대결이 벌어질 가능성이 있다. 안방인 중국에서는 디디추싱이 유리했지만 유럽은 상황이 달라 훨씬 힘든 싸움이 될 것이다. 카림과 택시파이 외에도 청 회장은 일본 소프트뱅크와 함께 동남아 차량호출업체인 그랩에 20억 달러를 투자했다.

청 회장은 20대 초반부터 촉망을 받았다. 베이징화공대학을 나온 그는 중소기업에 취직했다가 알리바바로 자리를 옮겼다. 일찌감치 알리바바의 잠재력을 간파했던 것이다. 기업 간 거래에 이어 알리페이 부서에서 두각을 나타내며 알리바바의 유망주로 떠올랐다. 하지만 그는 창업을 선택했다. 청 회장은 2012년 6월 알리바바를 나왔다.

청 회장에게는 2가지 장점이 있다. 사업을 설계하고 추진하는 힘과 투자자를 설득하는 능력이다. 그는 회사를 설립하고 3개월 만에 택시 애플리케이션(앱)을 개발했다. 하지만 어떻게 보급할지가 문제였다. 당시 택시기사 중에 모바일 인터넷이나 앱을 쓸 수 있는 사람은 거의 없었다. 이때 그는 사업과 투자를 동시에 이끌어가는 능력을 보였다. 택시기사들을 직접 만나 앱 활용법과 이점을 알렸다. 택시 앱을 운용하고 함께 일할 택시기사들을 모으려면 엄청난 돈이 필요했다. 그는 투자업계와 IT 분야의 큰손들을 직접 찾아가 사업 비전을 설명하고 투자를 유치했다. 그 결과 창업 1년 만에 중국의 3대 IT 기업 중 하나인 텐센트로부터 1,500만 달러를 투자받을 수 있었다.

하지만 경쟁업체와 싸워야 하는 또 다른 과제가 있었다. 처음 넘어야 할 산은 친정인 알리바바의 투자를 받은 '콰이디다처'였다. 이 회사도 디디추싱과 사업 모델이 같았다. 더 많은 승객과 기사를 모으기 위해 두 기업은 출혈 경쟁을 벌였다. 오랜 기간 승부를 벌인 결과 청 회장이 최종 승자가 됐다. 그는 콰이디다처를 합병했고, 이로써 텐센트에 이어 알리바바까지 우군으로 확보하는 데 성공했다. 그다음 상대가 우버였고, 2년간 치열한 싸움 끝에 항복을 받아낸 것이다.

중국 시장을 석권했지만 청 회장의 목표 달성은 아직 멀었다. "디디추싱은 세계에서 가장 큰 교통 플랫폼이 될 것이다. 자동차가 진정으로 편리한 수단이 되도록 자율주행차를 포함해 교통 관련 사업에 모든 것을 걸겠다." 한 언론 인터뷰에서 밝힌 청 회장의 포부다. 디디추싱 등장 이후 중국의 자동차 활용도는 매우 높아졌고 택시기사들의 수입도 크게 늘었다. 모바일 인터넷으로 교통 문제를 해결하겠다는 그의 발상 전환이 세계 시장에서도 꽃을 피울 수 있을지 기대된다.

땅의 가치는
미래의 시각으로 파악해야 한다

리 카 싱
청쿵그룹 회장

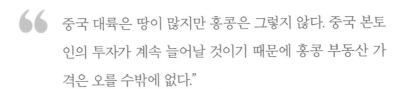

중국 대륙은 땅이 많지만 홍콩은 그렇지 않다. 중국 본토
인의 투자가 계속 늘어날 것이기 때문에 홍콩 부동산 가
격은 오를 수밖에 없다."

90세가 되기 1년 전 리카싱李嘉誠 청쿵그룹 회장은 직원들에게 부동
산 투자를 중단하지 말라며 이렇게 말했다. 자신을 재벌로 만들어 준
부동산 투자에 대한 감각을 잃지 않고 있었던 것이다. 홍콩 부동산
에 대한 그의 애착은 유명하다. 집과 땅은 물론 사회 기반시설도 눈여
겨보고 있다. 시진핑이 강력하게 추진하고 있는 '일대일로' 사업은 리
회장에게는 큰 호재다. 그는 이미 일대일로 해상 구간에 20개가 넘는

거점을 확보했다.

홍콩을 여행하다 보면 종종 듣는 얘기가 있다. 홍콩 최고 부자인 리 회장과 30년 동안 그의 자가용을 운전했던 기사 이야기다. 정년을 채운 운전기사가 퇴직할 때 리 회장은 평소 급여를 많이 주지 못한 게 미안하기도 하고 아쉬운 마음도 있어 거액의 전별금을 건넸다. 노후를 편하게 보낼 수 있을 만한 금액이었다. 그러나 운전기사는 그 돈을 사양했다. 왜 돈을 받지 않느냐고 리 회장이 묻자 그는 이렇게 답했다. "회장님께서 차 안에서 통화하시는 말씀을 제가 듣지 않습니까? 회장님께서 부동산을 매입하라고 할 때마다 저도 그 인근 땅을 조금씩 사두었습니다. 그 땅값이 올라 지금은 수십억 원에 달합니다. 그 돈만으로도 풍족한 여생을 보낼 수 있습니다." 언론에도 대대적으로 소개돼 널리 알려진 이야기다.

이처럼 운전기사에게도 뛰어난 사업 영감을 불어넣은 리 회장의 노익장은 놀랍다. 미국 〈월스트리트저널〉 등 외신에 따르면 그는 90세에 큰 아들 빅터 리에게 자리를 물려주고 경영 일선에서 물러나기로 했다. 50세를 훌쩍 넘은 빅터 리는 부친 밑에서 이미 30년 넘게 경영 수업을 받아온 터라 청쿵그룹에 큰 변화는 없을 것이다.

1928년생인 리 회장은 80대에도 왕성하게 활동했다. 알파고를 창조한 데미스 하사비스 구글 딥마인드 CEO를 만나 인공지능에 대해 대화를 나누기도 했다. 리 회장이 오래 전부터 딥마인드에 투자해온 터라 두 사람은 초면이 아니었다. 리 회장은 인공지능을 비롯해 빅데이터와 3D 프린팅 등 4차 산업혁명 기술 분야에서 투자 기회를 모색했다. "지금은 지식이 중요한 때다. 새로운 정보가 없으면 아무리 돈이 많아도 실패한다. 반면 돈이 없어도 정보만 있으면 성공 가능성이 높아진다. 지식경제 시대가 됐기 때문이다." 리 회장이 자주 강조하는 말이다.

홍콩에서 큰 사업가로 성공했지만 그가 태어난 곳은 중국 광둥성이다. 아버지는 가난했지만 청빈한 사람이었다. 시골에서 먹고 살기 힘들어 난징으로 이사했고, 그곳에서 유년 시절을 보냈다. 당시 중국은 일본과 전쟁 중이었는데 난징이 위험해지자 그의 가족은 홍콩으로 떠나야 했다. 피난지의 삶은 고달팠다. 엎친 데 덮친 격으로 중학교에 다닐 때 아버지가 사망했다. 그는 학업을 중단하고 생업 전선에 뛰어들었다. 세탁소 점원을 비롯해 온갖 허드렛일을 하며 돈을 모은 그는 20대 초반에 작은 플라스틱 공장을 세웠다.

제조업으로 시작했지만 그의 눈은 부동산에 가 있었다. 그가 젊었을 때는 홍콩의 땅값이 비싸지 않았고, 가격이 더 오를 것으로 보는 사람도 많지 않았다. 하지만 리 회장은 달랐다. 언젠가는 홍콩이 개발될 것이고, 그렇게 되면 부동산 가격이 오를 수밖에 없다고 판단했다. 그는 공장을 운영하며 모은 돈을 부동산에 투자했다. 그의 예상대로 시간이 지나면서 땅값은 폭등했고, 일정 수준에 도달한 자산은 엄청난 속도로 불어났다.

홍콩에서 부동산 투자로 재미를 본 리 회장은 중국 정부가 개혁·개방 정책을 펼치자 본토로 진출했다. 주변에서는 공산당 치하에서 땅 투자를 하는 건 위험하다고 말렸지만 그는 위험을 감수했다. 부동산을 기반으로 다양한 분야로 사업 영역을 넓히며 아시아를 대표하는 부자 반열에 올랐다. 블룸버그와 포브스에 따르면 그의 재산은 약 330억 달러로 홍콩에서는 독보적 1위이고, 중국 전체에서도 5위권 안에 든다.

70년 넘게 사업가로 일한 노장답게 기업 경영과 관련한 그의 발언은 삶의 지혜를 담고 있다. "욕심이 많고 인간미가 없는 사람, 원칙과 사명감이 없고 모든 것을 부정적으로 보며 감사할 줄 모르는 사람과 같이 사업을 해서는 안 된다. 사람들에게 각박하게 굴지 말 것이며, 동정심 없고 권력에 아부하는 사람과는 가까이 지내지 말라."

그는 사재를 털어 기부하는 기업가로도 유명하다. 액수도 천문학적이다. 그러면서도 낡은 양복과 구두를 신고 다닐 만큼 검소하다. 남에게는 너그럽고 자신에게는 엄격한 삶의 태도는 리 회장이 오랜 기간 건강하게 기업을 경영하는 저력이 됐을 것이다.

혁신 문화가 없으면
결국 시장을 잃게 된다

렌들 스티븐슨
A T & T 회장

"타임워너 합병은 승인받을 것이다. 미국 정부가 수직적 합병을 막은 사례는 드물다. 타임워너가 보유한 다양한 콘텐츠는 점점 위축되는 통신과 방송을 살려 전체 시장에 활기를 불어넣을 것이다. AT&T의 타임워너 합병은 고속통신망과 무선전화, 미디어 시장을 독점하는 것이 아니다. 이번 건은 비슷한 제품과 서비스를 제공하는 회사 간의 수평적 결합이 아니기 때문이다. 타임워너 산하 뉴스 채널인 CNN은 독립성을 유지할 것이며, 합병 이후 CNN의 논조가 달라진다면 AT&T의 가치는 오히려 떨어질 것이다."

2016년 10월 22일 미국 2위 통신업체인 AT&T가 타임워너를 854억 달러에 인수하겠다고 밝혔다. 합병이 성사되면 미국 미디어시장에 엄청난 지각변동을 일으킬 가능성이 높아 통신과 미디어 등 관련 업계는 물론, 정계와 사회·문화계에서도 초미의 관심을 보였다. 합병 소식이 알려진 직후 반응은 부정적인 시각이 우세했다. 미디어시장에 대한 영향력이 정도를 넘어설 것을 우려해 반독점 규제로 제동을 걸어야 한다는 목소리가 높았다. 그러나 랜들 스티븐슨Randall Stephenson 회장은 반박 논리를 가지고 있었다. 바로 '수직 통합'이다. 앞서 인용한 그의 말은 〈파이낸셜타임스〉와의 인터뷰 내용이다. 이런 수직 통합 논리는 한국의 동종 산업에도 통용된다는 점에서 눈길을 끈다.

이 소식이 알려지기 전까지 스티븐슨 회장은 세계 산업계에서 크게 주목받지 못했다. 그러나 타임워너 인수에 천문학적인 자금이 제시되자 사람들은 거래를 성사시킨 최고경영자가 과연 누구인지 관심을 갖기 시작했다. 인수합병 금액도 금액이지만 두 회사의 합병은 통신과 미디어를 합친 공룡의 탄생을 의미하고, 이 기업을 이끌 사령관은 엄청난 권한과 책임을 갖게 된다. AT&T는 유선과 무선통신, 인터넷, 위성TV가 주요 사업이고 CNN과 HBO, 워너브라더스를 자회사로 둔 타임워너는 영화와 TV, 케이블 분야의 강자다. 두 회사 규모를 합치면 2015년 기준으로 매출은 1,890억 달러, 직원도 30만 명이 넘는다.

기업인으로서 스티븐슨 회장의 이력은 단순하다. 농촌 출신인 그는 오클라호마대학에서 회계학을 전공한 뒤 1982년 AT&T 전신 사우스웨스턴벨에 입사했다. 2007년 최고경영자에 오르기 전까지 25년 간 한 직장에서 근무하며 통신 이외의 다른 분야를 경험할 기회가 없었다. 그나마 AT&T 사령탑에 오르기 직전 최고재무책임자와 최고 운영책임자를 역임하면서 다른 곳으로 시야를 넓혔을 뿐이다.

그러나 최고경영자가 된 뒤 달라졌다. 그는 보수적 성격이 강한 통신사의 수장답지 않게 공격적인 인수합병에 나섰다. 유무선 네트워크 사업만으로는 비전이 없다고 판단했던 것이다. "보유한 자산을 지키려고만 하면 안 된다. 지속적으로 성장하려면 다른 일을 해야 한다." 전임 최고경영자가 떠나며 남긴 이 말을 스티븐슨 회장은 충실하게 실행했다. 물론 실패하기도 했다. 2011년 T-모바일을 490억 달러에 사려고 했다가 반독점 규제에 걸려 좌절된 것이 대표적이다.

그러나 그는 포기하지 않았고 계속 문을 두드린 끝에 2015년 다이렉TV를 인수하는 데 성공했다. 이 덕에 AT&T는 매출이 큰 폭으로 증가하는 성과를 올렸다. 스티븐슨 회장은 다이렉TV 인수 1년 후인 2016년 7월 실적을 발표하며 "다이렉TV 가입자들의 취향에 맞는 콘텐츠를 제공할 것"이라고 말해 타임워너 같은 미디어업체를 인수할 의향을 내비치기도 했다. "(기업에) 끊임없이 혁신하려는 문화가 없으면 기존 수익과 제품에 안주해 한 걸음도 나가지 못한다. 그러면 결국 시장을 잃게 된다." 스티븐슨 회장이 한 잡지와 가진 인터뷰에서 한 말인데 타임워너 인수를 통한 수직 통합 전략을 실행하겠다는 의지의 표현이기도 하다.

AT&T는 2017년 7월 대규모 회사채 발행을 계획하고 있다고 발표했다. 타임워너 인수 자금을 마련하기 위해서다. AT&T와 타임워너의 합병이 독점으로 가는 수평적 결합이 아니라 시장을 넓히는 수직적 통합이라는 스티븐슨 회장의 설득이 통하면서 미국 정부의 승인 가능성이 높아졌다. 하지만 유선에서 무선으로 중심이 이동되는 통신시장에서 AT&T가 넘어야 할 장애물은 한둘이 아니다. 스티븐슨 회장의 수직 통합 전략이 오랜 역사를 가진 회사에 생기를 불어넣을 수 있을지 궁금하다.

사업가의 길은 걸을수록
강해지는 '야크로드'다

강 태 선
블랙야크 회장

  블랙야크처럼 산다면 못할 것이 무엇이겠는가. 히말라야 같은 척박한 환경에서도 묵묵하게 길을 가며 생명을 이어 하는 야크의 길, 야크로드야말로 내가 가야 할 길이다."

강태선 회장은 1990년대 초 엄홍길 대장을 비롯한 산악인들과 함께 히말라야를 등반한 적이 있었다. 엄 대장은 1978년 거봉산악회를 함께 창립한 산악 동지이기도 하다. 산에 오르던 중 그는 야크가 무거운 짐을 지고 가파른 산길을 오르는 모습을 보았다. 해발 4,000~6,000미터의 고원에 서식하는 야크는 강한 생명력을 지닌 동물이다. 고기와 가죽과 털, 심지어 배설물까지 연료로 쓸 수 있는 유용한 존재이기도 하다.

당시 강 회장은 육체적으로는 물론 정신적으로도 완전히 탈진해 있었다. 바로 그때 야크를 보며 떠오른 생각이 앞서 소개한 글이다. 야크는 그가 다시 한 번 용기를 갖고 도전할 수 있게 해준 고마운 동물이었다. 히말라야로 출발하기 전 강 회장은 최대 위기를 맞았다. 국립공원 취사와 야영이 금지되며 등산용품 사업이 궁지에 몰렸기 때문이다. 그는 어려울 때마다 산을 찾곤 했는데 히말라야에 오르게 된 것도 몸과 마음을 추스르기 위해서였다.

강 회장의 경영철학을 한 마디로 요약하면 '야크로드'다. 제주도 출신인 그는 중학교 때부터 한라산을 오르내리며 산과 친해졌다. 산이 좋아 산과 관련된 일을 하고 싶었던 강 회장은 20대 중반인 1973년 종로 5가에 동진사를 세워 등산 장비를 팔았다. '자이언트'라는 브랜드로 배낭을 만들어 판매한 것이 시작이었다. 처음에는 동호인들을 대상으로 했으나 찾는 사람이 많아지면서 텐트와 침낭, 신발로 종류를 늘렸다. 이렇게 20년 가까이 해온 사업이 국립공원 취사 야영 금지라는 예상치 못한 일로 난관에 봉착한 것이다.

히말라야를 등반한 후 야크가 준 영감으로 심기일전한 강 회장은 1995년 12월 '블랙야크' 브랜드를 출범시켰고, 등산 의류로 영역을 넓히면서 기회를 찾았다. 고진감래라고 힘든 시기가 지나자 그에게도 행운이 찾아왔다. 2000년대 들어 주 5일제가 정착되고 등산복을 입는 인구가 늘면서 블랙야크는 매년 큰 폭으로 성장했다. 품질 수준을 높이고 품목을 다양화하면서 매출이 늘었고, 좀 더 큰 규모로 안정된 경영을 할 수 있었다.

하지만 강 회장은 여기에 만족하지 않고 중국이라는 큰 산에 도전해보기로 했다. 그는 이미 1996년에 중국 진출을 시도한 적이 있었다. 그러나 외환위기로 자금난을 겪으면서 쓴맛을 볼 수밖에 없었고, 별다른 성과를 내지 못한 채 철수하고 말았다. 그가 다시 문을 두드린 건 1998년이었다. 두 번째 도전에서 중국 시장 진출에 성공한 그는 백화점과 직영 매장을 꾸준히 늘렸다.

중국에 이어 2012년 전 세계 산악인들이 모이는 히말라야에 블랙야크 매장을 낸 것을 기점으로 글로벌화에도 박차를 가했다. 독일과 이탈리아, 스위스 등 유럽 각국에 진출했고 미국 시장도 공략했다. 2014년에는 미국 아웃도어 브랜드를 인수하며 영토를 확장해나갔다. 한때 활황세였던 아웃도어 시장이 깊은 불황의 늪에 빠졌지만 그는 별로 두려워하지 않는다. 그가 보는 사업가의 길은 '야크로드'를 걷는 산악인과 다를 게 없기 때문이다.

블랙야크의 무기는 매출의 10퍼센트 이상을 투입해 개발한 신기술이다. 심전도 측정 의류 '야크온P'와 세계 최초로 스마트폰을 이용해 온도를 제어할 수 있는 패딩 '야크온H' 등이 대표적인 혁신 사례다. 첨단기술을 토대로 한 기능성 강화와 함께 각 시장에 적합한 상품을 개발한 것도 주효했다. 한국적 특성을 살리면서 현지 소비자 취향에 맞는 상품은 세계 등산용품 시장에서 한류를 이끄는 원동력이 됐다. 강 회장은 이 전략을 '블랙야크 스타일'이라는 말로 설명하고 있다.

강 회장은 일반인들에게 기업인으로 알려졌지만 오래 전부터 산을 오른 전문 산악인이기도 하다. 1983년 몽블랑을 시작으로 수많은 산을 올랐다. 그의 궁극적 꿈은 블랙야크를 글로벌 1위 아웃도어 기업으로 키우는 것이다. 전문 산악인인 그가 세계 아웃도어 시장의 정상에 오를 날을 기다려본다.

/ **빌 게이츠** 마이크로소프트 창업자

/ **워런 버핏** 버크셔헤서웨이 회장

/ **짐 로저스** 로저스홀딩스 회장

/ **조성진** LG 부회장

/ **히라이 가즈오** 소니 사장

/ **브라이언 크르자니크** 인텔 회장

/ **이언 리드** 화이자 CEO

/ **손정의** 소프트뱅크 회장

/ **윤동한** 한국콜마 회장

/ **베르나르 아르노** LVMH 회장

/ **루퍼트 머독** 뉴스코퍼레이션 회장

/ **허영인** SPC그룹 회장

/ **케빈 플랭크** 언더아머 회장

/ **최태원** SK 회장

/ **조나 페레티** 버즈피드 CEO

/ **잭 도시** 트위터 창업자

/ **디네시 팔리월** 하만 대표

/ **이수만** SM엔터테인먼트 회장

4장

통찰력과 승부욕

세계는 어떤 시대보다
좋아지고 있다

빌 게 이 츠
마이크로소프트 창업자

❝대학생으로 돌아간다면 인공지능과 에너지, 생명공학을
공부하고 싶다. 여러분도 이 분야에 깊은 관심을 갖고 적
극적으로 공부했으면 한다. 앞으로 인공지능과 에너지, 생
명공학에 박식한 지식 노동자가 모든 조직을 이끌게 될
것이다.”

빌 게이츠Bill Gates는 2016년 하버드대학 졸업식을 앞두고 후배들에
게 전하는 여러 메시지를 트위터에 올렸는데, 그중 한 대목이다. 이
해에는 마크 저커버그 페이스북 최고경영자가 하버드대학 졸업 축사
를 맡았지만 게이츠도 이 행사에 관심이 많았다. 두 사람 모두 창업

을 위해 하버드대학을 중퇴한 공통점이 있다. 빌 게이츠의 메시지에서 주목할 점은 컴퓨터 운용체계로 세계 시장을 석권한 마이크로소프트 창업자가 그쪽 기술을 쏙 빼놓고 다른 분야를 추천했다는 사실이다.

빌 게이츠는 IT 관련 일부 벤처기업은 실제보다 지나치게 높은 평가를 받고 있다고 주장했다. 한마디로 거품이 끼었다는 것이다. 실리콘밸리의 운명과 관련해 〈파이낸셜타임스〉와의 인터뷰에서 그는 이렇게 경고했다. "현재 시장가치 10억 달러가 넘는 150여 개 스타트업이 제대로 성과를 내지 못할 가능성이 높기 때문에 이들 기업에 투자하면 낭패를 볼 것이다. 지금 유망해 보이는 정보기술이라고 모두 성공하는 것이 아니며, 스타트업 투자로 수익을 올린 경험은 이제 잊어야 한다." 빌 게이츠는 종종 이런 충고를 하곤 하는데, 스타트업에 투자해 재미를 본 실리콘밸리 투자자에게 던진 다음 메시지와 같은 의미로 이해할 수 있다. "성공은 형편없는 스승이며 정말 성공하려면 만족하지 말고 계속 전진해야 한다."

4차 산업혁명 시대를 앞두고 진행되는 흐름을 보면 게이츠의 안목이 일리가 있다는 것을 알 수 있다. 인공지능과 에너지, 생명공학은 그가 추구하는 세상을 앞당기는 측면에서도 잠재력이 큰 분야다. 인공지능이 인간의 일자리를 빼앗을 것이라는 전망도 있다. 그러나 인공지능으로 생길 부작용을 최소화하고 제대로만 활용하면 의료와 법률, 금융 등 거의 모든 분야에서 인간 삶의 질을 획기적으로 개선할 수 있다. IBM의 인공지능 왓슨이 암 진단과 치료에 크게 기여하고 있는 것이 대표적인 사례다. 생명공학도 인간의 수명을 연장하는 데 큰 역할을 한다는 면에서 게이츠가 생각하는 진보를 위한 기술에 속한다.

에너지는 불평등과 환경 문제를 동시에 해결할 수 있어, 게이츠가 오랜 기간 심혈을 기울이고 있는 산업이다. 그는 2009년 '빌앤멜린다 게이츠재단' 운영 방향을 제시하며 깨끗하고 값싼 에너지를 찾아야 한다고 강조했다. "사하라사막 이남에 있는 아프리카와 인도 등 많은 지역의 빈곤층은 어둠 속에 갇힌 채 에너지가 가져다주는 혜택과 기회를 박탈당하고 있다. 하지만 기존 에너지는 이산화탄소를 배출하고 지구온난화를 초래한다. 인류에게 재앙을 가져올 지구온난화를 막으려면 '온실가스 배출 제로'인 에너지를 찾아야 한다. 기적 같은 일이지만 불가능한 목표는 아니다. 개인용 컴퓨터와 인터넷, 소아마비 백신 등도 그렇지 않았는가. 모두 연구개발과 혁신 능력의 결과라고 할 수 있다."

지금은 우리 시대를 대표하는 지성인이자 최고의 기부 천사로 명성이 높지만 사실 그는 타고난 사업가였다. 중산층 가정에서 태어난 게이츠는 어린 시절 호기심이 많은 아이였다. 알고 싶은 것이 많다 보니 독서량도 엄청났다. 도서관에서 살다시피하며 하루도 빠지지 않고 책을 읽었다. 중학교에 입학해 컴퓨터를 접하고는 프로그램 만드는 일에 빠져들었다. 고등학교 때는 마이크로소프트 공동 창업자인 폴 앨런을 만나 교통량 분석 프로그램을 개발해 팔기도 했다. 앨런은 게이츠의 두 살 연상으로 당시 대학생이었다.

컴퓨터 프로그램이 돈이 될 것으로 생각한 두 사람은 1975년 마이크로소프트를 창업했다. 초기에는 시행착오가 많았지만 1990년 윈도 3.0이 공전의 히트를 쳤고 PC 판매가 급증하면서 세계 최고 갑부가 됐다. 컴퓨터 운영체제OS 시장을 장악하는 과정에서 그는 뛰어난 수완을 보였다. 시장 독점으로 눈총을 받았던 게이츠는 2000년 '빌앤멜린다게이츠재단'을 설립한 것을 계기로 사회사업가로 변신했다. 수백억 달러를 기부하는가 하면 자녀에게 재산을 상속하지 않겠다는 선언으로 신선한 충격을 주기도 했다.

빌 게이츠는 1999년 3월 발간한 《비즈니스@생각의 속도》에서 많은 것을 예언해 화제가 된 바 있다. "사람들은 작은 기기를 가지고 다니며 업무를 처리하고, 뉴스를 보며 예약한 항공편을 확인하고 금융시장 정보를 얻을 것이다." 스마트폰 시대를 8~9년 앞서 내다본 것이라 놀랍다. 이를 실현시킨 기업이 마이크로소프트MS가 아니라 애플이었다는 사실이 역설적이지만 그렇다고 그의 예리한 통찰력을 과소평가할 수는 없다.

게이츠는 페이스북과 트위터, 카카오톡 등으로 대표되는 SNS가 새로운 미디어가 될 것이라는 예언도 잊지 않았다. "앞으로 사람들은 사적인 웹사이트를 만들어 서로 이야기를 나누고 모임을 계획할 것이다." 가격비교 사이트와 핀테크, 사물인터넷, 스마트 홈, 온라인 광고와 채용을 언급한 대목도 섬뜩할 만큼 정확했다. 타임머신을 타고 10년 후를 직접 다녀온 사람이 말했다고 해도 믿을 정도다.

《비즈니스@생각의 속도》는 출간되자마자 전 세계적인 베스트셀러가 됐고 한국에서도 출간돼 선풍적인 인기를 끌었다. 당시 사람들은 '디지털'로 대표되는 변화에 열광했지만 그것이 구체적으로 무엇을 의미하고 어떤 방향으로 진화할지 가늠하지 못했다. 바로 이런 시기에 나온 빌 게이츠의 예언은 그 자체로 충격이었고 기업가는 물론 일반인에게도 많은 영감을 주었다.

그는 대학 졸업생들에게 선물하기 좋은 책으로 트위터에서 추천한 스티븐 핑커 하버드대학 심리학 교수의 저서 《우리 본성의 선한 천사》를 소개하며 미래에 대한 낙관론을 펼쳤다. "핑커 교수에 따르면 비명이 나올 만한 사건들이 신문 톱기사로 다뤄지고 있지만 우리 시대는 인류가 존재했던 어떤 시대보다 덜 잔인하고 덜 폭력적이다. 이는 의미 있는 일이다. 세계가 좋아지고 있다면 여러 곳에서 많은 사람이 진보를 위해 무엇인가를 하게 만들기 때문이다."

그는 전 세계 소외계층을 돕고 지구 환경을 개선하고 불평등을 줄이는 활동을 하며 이윤 창출을 초월한 가치를 발견했다. 열아홉 살 때 사업을 시작해 이제는 환갑을 훌쩍 넘긴 그는 단지 돈이 되는 기술이 아닌 인류를 위한 혁신을 강조한다. 그 중심에 인공지능과 생명공학, 에너지가 있는 것이다. 그가 희망한 대로 이들 분야에서 제2, 제3의 빌 게이츠가 나온다면 세상은 더 좋아지지 않을까.

가치투자와 역발상 투자의
균형점을 찾아라

워 런 버 핏
버크셔해서웨이 회장

66 나는 먹는 것으로 행복을 느끼는데 코카콜라를 브로콜
리로 바꾼다면 같은 정도의 행복을 느낄 수 있을지 모르
겠다. 사람들은 매일 코카콜라를 먹는 것이 몸에 좋지 않
다고 하지만 의문이다. 코카콜라가 단지 설탕이 들어간
음료만 판매하는 것이 아니다."

워런 버핏Warren Buffett은 미국 네브래스카 주 오마하에서 열린 2016
년 버크셔해서웨이 연례 주주총회에서 이런 말을 했다. 코카콜라에
투자하는 이유를 묻는 질문에 대한 답변인데 일반 상식에 배치되는
말이라 화제가 됐다. 당시 버핏은 80대 중반의 고령이었지만 아침식사

로 초코아이스크림을 먹고 감자 칩을 좋아하며 매일 코카콜라 다섯 캔을 마신다고 밝혀 이목을 끌었다. 식성이 아이 같은데 건강을 생각해야 하지 않느냐는 질문에 버핏 회장은 이렇게 대답했다. "통계를 보면 가장 사망률이 낮은 연령이 여섯 살이다. 그래서 나는 여섯 살 아이처럼 먹기로 했다."

그가 즐기는 코카콜라는 비만과 당뇨를 유발하는 대표적인 탄산음료지만 투자자 입장에서는 여전히 매력적인 회사다. 확실한 브랜드 이미지를 구축하고 있고 수요도 꾸준해 비교적 경기를 덜 타기 때문이다. 이런 측면에서 버핏의 궤변에 가까운 역발상 발언들은 한 번 뒤집어 해석할 필요가 있다.

칼럼니스트 앨리스 슈뢰더는 2009년 영국 BBC 방송에 출연해 버핏의 역설과 모순을 소개한 적이 있다. 그에 따르면 버핏은 단순하면서도 복잡한 투자 행태를 보인다. 내재가치를 중시하면서도, 고수익·고위험에 속하는 외환이나 파생상품 투자로 유명한 살로먼 브라더스의 수장을 역임한 사실만 봐도 그렇다는 것이다. 큰 욕심이 없는 것 같지만 알고 보면 고위험 상품 투자에서 가장 큰 수익을 보고 있다고 슈뢰더는 설명했다. 이런 해석이 정확한지는 논란이 있지만 확실한 사실은 버핏 회장이 뛰어난 실적으로 자신의 천재성을 증명하고 있다는 점이다.

그는 코카콜라에 20년 넘게 투자하고 있는 것으로 유명하다. 버크셔해서웨이의 코카콜라 지분율은 9퍼센트 이상이다. 오랜 기간 꾸준하게 코카콜라에 투자한 결과 엄청난 수익을 올렸다. 코카콜라 투자로 얻은 성과와 경험은 그의 신념에도 막대한 영향을 줬다. 시장의 변화를 좇기보다는 기업의 내재가치를 봐야 한다는 게 요점이다. 그의 말을 들어보자.

"가치투자라는 것은 하나 마나 한 말이다. 가치가 없는 것에 누가 투자를 하겠는가. 투자전문가라고 하는 사람들의 말은 믿을 게 못 된다. 상당수 헤지펀드 매니저는 지수에 기반을 둔 인덱스 펀드 수익률보다 나쁜 성적을 낸다. 가치가 아닌 시장을 보고 투자하기 때문이다. 그러면서도 지나치게 많은 수수료를 챙긴다."

이 때문에 그의 투자 포트폴리오는 코카콜라를 비롯해 에너지와 항공, 철도 등 수요가 탄탄하고 수익 기반이 확실한 종목이나 지수 추종 펀드가 주류를 이루고 있다.

그렇다고 해서 버핏 회장이 IT 주식이나 파생상품처럼 변동성이 큰 투자를 완전히 배제하는 것은 아니다. 내재가치가 투자의 중심이지만 고수익 고위험에 속한 상품에도 관심을 갖는다. 그래서 파생상품 전문가를 영입했던 것이다. IBM 주식을 대거 사들이고 애플 주식을 매입한 것도 같은 맥락이다. 다만 코카콜라에 투자할 때와는 기준이 다르다. 이를 두고 찰스 멍거 버크셔해서웨이 부회장은 '미래를 배우기 위한 투자'라고 설명했다.

그의 통찰력은 하루아침에 생기지 않았다. 1930년 사업가의 아들로 부유한 가정에서 태어났지만 어린 시절 다양한 방식으로 돈을 벌어본 경험이 있다. 그는 컬럼비아대학 경영대학원에서 벤저민 그레이엄으로부터 가치투자를 배운 뒤 1965년 방직회사인 버크셔해서웨이의 경영권을 인수해 투자회사로 변모시켰다. 그는 기업의 핵심가치를 꿰뚫어 보는 눈으로 연평균 20퍼센트 이상의 수익을 거두며 20세기를 대표하는 투자의 귀재로 부상했다.

하지만 그가 언제나 투자에 성공한 것은 아니다. 2017년 열린 연례 주주총회에서는 이런 반성문을 내놓아 눈길을 끌었다. "(나스닥 상장 전후로) 구글 주식을 사지 않은 것은 큰 실수다. IT 분야에서 누가 최후의 승자가 될지 예측하기 너무 힘들었다. 확실하지 않아 투자 대상에서 제외했는데 후회막급한 일이다. 제프 베조스가 이끄는 아마존도 마찬가지다. 베조스를 훌륭한 경영자로 존경했지만 과소평가한 측면이 있다. 그가 아마존을 이 정도로 성공시킬 것이라고는 생각하지 못했다." 구글과 아마존에 대한 투자 시기를 놓친 것을 인정한다는 말인데 자존심이 강한 버핏 회장의 고백이라 눈길을 끌었다.

버핏 회장은 많은 이가 점심 한 끼를 같이 먹는 데 수십억 원을 낼 만큼 여전히 인기가 높다. 그의 한마디가 수백억 원의 수익을 올리는 지혜를 줄 거라고 믿기 때문일 것이다. "미래를 배우기 위해 애플 같은 IT 종목에도 관심을 가져야 하지만 태양광과 풍력 등 신재생 에너지 분야에 대한 투자도 많을수록 좋다." 그가 4차 산업혁명을 앞두고 귀띔한 투자 전략이다. 확실하게 수익을 낼 종목과 미래를 배우기 위한 투자의 균형점을 노老 투자가는 어떻게 찾아나갈지 지켜봐야 할 것 같다.

달걀은 옳은 바구니
하나에 담아라

짐 로 저 스
로저스홀딩스 회장

> 달걀을 한 바구니 안에 담지 말라는 것은 투자를 중개하는 사람들이 소송당하지 않으려고 만들어낸 이론에 불과하다. 모든 달걀을 한 바구니에 담아야 큰 부자가 될 수 있다. 다만 그것이 옳은 바구니인지 유심히 살피는 게 중요하다."

세계적인 투자가이자 로저스홀딩스 회장인 짐 로저스Jim Rogers는 2015년 말 미국의 한 인터넷 언론과 인터뷰하며 이런 주장을 펼쳤다. 남들과 다르게 보는 그의 안목을 짐작할 수 있는 말이다. 일반 상식이나 진리로 여겨지는 이론조차 뒤집어 보며 돈 벌 기회를 잡았던 로저스다운 발언이기도 하다. 그는 짧은 기간 안에 엄청난 수익을 올리며 단번에 최고 투자 전문가로 부상했다. 1973년 그가 조지 소로스와 퀀텀펀드를 공동 창업한 뒤 10년간 4,200퍼센트의 수익률을 올린 것은 월가의 전설이 됐다.

미국 볼티모어 출신인 로저스는 예일대학 역사학과에 장학생으로 입학했다. 졸업 후 한 투자회사에 취직했지만 곧 영국 옥스퍼드대학에 들어가 철학과 정치, 경제 등 인문학을 공부했다. 그러면서 동아리 활동에도 적극 참여하는 등 다방면에서 재능을 보였다. 그는 퀀텀펀드가 고공행진을 하며 몸값이 최고조에 달했을 때 37세의 나이로 돌연 은퇴를 선언해 세상을 놀라게 했다.

그가 남들이 보지 못한 핵심을 꿰뚫어 볼 수 있는 비결은 다양한 경험과 현장에 있었다. 그는 경영 일선에서 물러난 뒤 오토바이를 타고 전 세계를 달렸고, 1999년부터 2002년까지 수제 벤츠를 타고 116개국을 여행하기도 했다. 각국을 돌면서 이론 뒤에 존재하는 현장과 현실을 직접 보고 경험했던 것이다. 이는 다르게 보고 다르게 투자하면서도 높은 수익률을 올리는 저력이 됐다. 그는 그렇게 많은 곳을 돌아다니는 한편 공부도 게을리하지 않았다. 이를 기반으로 컬럼비아대학 경영대학원에서 금융론을 가르치고, 방송 프로그램 진행을 맡으며 명사로 꾸준하게 활동했다. 여행과 투자 철학을 소재로 몇 권의 책을 발간해 화제가 된 적도 있었다.

그는 유독 한국과 인연이 많다. 여러 차례 방문해 강연을 하고 한국 시장에 대한 견해를 피력하기도 했다. 2013년 5월에는 고려대학에서 강연을 하면서 '다르게 보기'에 대한 비법을 이런 말로 전수했다. "학위를 따려고 하지 말고 좋아하는 것을 하라. 지금 사실이라고 믿는 것이 미래에도 유효할 것으로 보지 마라."

2017년에는 2번이나 한국을 찾아 귀를 솔깃하게 만드는 발언을 했다. 1월에 방문했을 때에는 뜬금없이 북한 성장론을 피력했다. "북한의 변화를 긍정적으로 본다. 김정은은 스위스에서 공부했다. 세상이 바뀐 것을 안다. 놀라운 변화가 일어날 것이다." 언론들과의 간담회에서 나온 말이다. '꿈의 신소재'로 불리는 그래핀을 언급하면서였다. 그래핀 원료인 흑연이 북한에 많이 매장돼 있다는 점을 주목한 것이다. "통일이 되면 그래핀 산업이 도약할 수 있다. 북한이 1980년대 중국처럼 고도성장할 수도 있는 것이다." 그의 낙관이 적중한다면 우리로서는 더 없이 좋은 일이지만 북한의 핵 도발이 갈 때까지 간 상황이라 실현되기가 쉽지는 않을 것이다.

짐 로저스는 그로부터 8개월 뒤 또 한국을 찾아 한 방송 프로그램에 강사로 출연했다. 북한의 잠재력을 말했던 그가 이번에는 한국 경제의 위기론을 펼쳐 눈길을 끌었다. "한국은 부채와 가족 경영을 하는 재벌 기업 때문에 큰 위기가 올 것이다. 주식 시가총액 30위 중 재벌 계열사가 아닌 곳이 5곳뿐이다. 세계 어느 나라도 소수 기업이 국가 경제 절반을 차지하지 않는다. 이 말은 한국 경제가 소수 기업에 매달려 있다는 의미다. 이러니 어떻게 한국에 투자할 수 있겠는가? 인구가 감소하면서 빚이 점점 늘어나는 것도 위험하다. 사람이 줄고 있는데 이 빚을 누가 갚을 것인가. 중국, 미얀마, 베트남과는 어떻게 경

쟁할 것인가.''

하지만 기자 간담회에서는 희망을 주는 메시지도 전했다. 다만 북한에 대한 맹목적 낙관이 전제된 것이라 현실성이 있는지는 의문이다. "지금 당장 한국을 투자처로서 관심을 두고 있지는 않다. 한국이 통일된다면 전 세계에서 가장 매력적인 투자처가 될 것이다. 7,500만의 인구와 노동력이 있고, 바로 옆에 중국을 두고 있기 때문이다."

그는 여전히 다르게 보는 방식으로 투자 전략을 이어가고 있다. 가장 최근 사례는 러시아 투자다. 원자재 가격 하락으로 러시아에 대한 비관적 전망이 우세함에도 불구하고 그는 러시아에 높은 점수를 주고 있다. 저평가돼 있다는 것이 주된 이유다. 이에 대해 대부분의 사람이 회의적으로 보고 있지만 러시아가 잠재력이 큰 나라인 만큼 그의 말이 맞을 수도 있다.

"주식 중개인은 택시 기사가 되는 반면 현명한 농부는 람보르기니를 몰게 될 것이다." 2012년 〈포브스〉와 인터뷰하며 로저스 회장이 강조한 이 말은 '다르게 보기'를 위트 있게 표현한 또 하나의 사례다. 결국 먹고 사는 것에 무한한 투자 기회가 있다는 뜻으로 해석할 수 있지만 선뜻 동의하기란 쉽지 않다.

끝장 정신으로
안 되면 되게 하라

조　성　진
L G　부 회 장

> 2001년 세탁기연구실장을 맡았을 때 일본을 뛰어넘는 제품을 만들기로 결심했다. 당시 세탁기 기술 수준은 일본에 훨씬 미치지 못했다. 사람들은 일본 제품을 능가하는 세탁기를 만드는 것은 불가능하다고 생각했다. 하지만 나는 뜻을 이루기 위해 공장에 침대와 주방시설을 설치해놓고 개발팀 직원들과 밤잠을 자지 않고 연구했다.”

조 부회장이 LG전자 입사 후 남들이 꺼리는 세탁기 부서를 선택해 연구실장 자리에 오른 과정을 회고하며 밝힌 말이다. 그를 처음 만난 건 2014년 어느 저녁자리에서였다. 그가 HAHome Appliance사업 본

부장으로 있을 때였다. 자신이 담당하는 사업 범위가 세탁기뿐만이 아닌데도 그는 계속 세탁기 얘기만 했다. 그것도 세탁기에 들어가는 'DD(다이렉트 드라이브) 모터'를 설명하는 데 절반 이상을 할애했다.

DD모터는 조 부회장이 1998년 세계 최초로 개발한 부품으로 세탁기 성능을 획기적으로 높였다. 이것을 가지고 세상에 없는 세탁기를 만들고 있다며 그는 흥분했다. 나중에 알았지만 당시 그가 설명한 세탁기는 2015년 출시된 '트윈워시'였다. 위쪽에는 대용량 드럼세탁기, 아래에는 미니 통돌이를 결합한 제품이다. 세탁기 얘기가 지루해 주제를 다른 곳으로 돌리려고 했지만 대화를 나누다 보면 다시 세탁기로 돌아갔다. 조 부회장을 '세탁기에 미친 사람'으로 기억하게 된 일화다.

세탁기로 세상을 보던 그는 세탁기 덕에 LG전자 단독 최고경영자에 올랐다. 이사회 의장으로도 선임됐다. LG전자의 원톱으로 가전뿐만 아니라 스마트폰까지 총괄하게 된 것이다. 하나에 몰입해 끝장을 보고 마는 그의 성향이 LG전자의 성장에 얼마나 도움이 됐는지는 시간이 지나야 제대로 평가될 것이다. 그러나 그가 재임하는 동안 LG전자의 제품 완성도가 높아진 것만은 분명하다.

조 부회장의 '끝장 정신'은 1976년 용산공고를 졸업하고 LG전자 전신인 금성사에 견습생으로 입사한 이후 40년이 지난 지금까지 변하지 않는다. 도자기 장인인 부친의 유전자를 고스란히 물려받은 그에게 세탁기는 곧 도자기였다. 세탁기와 인연을 맺은 그는 10년 넘게 제품 개발에 매달리는 동안 세탁기 장인이 되려면 일본을 넘어서야 한다는 사실을 깨달았다. 그래서 밤을 새며 연구에 연구를 거듭했다.

사실 그는 일본에 비해 크게 뒤떨어져 있고, 성공 가능성도 희박한 세탁기 부서에 굳이 가지 않아도 됐다. 그가 입사할 즈음에 가장 인기가 높았던 제품은 선풍기였다. 동료들은 모두 선풍기 개발실을 선호했다. 하지만 우수 직원으로 선발됐던 그는 세탁기 설계 분야를 선택했다. 세탁기 보급률이 0.1퍼센트도 안 될 만큼 시장이 척박했던 시기에 이런 결정을 내리기는 쉽지 않았을 것이다. 왜 그때 세탁기를 선택했냐는 질문에 조 부회장은 이렇게 말했다. "세탁기가 반드시 대중화될 것이라고 확신하고 있었다. 세탁기가 사람을 대신해 빨래하는 동안 사람들은 미래를 위해 다른 일을 할 수 있기 때문이다."

끝장을 보고 말겠다는 조 부회장의 집념은 결실을 맺기 시작했다. 이중분사 스팀세탁기와 인간의 손으로 빨래하는 효과를 내는 제품이 좋은 반응을 얻었다. 하지만 조 회장이 가장 공을 들인 세탁기는 앞서 언급한 트윈워시다. 이 제품의 개발 과정에 대해 LG전자 관계자는 이렇게 설명했다. "수직으로 도는 드럼과 수평으로 회전하는 통돌이를 합칠 때 가장 큰 문제는 심하게 떨리는 공진 현상이었다. 조 부회장은 고심을 거듭하다가 DD모터 크기를 40퍼센트 줄이고 자동차의 댐퍼 기술을 적용해 이 문제를 해결했다. 그는 완벽한 제품을 만들기 위해 2년가량 출시를 늦췄다. 8년간 150명의 인력과 200억 원을 투입했고 457개의 특허를 출원했다."

LG전자 최고경영자 자리에 오른 뒤 그는 외부 사람을 만나면 이런 말을 자주 털어놓았다. "스마트폰 30개 모델을 곁에 두고 분해했다가 다시 조립하며 연구하고 있다." "집념, 열정, 몰입을 통해 끊임없이 도전해 이기는 정신을 심겠다." 조성진 스타일의 '끝장 스마트폰'의 탄생을 예고하는 말로 들린다. 문제는 애플과 삼성전자를 비롯해 내로라하는 스마트폰 기업이 많다는 점이다. 세탁기를 정복해야 하는 과제를 안고 있었을 때보다 더 어려운 상황일 수도 있다. 끝장 정신으로 최초의 제품을 만든다 해도 전 세계를 대상으로 하는 마케팅이 뒷받침되지 않으면 성공하기 어렵다. 조 부회장이 과연 이 총체적인 난관을 어떻게 극복해 나갈까. LG 스마트폰의 성공 여부가 이에 대해 답해줄 것이다.

시장은 기술을
외면하지 않는다

히라이 가즈오

소 니　사 장

> 66
>
> 상품이 가치를 가지려면 기술이 뒷받침돼야 한다. 소니는 기술을 '모노즈쿠리(장인정신)'를 통해 완성한다. 모노즈 쿠리로 만든 상품은 소비자들에게 감동을 주고 친구들 에게 추천하게 만든다."

한 언론과 인터뷰하며 히라이 가즈오平井一夫 사장이 밝힌 말이다. 그 는 전임 회장이 소홀히 했던 기술 중시 문화를 재건하며 기회가 있을 때마다 장인정신을 강조한다. 취임 후 그는 가장 잘할 수 있는 것에 집중하며 완성도를 끌어올렸다. 4차 산업혁명의 중요 분야인 사물인 터넷에 꼭 필요한 첨단 센서를 개발한 것이 대표적이다. "센서를 깎는 장인이 돼야 한다." 히라이 사장이 자주 하는 이 말은 소니가 세계 센서 시장에서 절대 강자로 우뚝 서게 한 원동력이 됐다.

2012년 4월 소니는 창업 66년 만에 최대 위기에 직면했다. 2000년 대 들어 TV와 비디오, 오디오 등 거의 전 가전 분야에서 삼성과 LG 전자에 밀렸고, 야심찬 투자로 세계 시장의 주목을 받은 음악, 영화 등의 콘텐츠 분야도 적자가 누적돼 '빛 좋은 개살구'로 전락하고 말 았다. 기업 조직과 시스템에도 균열이 생겼다. 2005년 최고경영자에 임명된 영국 출신 하워드 스트링거 회장은 사내 경쟁체제를 구축한 다는 명분으로 부서 간 칸막이를 높였고, 때때로 심각한 갈등을 초래 하는 빌미를 제공했다. 이는 5조 원대 손실이라는 참담한 결과로 이 어졌다.

이때 구원투수로 등장한 인물이 바로 히라이 사장이다. 벼랑 끝에 선 소니의 지휘봉을 잡은 그는 곧바로 구조조정에 착수했다. 만성 적 자에 빠진 TV 사업부의 거의 모든 부분을 도려냈고, 컴퓨터 사업은 아예 접었다. 소니의 간판 브랜드인 워크맨도 누적 손실을 덜어내기 위해 분사시켰다. 강력한 구조조정 과정에서 수많은 사람이 회사를 떠났지만, 그런 각고의 노력 끝에 회생의 발판을 마련할 수 있었다.

최고경영자에 오른 직후 그는 250여 명의 내외신 기자를 모아놓고 이렇게 말했다. "지금이야말로 소니를 바꿀 시점이다. 우리는 초심으 로 돌아가야 한다. 카메라와 게임, 스마트폰에 집중해 2015년에는 흑 자로 전환할 것이다." 이후 그는 이미지 센서와 카메라, 게임 등 주력 분야에서 약진하며 수익성을 끌어올리며 꾸준히 실적을 개선해 나갔다. 동일본 지진과 환율 변동 등 예상치 못한 대외 악재를 감안하면 높게 평가할 만한 성과다.

일본 경제계에서 그는 '샐러리맨 신화'를 쓴 사람으로 명성이 높다. 부유한 가정에서 태어난 그는 어린 시절 미국과 캐나다 등 세계 곳곳을 여행했다. 이 경험은 전 세계를 상대해야 하는 다국적 기업의 경영자로 성장하는 데 자양분이 됐다. 그는 도쿄 국제기독교대학을 졸업한 뒤 1984년 소니 뮤직엔터테인먼트재팬에 평사원으로 입사했다. 마케팅 부서에서 일을 시작한 후 여러 부서에서 두각을 나타내며 미국 지사의 국제 업무를 총괄하는 자리로 승진했다. 이때 미국 현지의 능력 있는 파트너업체를 발굴하고 플레이스테이션 사업을 확장하는 데 크게 기여했다. 그의 활약에 힘입은 소니는 당시 많은 수익을 거뒀다. 소니는 2006년 그를 소니컴퓨터엔터테인먼트 부사장으로 발탁했다가 4개월 만에 사장으로 승진시켰다. 전임 사장이 실적 부진으로 경질되며 중책을 맡게 된 것이다. 이후 그룹 임원으로 자리를 옮겼고 회사가 위기에 처하면서 2012년 사령탑에 올랐다. 입사한 지 28년 만에 소니 역사상 최연소 최고경영자 자리에 올랐다.

그는 소니의 강점과 약점을 누구보다 잘 알고 있었다. 오랜 기간 근무한 덕에 소니 정신과 문화에 대해서도 정통했다. 이는 그가 추진한 사업 재편과 구조조정이 성공할 수 있는 원동력이 됐다. 소니의 아킬레스건은 기술력 부족이 아니었다. 장인정신을 바탕으로 한 소니의 기술은 일본 기업 중 최고 수준이었다. 다만 이를 제대로 활용하지 못하는 시스템이 위기를 초래했다. 최고의 기술들은 뿔뿔이 흩어져 있었고, 각 부서는 물과 기름처럼 따로 놀았다.

히라이 사장은 이런 현상을 제대로 간파했고, 모노즈쿠리의 회복을 기치로 소니의 강점들을 모았다. 외부에서는 볼 수 없는 문제를 하나씩 해결하며 전 임직원을 초심으로 돌아가게 이끌었다. 대외 변수가 너무 많고 경쟁이 치열해 그의 성공이 계속 이어질지는 미지수다. 하지만 핵심역량에 힘을 모으고 장인정신을 극대화한 일이 소니에 딱 맞는 전략인 것만은 분명하다.

모바일 시대에 걸맞게
회사의 체질을 바꿔라

브라이언 크르자니크
인 텔 회 장

66 인텔은 많은 자산과 놀라운 재능, 혁신을 실행하는 유산
을 가지고 있는 기업이다. 모바일 시대에도 이는 큰 힘이
될 것이다."

브라이언 크르자니크Brian Krzanich가 2013년 인텔의 회장을 맡게 됐
을 때 밝힌 각오는 비상했다. 인텔이 가진 저력을 믿었지만 이대로 가
다가는 몰락할 수도 있다는 위기의식이 더 강했다. 인텔은 여전히 전
세계 반도체 시장을 대표하는 간판 기업이었지만 모바일 시대에 삼
성전자를 비롯한 경쟁사들이 약진하면서 상대적으로 위축돼 있었다.
크르자니크 회장도 이를 모를 리 없었다.

그가 취임한 뒤에도 인텔의 상황은 쉽지 않았다. 그는 2016년 4월 임직원들에게 다음과 같은 메일을 보냈다. 전체 인력의 11퍼센트인 1만 2,000명을 감원한다고 발표한 직후였다. '변화의 속도를 높이려면 대규모 구조조정이 불가피하다. 향후 인터넷 연결기기 위주로 중점 사업을 바꿀 것이다.' 그 뒤 1년 동안 이 말을 실행에 옮겼다.

이스라엘 기업 모빌아이를 153억 달러에 인수하기로 한 것도 인텔을 변신시키려는 그의 전략에서 나왔다. 모빌아이는 인공지능과 카메라, 센서를 기반으로 자동차와 보행자, 신호를 감지해 자율주행을 지원하는 핵심 기술을 보유한 회사다. "자율주행 자동차에서 모빌아이는 눈이 되고 인텔칩은 두뇌 역할을 할 것이다." 그는 모빌아이 인수 의미를 이렇게 설명했다. '인텔 인사이드 카'의 등장을 예고하는 대목이기도 하다.

인텔의 최종 목표는 언제 어디서나 달릴 수 있는 완전 자율주행 자동차를 상용화하는 것이다. 이를 위해 미국과 이스라엘 등 다양한 지역에서 시험운행을 하고 있다. "완전 자율주행 자동차의 상용화 목표 시기는 2021년이다. 2035년에 8,000억 달러, 2050년까지 7조 달러에 달할 자율주행 자동차 시대에 대비하지 않는 기업은 미래가 없다." 모발아이를 인수할 무렵 인텔 관계자가 밝힌 말이다.

2013년 5월 폴 오텔리니에 이어 그가 최고경영자 자리에 올랐을 때, 인텔은 변하지 않으면 죽는다는 위기감에 휩싸여 있었다. 스마트폰 시대를 맞아 시장이 모바일 칩 중심으로 재편되고 있는데도 인텔은 여전히 PC에서 빠져나오지 못했다. 결과는 뼈아팠다. PC 판매가 부진해지자 인텔 칩 매출도 크게 줄었다. 삼성전자나 퀄컴같이 모바일 칩에 집중한 회사에 밀리면서 생존 자체가 불투명하다는 전망까지 나왔다.

크르자니크 회장은 회사를 구할 구원투수 역할을 하지 않을 수 없었다. 산호세주립대학 화학과를 졸업하고 1982년 인텔에 입사한 뒤 30년 넘게 한 우물만 판 그에게는 감당하기 벅찬 숙제였다. 그는 공장에서 생산성을 높이고 공급망을 효율적으로 관리한 덕에 최고운영책임자를 거쳐 최고경영자 자리에 올랐다. 전문 분야에서 두각을 나타내는 것도 쉬운 일은 아니지만 회사의 체질을 바꿔야 하는 최고경영자의 임무는 차원이 달랐다.

인텔의 당면 과제는 최대한 빨리 모바일 칩 회사로 변신하는 것이었다. 컴퓨터 칩 시장을 지배하던 거대 기업이 모바일 시대에 적응하는 일은 파괴적 혁신 없이는 불가능했다. 그러나 그는 당황하지 않고 이 과제를 차근차근 해결해나갔다.

자체 개발 인력을 가동해 모바일 기기에 적합한 고성능 칩을 개발하는 한편 새로운 성장 동력이 될 만한 유망 기업들을 적극적으로 인수했다. 이중 2015년 167억 달러에 사들인 알테라는 모빌아이와 더불어 자율주행 자동차 분야에서 주도권을 잡는 데 큰 역할을 할 수 있는 회사다. 인텔의 자율주행 자동차 플랫폼인 '고Go'의 완성도를 높이는 데 필요한 FPGA(수시로 재프로그램이 가능한 비메모리 반도체)에 강점이 있기 때문이다.

기존에 강점을 가지고 있었던 분야를 4차 산업혁명 시대에 적합하게 재설계한 것도 눈길을 끈다. 그는 클라우드 서비스가 확산되는 추세에 맞춰 데이터센터용 제품 개발에 박차를 가했다. 이로 인해 데이터센터에 공급하는 칩이 늘면서, 뒷걸음질 치던 컴퓨터 부문을 보완하고 이익률을 높일 수 있었다.

사물인터넷을 작동시키는 칩 수요가 급증한 것도 호재였다. 인텔은 충분한 기술력을 바탕으로 기기와 서비스에 맞춰 최적의 칩을 생산할 수 있었다. 자율주행 자동차도 넓게 보면 사물인터넷 시장에 속했다. "세상의 변화는 인텔에게는 무궁무진한 기회를 줄 것이다." 한 언론과 인터뷰하며 크르자니크 회장은 이렇게 장담했는데, 시간이 지나면 이 말이 사실인지 아닌지 증명될 것이다.

빅딜의 요령,
크게 주고 크게 받는다

이 언 리 드
화 이 자 C E O

> 인수 합병은 세계 최고의 혁신적인 바이오 제약기업이 되
> 겠다는 화이자의 사명, 혁신을 통해 환자의 삶을 획기적
> 으로 개선시키겠다는 목적, 주주를 위한 가치 최대화라
> 는 전략에 부합하는 것이다."

화이자의 CEO인 이언 리드Ian Read는 2016년 메디베이션 인수를 확
정한 후 평소 생각해온 경영철학을 이렇게 설파했다. 전문 의약품 분
야에서 세계 1위인 화이자가 항암제 개발사 메디베이션을 14억 달러
에 인수할 수 있었던 힘은 그의 경영 능력에서 나왔다.

　전립선암 치료제 중 세계 판매량 1위인 엑스탄디를 보유한 메디베이션은 종양 치료제 분야에서 우월한 경쟁력을 갖춘 회사였다. 화이자가 문을 두드리기 전에 이미 프랑스 사노피가 2번이나 인수 제안을 했는데, 결과적으로 사노피를 포함한 다른 회사들과 벌인 인수 경쟁에서 화이자의 리드 회장이 최종 승자가 됐다.

2010년 12월 제프리 킨들러에 이어 최고경영자에 오른 리드 회장은 '빅딜'에 능한 전략가로 명성이 높다. 그는 회장이 되기 직전 혁신 사업부 총괄사장을 역임했는데 이때 그가 인수한 회사가 항생제 자이복스, 폐렴구균백신 프리베나, 센트룸 등 독보적인 의약품을 가진 와이어스였다. 거래 금액이 무려 680억 달러에 달하는 빅딜이었다. 이때 엄청난 자금을 투입해 압박을 받기도 했지만 이후 와이어스의 의약품들은 화이자를 대표하는 품목으로 자리 잡았다.

취임 이후에도 리드 회장의 빅딜 본능은 멈추지 않았다. 오랫동안 공들인 끝에 그는 2015년 주사용품과 바이오시밀러 전문회사인 호스피라를 170억 달러에 인수했다. 당시 일각에서는 너무 비싸게 샀다는 지적이 있었으나 그는 "화이자 성장 전략의 퍼즐이 잘 맞추어진 것"이라며 만족했다. 뿐만 아니라 메디베이션을 인수하기 전에 아토피 치료약을 제조하는 아나코를 52억 달러에 사들였고, 유전자 치료 분야에서 두각을 나타낸 밤부 테라퓨틱스를 6억 4,500만 달러에 인수했다.

최종 계약에 이르지 못했지만 1,000억 달러가 넘는 빅딜을 시도해 주목을 받기도 했다. 2014년에는 영국의 전문의약업체인 아스트라제네카를 1,160억 달러에 인수하려고 했다가 협의 초기에 중단됐다. 아일랜드 보톡스 제조사인 앨러간을 1,600억 달러에 사기 위해 3년간 협상을 벌였지만, 화이자가 본사를 세금이 낮은 아일랜드로 이전할 거라 예상한 미국 정부의 제재로 무산됐다.

리드 회장이 대규모 인수합병에 집중한 것은 어쩔 수 없는 선택이었다. 그가 최고 자리에 올랐을 당시 화이자의 효자 상품인 고지혈증 치료제 리피토의 미국 내 특허권이 만료를 앞두고 있었다. 여기에 의약품 가격마저 떨어져 새로운 전기를 마련하지 않으면 생존을 보장할 수 없었다. 위기에 직면한 리드 회장은 '선택과 집중'을 해야 했고, 집중해야 할 분야에 대해서는 과감한 '빅딜'를 시도했던 것이다.

그렇다고 자체 연구개발을 소홀히 한 것은 아니다. 그가 취임한 이후에도 화이자는 수백억 달러를 투자한 신약을 꾸준히 내놓고 있다. 그는 다른 최고경영자들과 마찬가지로 꼭 해야 할 것엔 역량을 집중하되 불요불급한 비용을 절감하는 노력을 계속했다. 수만 명을 감원하고 비주력 사업부를 과감하게 매각한 결과, 외형은 줄었지만 수익성은 크게 올랐다.

리드 회장은 스코틀랜드에서 태어나 미국으로 귀화했다는 점에서 다국적 기업인이다. 그러나 그의 탁월한 경영 감각은 40년 가까이 의약업계에서 한 우물만 판 경험이 주효했다. 영국 임페리얼대학에서 화학을 전공한 그는 공인회계사 자격까지 획득한 뒤 1978년 화이자에 입사했다. 초기에는 회계 및 자금 부서에서 일했지만 얼마 뒤부터는 세계 곳곳에 있는 화이자 지사에서 경험을 쌓았다. 이로 인해 금융 지식과 회계, 마케팅 능력까지 겸비할 수 있었다. 지식과 실전 경험을 두루 갖춘 그는 1990년대 중반부터 남미와 캐나다, 아프리카, 중동 등 전 세계 주요 국가의 책임자로 일했다. 그렇게 10년 동안 경력을 쌓은 결과, 최고경영자에 오르기 직전에는 미국 등 일부 지역을 제외한 거의 전 지역 제약 사업을 맡는 핵심인재로 자리를 굳혔다.

대형 인수합병의 신봉자답게 그는 자유 거래를 막는 규제에 강한 불만을 갖고 있다. 미국 정부의 반대로 앨러간과의 총 3,000억 달러 규모의 빅딜이 무산된 뒤 〈월스트리트저널〉에 이런 기고문을 실었다. '망가진 미국의 조세 제도 때문에 미국 기업이 외국 기업과의 경쟁에서 불이익을 받고 있다. 외국 기업의 미국 기업 인수가 늘어난 결과 미국인들에게는 일자리가 줄어들 것이다.' 대기업이 덩치를 키우는 것에 깐깐한 잣대를 적용해야 할 때도 있겠지만 그것이 지나칠 때는 부작용이 생긴다는 지적인데 새겨들을 만하다.

자본과 기술이 시너지를 내는
접점을 파악하라

손   정   의
소프트뱅크 회장

 인간의 아이큐보다 100배 좋은 인공지능을 가진 슈퍼 인
텔리전스 컴퓨터가 30년 안에 탄생할 것이다. 컴퓨터 칩
에서 뉴런(신경세포) 역할을 하는 트렌지스터가 늘어나는
추세를 보면 충분히 가능하다. 조만간 인간 뇌의 신경세
포 수와 같은 300억 개의 트렌지스터를 탑재한 컴퓨터가
나온다. 슈퍼 인텔리전스 컴퓨터가 로봇에 탑재되면 인류
의 삶은 크게 달라진다. 2040년에는 슈퍼 인텔리전스 컴
퓨터와 사물인터넷 칩이 내장된 로봇이 세계 인구를 추
월한다. 그러나 로봇이 인류를 위협하기보다는 감염병과
핵전쟁 같은 위협을 막는 것은 물론 더 나은 삶을 향한 인

간의 동반자가 될 것이다."

소프트뱅크 회장 손정의孫正義(손 마사요시)는 2017년 열린 IT 전시회
에서 확신에 찬 어조로 미래 세계를 이렇게 전망했다. 그는 기업가다.
혁신 기술에 대한 그의 낙관론이 실제 투자로 이어진다는 점에서 학
자들의 주장과는 무게감이 다를 수밖에 없다. 그가 언급한 인공지능
과 사물인터넷, 로봇 산업에 주목해야 하는 이유다.

소프트뱅크가 2016년 영국 반도체업체인 ARM을 234억 파운드
에 사들인 것도 손 회장의 미래 설계에 따른 것이다. ARM은 스마트
폰과 사물인터넷 칩에 들어가는 반도체 분야에서 독보적인 기술과
시장점유율을 보유한 회사다. 〈파이낸셜타임스〉에 따르면 손 회장은
ARM 지분의 25퍼센트를 총 1,000억 달러 규모로 조성되는 소프트
뱅크 비전펀드에 매각하고, 이 펀드에 150억 달러를 출자하는 아랍에
미리트 투자그룹 무바달라가 이 지분을 넘겨받기로 했다. 손 회장은
지분을 팔아 확보한 돈을 ARM 인수 자금에 충당할 것으로 보인다.
그는 예전에도 기업 인수합병 과정에서 통 큰 투자와 다양한 자금 조
달 기법을 보였는데 이때도 유사한 길을 밟은 것이다.

손 회장은 수많은 투자 성공 사례를 보였다. 그중 가장 널리 알려
진 것이 중국 최대 전자상거래업체인 알리바바에 대한 투자다. 그는
1999년 베이징에서 알리바바 창업자인 마윈 회장을 만났다. 그 자리
에서 마윈으로부터 10억 명이 넘는 중국인을 대상으로 하는 전자상
거래 사업에 대한 설명을 듣고서는 바로 2,000만 달러를 베팅했다. 이

결정으로 손 회장은 15년 후인 2014년 알리바바가 나스닥에 상장할 때 600억 달러를 손에 쥐는 행운을 얻는다. 3,000배의 차익을 본 것이다.

그는 경제적으로 유복한 가정에서 자랐지만 정신적으로는 힘든 학창시절을 보냈다. 할아버지는 일본으로 밀항해 막노동을 하며 가난하게 살았고, 부친은 부동산 사업으로 많은 돈을 모았다. 대부분의 재일교포가 그랬듯 손 회장 역시 한국인이라는 이유로 차별을 받았다. 그가 고등학교를 졸업하기도 전에 미국으로 유학을 떠나기로 결심한 배경이다.

독학으로 고등학교 과정을 마친 그는 버클리대학에 입학했는데, 당시 일본어를 영어로 번역하는 장치를 개발해 100만 달러에 매각하는 등 일찌감치 사업에 재능을 발휘했다. 대학 졸업 후 미국에서 사업을 하려고 했지만 부모의 반대로 귀국했다.

이 무렵 그가 세운 회사가 소프트뱅크다. 20대 중반의 젊은 나이에 사업 경험이 부족한 탓이었는지 초기에는 시행착오를 많이 겪었다. 그러나 컴퓨터와 인터넷 등 돈이 될 만한 첨단기술을 알아보는 안목이 생기며 손을 대는 사업마다 대박에 가까운 돈을 벌었다. 1994년 소프트뱅크 상장으로 자본이 쌓이자 야후와 킹스턴테크놀로지, 지프 데이비스 등 유망 기업들을 사고 팔며 유능한 투자가로 명성을 날리기 시작했다.

물론 항상 성공하지는 않았다. 2000년대 초반 IT 시장의 거품이 꺼지며 많은 손실을 보기도 했다. 한국에서도 수십 개의 인터넷 기업에 투자하는 바람에 수천억 원을 날렸다. 인터넷의 가능성을 과대평가하며 단기간에 많은 기업에 베팅한 게 화근이었다. 소프트뱅크 주가도 폭락해 그의 성공 신화는 끝나는 듯했다.

하지만 그는 포기하지 않았다. 보다폰을 인수하는 등 무선통신사업에 진출하며 재도약의 기반을 마련했다. 2010년 이후에는 핀란드 게임업체인 슈퍼셀 등 잠재력이 큰 기업들을 인수한 뒤 가치를 높여 재매각하며 존재감을 과시했다. 슈퍼셀 지분을 약 10조 원에 중국 텐센트에 팔아 3~4배의 이익을 냈는데, 이때 확보한 자금은 ARM를 인수하는 데 큰 도움이 됐다.

손 회장의 장점은 자본과 기술이 시너지를 내는 접점을 정확하게 파악하는 능력이다. 투자를 결정할 때 그의 눈은 현재가 아닌 미래에 맞춰져 있다. 손 회장은 이렇게 말했다. "비전이 없으면 아무리 열심히 해도 그 자리에서만 빙빙 돌 수밖에 없다. 비전이란 산 정상 바라보는 것과 같다. 비전이 있으면 불필요한 움직임 없이도 큰 산에 오를 수 있다."

혁신 기술을 미리 감지하는 그의 능력은 금융을 레버리지로 활용하는 기법과 만나 부의 창출로 이어진다. 손 회장은 거금을 투자할 때 자본시장을 능숙하게 활용했다. 즉, 펀드를 만들어 투자 연합군을 끌어들이는 등 다양한 채널로 자금을 모았다.

이 과정에서 실수가 없지는 않았지만 그를 믿고 돈을 맡긴 금융기관이나 투자자 중 상당수는 큰 수익을 거둬들였다. 그의 전략을 보다 쉽게 설명하자면 한 손엔 혁신기술을, 다른 한 손엔 자본을 들고 마술을 부리며 황금을 만든 것이라 말할 수 있다. 컴퓨터와 인터넷으로 사업을 시작한 손 회장이 이제는 인공지능에 사활을 걸었다. 첨단기술과 자본을 양대 축으로 한 그의 전략이 계속 빛을 발할 수 있을까. 지금까지 그가 보여준 성과를 감안하면 그럴 가능성이 높다.

역사에서
경영의 길을 찾다

윤 동 한
한국콜마 회장

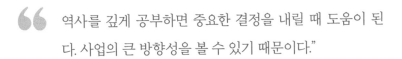

❝ 역사를 깊게 공부하면 중요한 결정을 내릴 때 도움이 된
다. 사업의 큰 방향성을 볼 수 있기 때문이다.❞

윤동한 회장과 저녁식사를 한 적이 있었다. 2시간 넘게 대화를 나눴
으나 한국콜마가 취급하는 제품에 대해서는 거의 언급하지 않았다.
이런저런 역사 이야기를 하다 보니 시간이 훌쩍 지났다. 나름 역사에
대한 지식이 많다고 자부하고 있었지만 그가 유려하게 펼치는 역사
에 대한 담론과 해석을 듣고 있노라니 시간이 어떻게 갔는지도 몰랐
다. 한참 얘기를 듣다가 갑자기 역사와 비즈니스가 어떤 관련이 있는
지 궁금해졌다. "역사를 좋아하는 것은 개인의 취향이지만 역사가 비

즈니스에 무슨 도움이 되느냐?" 이런 당돌한 질문에 대한 윤 회장의
대답이 앞서 인용한 문장이다.

그날은 유독 연암 박지원의 《열하일기》를 열정적으로 설명했다. "청
나라 황제가 왜 여름마다 열하에 갔을까? 더위를 피해 피서를 간 것
이 아니다. 당시 군사 강국이었던 몽고가 침입하는 것을 경계하기 위
해서였다." 열하는 베이징에서 동북쪽으로 약 200킬로미터 떨어진 하
북성 승덕을 말하는데 윤 회장은 그곳도 여러 번 다녀왔다며 강희제
와 옹정제, 건륭제로 이어지는 청나라 황금기 역사를 자세하게 펼쳐
보였다.

그가 최고경영자 메시지를 통해 직원들에게 다산 정약용 선생이
겸제원을 만든 일화를 소개한 일이 있다. 어려운 처지에 있는 동료에
게 도움을 주는 것이 얼마나 소중한지 전하고 싶어서였다. 역사적 사
실을 통해 메시지를 전하면 훨씬 호소력이 있다는 것을 그는 잘 알고
있었다. 그의 설명에 따르면 다산은 1797년 6월에서 1799년 4월까지
황해도 곡산도호부 부사로 있으면서 유배 온 사람을 위해 겸제원을
세웠다. 당시 유배자에게 숙식을 제공하는 문제를 놓고 갈등이 있었
는데 다산은 겸제원으로 이 문제를 해결했다. 주민들이 유배자의 생
계를 책임지는 대신 유배자는 마을 아이들을 교육하는 방식으로 보
상했다. 겸제원이라는 이름 그대로 양쪽을 다 구제한다는 목적을 달
성한 셈이다.

윤 회장의 당초 꿈은 역사 교사였다. 가정 형편이 좋았다면 그 꿈
을 이뤘을지 모른다. 하지만 대입 직전 부친이 세상을 떠났다. 그는 어

쩔 수 없이 장학금을 주는 지방대 경영학과를 선택했고 졸업 후 농협에 입사해 5년을 다니다가 대웅제약으로 직장을 옮겼다. 그는 대웅제약에서 발군의 실력으로 부사장까지 올랐다. 그러나 직장인으로는 만족하지 못했다. 새로운 일에 도전해보고 싶었던 것이다. 그래서 다소 늦은 나이에 창업의 길에 들어섰다.

윤 회장은 40대 초반이던 1990년 일본콜마와 함께 한국콜마를 설립했다. 열심히 기술을 배워 3년 후에는 직접 화장품을 개발하는 수준에 올랐다. 에스티로더를 비롯한 세계적인 화장품 기업에 제품을 공급하는 제조자 개발생산을 시작한 것이다.

그는 도전에 나설 때마다 먼저 치고 나가지 않으면 결국 도태되고 만다는 역사의 교훈을 떠올렸다. 그가 '최초'라는 가치를 중시하는 이유다. 한국콜마가 설립 이후 매년 두 자릿수 성장률을 기록한 비결도 남들보다 한 발 앞서 움직인 게 주효했다.

그는 역사를 포함한 인문학이 경영에 얼마나 중요한지, 직접 겪은 창업과 사업 경험을 바탕으로 저서를 내기도 했다. 책 제목도 《인문학이 경영 안으로 들어왔다》이다. 그동안 살아온 삶의 여정과 젊은이들이 마음에 새겨야 할 교훈 등 많은 내용을 담았는데, 세종대왕과 정약용을 비롯해 역사를 바꾼 위인들의 다양한 일화를 통해 경영자들이 명심해야 할 덕목도 빼놓지 않았다.

그의 역사 사랑은 사재를 털어 구입한 문화재를 공공 박물관에 기증하는 열정으로 이어졌다. 고려 불화인 '수월관음도'를 국립중앙박물관에 기증한 일은 유명하다. 일본 골동품 상인에게 있었던 이 작품은 자칫 일본인에게 넘어갈 수도 있었다. 우리 정부에게 팔려면 절차가 복잡했기 때문에 골동품 상인이 일반인에게 넘기려 했기 때문이다. 이 소식을 듣고 윤 회장이 나서 직접 구입해 아무 조건 없이 박물관에 넘긴 것이다.

K뷰티의 바람을 타고 한국콜마는 지속적으로 성장하고 있다. 전세계 거래처가 수백 곳에 달하고 화장품뿐 아니라 건강기능식품과 제약 분야로 사업을 확장하고 있다. 각 사업 부문의 기술을 융합하며 신규 시장을 창출하려는 포석이다. "사람은 3가지 거울을 가지고 있다. 얼굴을 보는 동경銅鏡, 마음을 보는 심경心鏡, 그리고 또 하나가 역사를 비추어 오늘을 바라보고 미래를 준비하는 사경史鏡이다." "큰 변화에 있을 때 한 발 먼저 움직이는 것이 역사의 법칙이다." 윤 회장이 경영하며 언제나 마음속에 두고 있는 문구다. 세상의 속도가 빠를 때 역사의 거울에 비춰보는 것은 기업인뿐만 아니라 모든 사람들에게 필요한 것일지도 모른다.

창조적 상술로
명품 시장을 석권한다

베르나르 아르노
L V M H 회 장

> 나는 꿈을 파는 상인이다. 명품을 소비하겠다는 꿈은 부
> 자들만 가질 수 있는 것이 아니다. 중산층도 그 꿈을 꿀
> 수 있고, 꿈을 실현할 권리가 있다."

베르나르 아르노Bernard Arnault LVMH 회장이 자신의 사명을 설명하
며 언급한 말이다. 그는 어느 나라를 방문하든 유통업계 경영진들로
부터 환영을 받는다. 백화점과 패션몰, 면세점의 구매 담당자들이 만
나고 싶어 하는 1순위 기업인이다. 이유는 간단하다. 그가 전 세계 명
품시장을 좌지우지하는 큰손이기 때문이다. LVMH는 루이비통 외에
도 크리스찬디올과 불가리, 태그호이어 등 70개 이상의 유명 브랜드

를 보유한 '명품 왕국'이다.

2016년 한국을 방문했을 때도 그는 유통기업들의 러브콜을 받았다. 서울 장충동 신라호텔에서 열린 '컨데나스트 럭셔리 콘퍼런스'에 참석하기 위해 한국을 찾았지만 당시 더 관심을 끌었던 건 국내 면세점 대표들과 가진 연쇄 면담에서 아르노 회장이 어떤 반응을 보였느냐 하는 점이었다. 신라호텔과 두산, 한화 등 면세사업에 신규 진출한 기업은 물론 기존 유통업체들도 그의 생각과 결정에 따라 명품 사업의 향배가 달라질 수 있었다.

아르노 회장이 명품 시장의 제왕이 된 비결은 '창조적 상술'에 있다. 그가 인수한 유명 브랜드 중 상당수는 역사는 길지만 상업화에 실패해 몰락할 위기에 처해 있었다. 그가 부친의 부동산 사업을 물려받아 모은 자금으로 제일 처음 인수한 크리스찬디올의 모기업 '부삭'이 대표적이다. 하지만 부삭 인수는 시발점에 불과했다. 그는 제품의 완성도는 높지만 공방의 한계를 벗어나지 못한 브랜드들을 연이어 사들였다. 1989년에는 18억 달러에 지분 24퍼센트를 확보한 루이비통을 포함해 지방시와 겐조, 태그호이어, 펜디 등 내로라하는 유명 브랜드들이 아르노 회장의 품에 들어갔다. 이 때문에 자존심은 강하지만 상술은 부족한 명품 시장에 파란이 일었다.

그는 구멍가게 방식의 가족경영에 머물러 있던 브랜드에 상업화와 글로벌화라는 새로운 유전자를 불어넣었다. 일각에서는 명품의 품격을 떨어뜨리는 천박한 상술이며 비정한 기업 사냥꾼의 폭거라고 비난했다. 그러나 그는 흔들리지 않고 자신만의 길을 걸어갔다. 죽어가는 브랜드를 살리려면 부유층뿐 아니라 중산층도 명품을 소비할 수 있는 환경을 만들어야 한다고 판단했다.

이를 위해 기존 경영진의 극심한 반대에도 불구하고 다양한 가격대의 품목을 선보였다. 루이비통 브랜드를 부착한 손지갑과 스카프 등 각종 소품들이 탄생한 배경이다. 비슷한 전략을 다른 명품 브랜드에도 적용해 유통망을 계속 확장해나갔다. 그 결과 아르노 회장은 전세계 명품시장을 주름잡는 거물로 부상했다.

하지만 '상업화'와 '글로벌화'라는 눈부신 성공 뒤에는 '창조성'을 핵심가치로 삼는 그의 신념이 작용했다. 그는 최고의 명품 브랜드를 만들려면 디자이너의 역할이 가장 중요하다고 생각했다. 마크 제이콥스, 알렉산더 매퀸, 존 갈리아노 등 명성과 실력을 겸비한 디자이너를 기용해 창의적인 상품들을 개발한 것이 그 증거다.

역사와 전통을 가진 브랜드에 창조적 상술을 입힌 파괴력은 대단했다. 그가 인수한 명품 브랜드는 다시 살아나는 수준을 넘어 날개를 달고 훨훨 날았다. 미국과 유럽의 주요 도시 뿐만 아니라 신흥국에도 진출해 한동안 20퍼센트에 가까운 성장률을 보였다. 1990년대 들어서는 중국에도 진출했고 2009년에는 몽골까지 진출하며 세계 경영을 완성해나가고 있다.

아르노 회장은 명석한 두뇌의 소유자였다. 프랑스 명문인 에콜폴리테크니크에서 공학을 공부했다. 그러나 졸업 후에는 엔지니어의 길을 걷는 대신 부친의 회사에 들어갔다. 여기서 그는 기업 경영을 체득할 수 있었다. 하지만 몇 년 만에 회사의 한계를 간파한 그는 수익성이 없는 사업을 매각한 뒤 부동산 시장에 뛰어들었다. 이 결단은 그에게 큰돈을 벌 수 있는 기회를 제공했고, 훗날 명품 브랜드들을 인수하는 밑바탕이 됐다.

소비층의 저변을 넓힌 그의 창조적 상술은 시장을 보는 안목에 기반한 것이기도 하다. 그는 2017년 CNBC와 인터뷰하며 예상보다 훨씬 큰 침체가 몰려올지 모른다고 경고했다. "당장은 느껴지지 않지만 금융위기가 아주 가까이 와 있을지 모른다. 저금리로 엄청난 돈이 전 세계에 흘러넘쳐서인지 주가가 너무 높다. 지구촌 차원의 위기를 피할 수 있으리라고 생각하지 않는다."

그의 경고가 얼마나 정확할지는 좀 더 두고 봐야 할 것이다. 그러나 그가 소유한 명품 브랜드들이 과거 세계 경기가 침체했던 시기에도 매출과 영업이익에서 꾸준한 성장세를 기록했다는 사실을 명심할 필요가 있다. 그의 말을 흘려들어서는 안 된다는 것이다. 스스로를 '꿈을 파는 상인'이라고 한 아르노 회장의 창조적 상술은 명품 분야뿐만 아니라 다른 산업에 속한 기업인들도 벤치마킹할 가치가 있다.

본질가치를 지키려면
더 과감해져야 한다

루 퍼 트 머 독
뉴스코퍼레이션 회장

> 66 신문사의 본질적 사업은 종이에 인쇄를 하는 것이 아니
> 라 독자에게 좋은 기사를 제공하는 것이다. 종이 신문의
> 발행 부수는 감소할 수 있지만 웹사이트나 전자우편으로
> 전달되는 기사와 광고는 증가할 수밖에 없다."

미디어 재벌 루퍼트 머독Rupert Murdoch은 2008년 호주의 한 라디오
방송 강연에서 신문 산업이 망하기는커녕 새로운 전성기를 맞을 것이
라며 이렇게 말했다. 구글 같은 포털이 빠른 속도로 기존 미디어를 대
체하고 있는 시대에 나온 주장이라 사람들은 어안이 벙벙했다. 더구
나 이 말을 하기 한 해 전인 2007년 애플의 아이폰이 등장해 모바일

마저 신문을 위협하고 있는 상황이었다. 하지만 당시 그가 했던 발언을 곱씹어 보면 미디어 산업에 대한 그만의 통찰력을 읽을 수 있다.

머독 회장이 소유한 21세기폭스가 영국 위성방송 스카이 주식의 60.9퍼센트를 140억 달러에 인수하려고 한 것은 미디어의 본질가치를 중요하게 여기는 그의 경영철학을 다시 한 번 생각하게 한다. 21세기폭스는 이미 스카이 지분의 39퍼센트를 보유하고 있고 머독 회장의 아들인 제임스 머독이 스카이 회장과 이사회 의장을 겸하고 있어 추가 지분을 인수하면 완벽한 지배가 가능해진다. 그가 스카이에 눈독을 들이는 이유는 미디어의 생명인 회원의 규모와 수준, 분포가 매력적이기 때문이었다. 스카이 유료 시청자는 영국을 필두로 유럽 전역에 퍼져 있고 그 수도 2,000만 명을 훌쩍 넘는다. 폭스그룹와 결합하면 시너지가 클 뿐만 아니라 유럽에서 영향력을 확대하는 데도 유리할 것이라는 사실을 머독 회장은 주목했을 것이다.

이 때문에 머독 회장은 오래 전부터 스카이를 손에 넣기 위해 공을 들였다. 2010년 인수에 나섰지만 이듬해 머독 회장이 소유한 영국의 타블로이드지 〈뉴스오브더월드〉의 불법 도청 사건으로 역풍이 불면서 실패했다. 그러나 포기하지 않고 호시탐탐 기회를 노리고 있다가 2016년 다시 협상에 들어갔다. 브렉시트로 파운드화가 폭락하며 스카이 주가가 떨어지고 반대 여론이 잠잠해진 것도 호기로 작용했다.

한동안 잠잠했던 머독 회장이 다시 주목을 받은 것은 그의 경영 복귀 선언 때문이었다. 21세기폭스 사령탑이던 로저 에일스 회장이 여성 앵커를 상습 성추행했다는 추문으로 경질되자 노구에도 불구하고 머독 회장이 전면에 나선 것이다. 그가 다른 최고경영자를 임명하지 않고 직접 수습하려고 한 배경에는 2016년 미국 대통령 선거 방송으로 한창 고공행진하고 있던 폭스 뉴스의 인기를 유지하기 위한 측면도 있었지만 스카이 인수를 위한 물밑 협상도 있었을 것이다. 스카이 인수를 통해 미디어 제국의 영토를 넓히고 폭스의 본질가치를 높이려는 의도가 강했을 것이란 얘기다. 그해 1월 제임스 머독을 스카이 회장에 앉힌 것도 같은 맥락으로 볼 수 있다.

호주 태생인 머독은 미디어와 떼려야 뗄 수 없는 관계에 있다. 성공한 저널리스트였던 그의 부친은 편집국장을 거쳐 신문사 사주 자리에 올랐다. 호주 정부에서 고위 공직자로 생활하기도 했다. 머독은 부친의 영향을 받아 어릴 때부터 신문에 관심이 많았다. 영국 옥스퍼드 대학에서 철학과 정치경제학을 전공한 그는 20대 초반 부친이 세상을 뜨자 가업인 미디어 회사를 물려받았다. 미디어에 대한 관심은 부친과 비슷했지만 기업을 경영하는 방식은 달랐다. 내실을 키우기보다는 끊임없는 인수합병으로 몸집을 불렸던 것이다. 그것이 미디어의 위상과 입지를 굳건히 할 것으로 본 것이다. 미디어는 영향력이 커지면 본질가치도 올라갈 것이라는 계산도 깔려 있었다.

호주에서 최대 미디어 경영자로 자리 잡은 그는 영국 시장에 진출했다. 시차를 두고 〈더 선〉과 〈더 타임스〉, 〈더 선데이타임스〉 등을 사들였다. 그는 매체를 인수한 뒤 강력한 구조조정과 자동화, 효율화를 통해 알짜 기업으로 바꿔 놓았다. 이 과정에서 노동자들의 반발도 있었고, 비정한 기업인이라는 비난도 들었다.

그가 미디어 황제로 등극한 것은 미국으로 귀화한 일이 계기가 됐다. 이미 미국 매체를 몇 개 소유하고 있던 머독 회장은 1980년대 중반 20세기폭스를 비롯해 다수의 방송국을 인수했다. 폭스그룹은 이렇게 첫발을 뗐다. 이후 케이블 채널과 위성방송 등으로 제국의 경계를 넓히며 지금의 머독이 된 것이다.

그가 쥐고 있는 매체 중에는 〈월스트리트저널〉 등 유력 언론이 다수 포함돼 있다. 정치적 영향력과 돈을 위해서는 수단과 방법을 가리지 않는 악덕 자본가, 극단적 보수주의자라는 악평도 있지만 본질가치에 수십조 원을 베팅하는 그의 과감성은 기업인들이 벤치마킹할 만한 덕목인 것만은 분명하다.

손톱만 한 디테일이
성패를 좌우한다

허 영 인
SPC그룹 회장

> 빵을 수백만 개 만들어도 소비자는 빵 한 개를 산다. 한
> 개라도 좋지 못한 빵이 나오면 그것을 사먹는 사람은 빵
> 이 나쁘다고 한다."

허영인 SPC그룹 회장이 금과옥조로 여기는 선친의 유언이다. 최고경
영자는 작은 것 하나라도 놓쳐서는 안 된다는 의미로 읽을 수 있다.
허 회장이 디테일을 얼마나 중요하게 생각하는지 엿볼 수 있는 말이
기도 하다.

작은 사안까지 집요하게 살피는 허 회장의 진면목을 알 수 있는 행
사가 있다. 서울 양재동 SPC그룹 본사에 위치한 연구개발센터에서 거

의 매주 열리는 '이노베이션 랩'이다. 이 행사에는 파리바게뜨를 비롯한 계열사 신제품을 놓고 경영진이 모여 시식하는 일정이 있다. 주목해야 할 대목은 열리는 시간이다. 언제나 오후 2시로 똑같다. 그 이유를 허 회장은 이렇게 설명한다. "배가 고플 때는 어떤 것을 먹어도 맛있기 때문에 신제품을 제대로 평가할 수 없다. 점심 식사 후 배가 부른 상황에서도 더 먹고 싶은 맛을 내야 성공할 수 있다."

허 회장이 국내에 고급 빵 시장을 연 파리크라상은 30년 넘게 장수하고 있다. 수많은 제빵업체가 명멸하는 동안 파리크라상이 지속 성장한 것에는 그가 디테일한 부분까지 꼼꼼하게 챙긴 덕이 컸다. 그는 대학에서 경제학을 전공했지만 제빵업체를 경영하려면 '빵의 모든 것'을 섭력해야 한다고 생각해 1981년 미국으로 건너가 AIBAmerican Institute of Baking에 입학했다. 그는 '빵 박사'가 돼 한국으로 돌아왔다.

빵 박사인 허 회장이 진가를 발휘한 일이 있다. 프랑스 정통 바게트를 자체 개발하려고 했지만 제 맛이 나오지 않았다. 원료와 제조 과정을 현미경으로 들여다보듯 보니 원료부터 공정까지 모두 문제가 있었다. 그는 프랑스에서 밀(원맥)을 수입하고 제분 기술자까지 초빙해 비게트 전용 밀가루를 만들었다. 빵을 구울 때도 프랑스 돌 오븐을 사용했다. 모든 디테일을 만족시키고 나니 드디어 프랑스에서 맛보았던 바게트가 탄생했다.

2005년 11월 착수해 11년 만에 결실을 본 토종 천연효모 발굴 프로젝트도 세밀한 것까지 챙겨야 한다는 신념에서 나온 것이다. 효모는 빵맛을 결정하는 핵심 원료지만 자체 개발이 쉽지 않았다. 수입산을 쓴다고 뭐라 하는 사람은 없었다. 그럼에도 허 회장은 디테일이 중요하다고 생각해 1만 종이 넘는 미생물을 연구한 끝에 천연효모를 찾아냈다.

허 회장은 삼립식품을 설립한 허창성 회장의 차남으로 2세 경영자다. 삼립식품 계열인 샤니를 물려받았지만 1986년 파리크라상을 설립하며 창업 1세대 못지않게 전혀 다른 길을 개척했다. 그는 기존 제과점과 차별화하는 것에 가장 역점을 뒀다. 신선도를 유지하기 위한 시스템을 도입하고 다양한 종류의 빵을 개발했다. 매장 분위기를 고급화한 것도 좋은 반응을 얻었던 요인이다.

'파리바게뜨'라는 브랜드로 프랜차이즈 사업을 벌인 것은 신의 한 수였다. 디테일에 강한 허 회장은 사업의 성공을 위해 신제품 개발에서 품질과 가맹 사업자 관리, 서비스 등 모든 것에 소홀함이 없도록 시스템을 구축했다. 이는 국내 제빵 시장을 확대하는 기폭제가 되기도 했다. 크라운제과와 CJ의 뚜레쥬르 등 파리바게뜨를 벤치마킹한 후발 주자들이 잇따라 프랜차이즈 사업을 시작했던 것이다.

경쟁사의 등장과 골목 상권 보호를 명분으로 정부가 시행한 출점 규제 등으로 어려움이 있었지만 허 회장은 초심을 잃지 않았다. 외부 환경 변화에 위축되지 않고 다양한 맛의 빵을 만들고 한 발 앞선 서비스와 마케팅을 선보였다. 기본에 충실했던 것이다.

국내 시장만으로는 성장에 한계가 있다고 판단해 국외로 눈을 돌린 것도 주효했다. 중국에 치우친 면이 없지 않지만 미국과 유럽, 동남아 등 다른 지역에서도 좋은 반응을 얻고 있어 전망은 밝은 편이다. 허 회장은 창립 30주년 기념행사 때 2030년까지 해외 매장을 3,000개 이상으로 늘린다는 포부를 밝힌 바 있다.

업계에서는 파리바게뜨의 성공을 견인했던 두 축이 철저한 관리 시스템과 연구개발이라고 보는 평가가 많다. 모두 작은 부분까지 꼼꼼하게 챙겨야 성과를 낼 수 있는 분야다. 그가 이룬 것들이 다름 아닌 디테일 경영에 기반을 뒀다는 것을 새삼 확인하게 된다.

진정한 솔루션은
현장에서 나온다

케빈 플랭크
언더아머 회장

> ❝ 이기고자 하는 열정과 의지가 있으면 못할 것이 없다. 아무리 큰 장벽이라 해도 계속 부딪치다 보면 솔루션을 찾을 수 있을 것이다.❞

미국의 한 언론과 인터뷰하며 언더아머 회장 케빈 플랭크Kevin Plank가 던진 메시지다. 그의 이런 태도는 의류의 새로운 지평을 여는 것으로 확대됐다. 그는 2016년 세계 최대 전자 전시회인 CES의 기조 연설자로 나섰는데 그때 화제에 오른 것이 '언더아머 헬스박스'다. 스포츠 의류가 IT의 총아가 될 것이라고 생각하는 사람은 별로 없다. 의류와 IT의 결합이 불가능한 것은 아니지만 이를 상용화하는 건 전혀 다른 문제이기 때문이다. 하지만 플랭크 회장은 건강 정보를 분석해 알려주는 언더아머 헬스박스를 중심으로 스포츠 의류와 헬스, IT를 융합하는 혁신이 가능할 것이라고 역설했다.

1년 후 그는 같은 행사에서 보다 진전된 기술을 선보였다. 웨어러블 기기와 결합해 착용자의 활동 경로를 알려주거나 영양 상태, 운동 기록 등을 관리할 수 있는 각종 애플리케이션이 그것이다. 스포츠 의류를 입고, 신발을 착용하는 것만으로 자신의 운동량과 몸 상태를 알 수 있는 시대를 가져온 것이다. 예를 들어 칩을 장착한 스마트 운동화는 모든 운동 기록을 분석해 스마트폰으로 전송해준다. 운동선수는 달린 거리와 평균 속도, 칼로리 소모량 등을 즉시 확인할 수 있고, 이 데이터를 기량을 높이는 데 활용할 수 있다. 언더아머의 강점인 기능성을 한층 더 강화한 제품도 꾸준히 내놓고 있다. 스마트 잠옷도 그중 하나인데, 내부에 특별한 패턴을 넣어 땀을 흡수하는 동시에 원적외선이 나오도록 개발됐다.

플랭크 회장은 20대 중반이던 1996년 언더아머를 설립했다. 언더아머는 기능성이 확실한 제품들을 선보이며 스포츠산업의 혁신 아이콘으로 떠올랐다. 성공 요인을 설명해 달라는 요청에 그는 다음과 같이 짧게 대답했다. "열정과 디자인, 혁신이라는 문화를 담으려고 노력한 결과다."

플랭크 회장의 경영전략은 3가지로 요약된다. 솔루션과 입소문, 언더독이 그것이다. 솔루션이 중요하다는 자각은 순전히 그의 개인 경험에서 비롯됐다. 메릴랜드대학 풋볼 선수였던 그는 유독 땀이 많았는지 시합 때마다 유니폼이 흠뻑 젖었다. 경기력 향상을 위해 땀에 잘 젖지 않는 운동복을 만들 수는 없는지 의문을 갖게 됐고, 이에 대한 솔루션을 찾은 게 사업의 시발점이었다. 운 좋게도 그는 땀 문제를 해결할 수 있는 합성섬유를 발견했고 이는 언더아머의 기능성 스포츠웨어가 탄생하는 기반이 됐다.

입소문 역시 언더아머를 단기간에 최고 브랜드로 키운 전략이었다. 사업 초기 플랭크 회장은 시제품을 의도적으로 대학 동료 선수들에게 입혔다. 평소 안면이 있던 대학 운동장비 관리자들도 언더아머 브랜드를 소문내는 매개자로 활용했다. 효과는 훌륭했다. 기능성 옷을 입어본 선수들은 동료들이 모인 자리에서 침이 마르도록 언더아머를 칭찬했다. 장비관리자들도 마찬가지였다. 그들은 플랭크 회장의 적극적인 지원에 깊은 인상을 받아 언더아머의 충실한 고객이 됐다.

언더독 전략은 승률은 낮지만 잠재력이 큰 선수를 광고 모델로 채택하는 것이었다. 그가 운동선수 출신이 아니었으면 구사하지 못했을 마케팅 기법이었다. 그는 예리한 눈으로 후보자를 물색했는데 다른 브랜드에 비해 성공률이 매우 높았다. 농구의 스테판 커리와 골프의 조던 스피스, 야구의 클레이튼 커쇼, 테니스의 앤디 머레이 등이 언더아머의 대표적인 언더독 사례다.

하지만 언더아머가 매년 20~30퍼센트 성장하며 창업 18년 만인 2014년 스포츠 명가인 아디다스를 제치고 나이키에 이어 세계 2위를 차지하는 신화를 쓸 수 있었던 것은 플랭크 회장의 악착같은 승부근성을 빼놓고는 이야기할 수 없다. "머릿속으로만 사업 계획을 세우지 말고 현장으로 가서 문제를 해결하는 자세가 필요하다." 미국의 한 언론 인터뷰 중에 그가 강조한 말인데 소비자가 원하는 솔루션과 혁신은 현장에서 찾아야 한다는 통찰력을 읽을 수 있다.

재무적 가치만 키우면
사회적 가치가 망가진다

최 태 원
S K 회 장

❝ 마을에 쥐들이 창궐하고 있다. 사자와 개는 쥐를 잡지 못
한다. 고양이가 제격인데 특히 흰 고양이는 새끼를 낳을
수 있는 어미 쥐를 잘 잡는다. 흰 고양이가 쥐를 잡을 때
마다 많은 생선을 준다면 문제를 해결할 수 있지 않을까."

최태원 SK 회장이 2014년 펴낸 《새로운 모색, 사회적 기업》에서 밝힌
'흰 고양이 이론(백묘론)'이다. 그는 이 우화를 통해 사회적 기업이 어
떤 존재인지 설명하고 그것을 육성할 필요가 있다고 역설한다.

그의 비유를 좀 더 살펴보자. 쥐는 우리 사회가 해결해야 할 골치
아픈 문제를 뜻한다. 부의 양극화와 실업, 생계형 범죄 등이 그것이다.

사자는 국가를 운영하는 정부, 개는 영리를 추구하는 일반 기업이다. 고양이는 사회적 기업을 말하고 생선은 인센티브를 뜻한다. 흰 고양이는 사회적 가치를 극대화할 수 있는 기업이다.

최 회장은 SK 같은 대기업이 흰 고양이들에게 생선을 줄 여력이 크다고 확신한다. 그가 SK 주요 계열사들의 정관에 '사회적 가치 창출'이라는 목적을 넣도록 한 것도 이런 철학을 반영한 것이다. 계열사 경영진들이 꼭 이 항목을 넣어야 하느냐고 문의했을 때 최 회장은 이렇게 말했다. "많은 자산을 사회적 기업들과 공유한다면 대기업들도 지평을 넓힐 수 있다."

SK는 해마다 '사회성과 인센티브 어워드'라는 행사를 연다. 사회적 가치와 재무성과를 동시에 높인 사회적 기업들에게 상을 주는 이벤트다. 특별한 일정이 없으면 최 회장이 직접 참석해 사회적 기업의 가치와 대기업의 역할을 설명한다.

최 회장은 사회적 기업이 소외계층을 지원하고 양극화를 해소하는 등 당면 문제를 해결하는 열쇠가 될 것이라고 주장해왔다. 2017년 열린 행사에서도 같은 논리를 펼쳤다. "기업은 돈 버는 것 외에 다른 가치를 추구해야 한디. 착한 일도 그중 하나다. 이를 평가해 인센티브를 주면 더 많은 사회적 기업이 생길 거라고 생각한다."

사회적 기업이 지속가능하려면 인건비를 비롯한 고정비를 충당할 정도의 수익을 내야 한다. 인력과 판로 확보 측면에서 일반 기업보다 불리한 사회적 기업으로서는 쉽지 않은 일이다. 최 회장이 사회성과 인센티브가 필요하다고 생각한 이유다. 사회적 기업을 키우겠다는 그의 열정은 일반 사업을 할 때도 나타난다. SK하이닉스를 인수하고 반도체 사업을 펼치는 과정을 보면 짐작할 수 있다. SK하이닉스 인수 직후 그는 '딥 체인지(근본적 변화)'를 주창하며 투자를 확대했다. 이는 반도체 호황과 맞물려 사상 최대 실적으로 이어졌다.

최 회장은 2017년 8월 하이닉스 공장이 있는 이천의 SKMS연구소에서 각계 석학들을 초청해 첫 '이천포럼'을 주관했는데, 이 자리에서 그는 사회적 가치와 딥 체인지를 동시에 주문했다. "기업이 재무적 가치인 근육만 키우다 보면 사회적 가치라고 할 있는 관절이 망가진다. 근육만 키우면 안 되니까 관절운동을 하자는 것이 SK의 사회 혁신이다. 딥 체인지를 강조하는 것은 외부에 작용하는 충격을 기업이 견디지 못하면 파산하고 죽기 때문이다. 변화의 속도가 더 빨라지고 외부 충격이 세지면 혼자 생존하기는 힘들다. 한국은 다른 나라보다 변화의 속도가 빠른 편이다. 여기에 적응하는 방법을 찾아야 한다."

변화에 대한 최 회장의 신념은 집착에 가까울 만큼 강하다. 그는 주요 계열사 경영진이 모두 모인 경영전략회의에서 '변하지 않으면 곧바로 죽는다'는 말까지 했다. SK텔레콤과 하이닉스, 이노베이션 등 주력 계열사의 실적이 호조를 보이고 있을 때도 마찬가지였다. 잘나갈 때 변화에 대비하지 않으면 반드시 위기가 온다고 강조한다. "국내 다른 기업에 비해 영업이익률이 높고 더 많이 성장했다고 만족해서는 안 된다. 세계 시장에서 날고뛰는 기업들과 비교하면 결코 만족할 만한 수준이 아니다." '갑작스런 죽음'이라는 단어를 언급한 뒤 경영진에게 강조한 메시지다.

하지만 최 회장의 궁극적 비전은 사회 공유 가치를 극대화하는, 기업의 '딥 체인지'일 것이다. 그는 이윤을 위해 환경을 파괴하고 근로자를 착취하며 인간을 소외시키는 기업이 아닌 인류 행복에 기여하는 기업들이 넘치는 세상을 꿈꾼다. 유능한 사자와 착한 개, 흰 고양이가 많다면 충분히 실현될 수 있는 꿈이라고 최 회장은 믿고 있다.

우리에겐 독자의 시선을 끄는 게
가장 중요하다

조나 페레티
버즈피드 CEO

 대부분의 독자는 그들의 시선을 끄는 것에 반응할 뿐 저
널리즘 여부에는 아무 관심이 없다. 버즈피드는 (언론이
아니라) 최고의 기술을 가진 크로스 플랫폼일 뿐이다. 모
바일과 SNS, 비디오의 융합은 새로운 콘텐츠 유통 방식을
만들었다. 이 콘텐츠를 소비하는 사람들은 국경 없는 전
세계 대중이기 때문에 폭발력이 크다.”

버즈피드의 CEO 조나 페레티Jonah Peretti는 2016년 2월 모바일월드
콩그레스MWC에서 언론계가 들으면 깜짝 놀랄 만한 주장들을 거침
없이 쏟아냈다. 그러나 버즈피드의 행보를 보면 이 말이 무슨 의미인

지 단박에 알 수 있다. 저널리즘의 규칙과는 거리가 멀지만 콘텐츠 소비자들이 관심을 가질 만한 내용으로 가득 차 있기 때문이다. 일상생활과 밀접한 주제들이 주류를 이루고 있고 동영상과 사진, 퀴즈 등 전달방식 또한 흥미를 끌기에 충분하다.

그러나 버즈피드가 흥미 위주의 가벼운 콘텐츠만 다루는 것은 아니다. 독자들이 알아야 할 내용이라면 눈치 보지 않고 기사를 올리기도 한다. 이 또한 기존 언론에서는 보기 힘든 모습이다. 한마디로 언론 관행을 부수는 우상 파괴 전략이라 할 수 있다. 도널드 트럼프와 힐러리 클린턴이 한창 미국 대통령 선거전을 벌일 때 버즈피드에 실린 기사가 단적인 예다.

"(미국의 유력 대선 후보인) 도널드 트럼프가 많은 미국인을 살해한 테러리즘의 배후인 리비아의 독재자 무아마르 카다피와 투자 파트너십을 맺으려 했던 것으로 드러났다. 그가 자신의 웨체스터 땅을 임대하고 그곳에서 리비아 대사와 골프를 치려고 했다는 것이다. 소식통에 따르면 그는 카다피가 실각되기 2년 전 리비아 정부로부터 돈을 받으려고 했고, 카다피를 직접 만날 계획이었다." 버즈피드는 이런 내용의 기사를 뉴스 화면의 맨 위에 올려 많은 독자를 끌어모았다.

이에 앞서 조나 페레티는 직원들에게 이런 메모를 남겼다. "공화당 전국위원회RNC에 트럼프를 대통령으로 지지하는 광고를 게재하지 않겠다고 통보했다. 무슬림의 미국 입국을 금지하겠다는 등 트럼프의 대선 캠페인이 미국과 전 세계에 있는 버즈피드 직원들의 자유에 반하기 때문이다." 이 결정은 페레티의 정치적 성향을 드러낸 것이기도 하지만 좀 더 넓은 시각에서 보면 그가 자유로운 활동과 혁신을 억압하는 무리와 어울리기 힘든 인물이라는 것을 보여준다. 또 전통과 권위에 매몰된 미디어업계의 각종 우상들을 파괴하는 버즈피드의 전략을 이해하는 데도 도움이 된다.

미국 블로그뉴스의 선두주자인 〈허핑턴포스트〉의 공동 창업자이기도 한 페레티는 2006년 버즈피드를 설립하면서 기존 신문과 방송, 통신은 허깨비이자 사라질 우상에 불과하다고 생각했다. 이런 판단하에 그는 콘텐츠 생산과 접근, 전달 등 모든 것을 뒤집었다. 트럼프 대통령 관련 특종 같은 심각한 기사를 배제하지는 않지만, 버즈피드를 채운 대부분의 콘텐츠는 건강한 음식의 비밀, 스마트한 사람들이 좋아하는 농담, 스마트폰으로 사진 잘 찍는 법 등 쉽게 읽히면서도 생활에 도움이 되는 정보들로 구성된다.

수익 확대를 위해 어쩔 수 없이 배너 광고를 일부 게재하고 있지만 네이티브 광고에 더욱 주력한 것도 기존 온라인 언론들과 차별화한 점이다. 기사 형태로 노출되는 네이티브 광고는 기업 입장에서는 만족스럽지 못한 측면이 있지만 독자의 눈길을 사로잡는 효과가 높은 편이다.

이런 일련의 혁신은 페레티가 기존 미디어를 위협하며 독자를 확대한 원동력이 됐다. 2015년에는 NBC유니버설로부터 2억 달러를 투자받은 뒤 조회 수가 수천만 건에 달하는 1분짜리 동영상을 다수 제작해 세상을 놀라게 했다.

아직 덩치는 작지만 버즈피드의 기업가치가 수십억 달러, 월 접속

자도 수억 명에 달한다. 그만큼 성장 잠재력이 크다는 의미다. 〈뉴욕 타임스〉는 2014년 혁신보고서에서 버즈피드를 가장 강력한 경쟁매체로 꼽기도 했다. 독자의 시선을 끄는 게 중요하지 저널리즘은 고려할 필요가 없다는 페레티의 주장이 상업주의에 치우친 면이 없지 않지만, 입으로만 '저널리즘의 위기'를 떠드는 정통 매체들의 외침을 공허하게 만드는 선전포고로도 들린다.

140자의 간결미를
포기할 수는 없다

잭 도 시
트위터 창업자

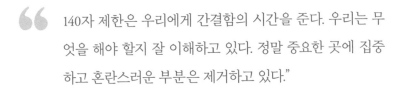

140자 제한은 우리에게 간결함의 시간을 준다. 우리는 무
엇을 해야 할지 잘 이해하고 있다. 정말 중요한 곳에 집중
하고 혼란스러운 부분은 제거하고 있다."

트위터가 성장하려면 단문 정책을 포기해야 한다는 주장에 잭 도시
Jack Dorsey의 답변은 한결같다. 140자 제한은 여전히 단점보다는 장점
이 많다는 것이다. 그는 단문의 간결미를 설파하면서 트위터의 성공
을 이렇게 강조했다. "전 세계가 트위터를 주목하고 있다. 지금 당장은
모든 사람의 기대를 충족시키지 못할 수도 있지만, 트위터의 영향력
과 임팩트를 고려하면 반드시 성장할 것이다."

그의 철학을 가장 잘 이해하고 실행에 옮기고 있는 고객 중 한 명이 도널드 트럼프 대통령일 것이다. 사실 트럼프 대통령은 트위터 입장에서 애증의 대상이다. 페이스북과 인스타그램, 스냅챗에 밀려 사용자가 줄고 있는 상황에서 트럼프 대통령의 트윗 정치로 반등의 기회를 얻었다는 점에서는 고맙지만 시도 때도 없이 도마에 오르는 트럼프 대통령의 막말은 트위터의 브랜드에 부정적이라는 측면에서 반길 일은 아니다.

트위터 공동창업자인 잭 도시와 에반 윌리엄스가 트럼프 대통령의 트윗 정치를 놓고 한때 공방을 벌인 것도 이런 양면성 때문이다. 의견을 먼저 표명한 사람은 도시였다. 그는 미국의 한 언론과의 인터뷰에서 "지도자로부터 직접 얘기를 듣는 건 중요하다"며 트럼프 대통령의 트윗 정치를 높게 평가했다. 윌리엄스는 곧바로 트럼프의 트윗 정치에 유감을 표명하며 도시의 발언에 이의를 제기했다. "트럼트가 대통령에 당선되는 데 트위터가 큰 역할을 했다면 그것은 나쁜 것이다." 이에 대한 판단은 정치 성향에 따라 다르겠지만 미국 대통령의 트윗 정치가 궁지에 몰린 트위터의 숨통을 터 준 것만은 분명하다. 트위터의 부활을 위해 열심히 뛰고 있는 도시에게도 큰 도움이 됐을 게 틀림없다.

2006년 도시가 첫 트윗을 날린 뒤 트위터는 SNS의 총아로 부상했다. 창업 5년째인 2011년 1억 개 넘는 트윗이 매일 올라왔고 수십만 명이 계정을 만들었다. 그러나 수익성이 문제였다. 페이스북이 다양한 방식으로 큰돈을 버는 동안 트위터는 이렇다 할 히트상품을 찾지 못해 고전을 거듭했다. 2013년 10조 원이 훌쩍 넘는 기업가치를 뽐내며 상장했지만 낮은 수익 구조를 탈피하지 못한 것이다.

구글 출신 최고경영자를 영입하는 실험도 실패하고 말았다. 진퇴양난에 처한 트위터는 2015년 6월 도시를 구원투수로 다시 불러들였다. 도시가 창업 동료들에 의해 쫓겨나다시피 회사를 떠난 지 7년 만이었다. 당시 그는 모바일 결제서비스업체인 스퀘어를 창업해 6년째 성장 가도를 달리며 경영자로서의 능력을 과시하고 있었다.

도시는 고등학교 시절부터 소프트웨어에 관심이 많았다. 대학을 중퇴한 뒤 프로그래머로 활동했는데 이는 트위터 탄생의 기반이 됐다. 그는 간결한 의사소통이 젊은이들 사이에 대세가 될 거라 확신했다. 트위터를 대표하는 '140자'가 나온 배경이다. 도시는 트위터 경영에 복귀한 후에 140자의 엄격한 제한을 다소 완화했지만 트윗의 '간결미'를 포기하지는 않았다.

다만 페이스북을 비롯한 경쟁업체들에 대응하고 수익성을 높이기 위해 뉴스 속보와 동영상 등 신규 서비스를 시작했다. 미국 대통령 선거 기간 중에 일어난 실시간 중계는 간결미의 장점을 보여주는 기회가 됐다. 페이스북과 스냅챗, 유튜브 등 가급적 많은 정보를 취합해 보여주려고 한 업체들에 비해 반응 속도가 빨랐던 것이다. 트위터는 토론자 발언의 진위 여부를 즉각 파악해 소통하는 동시에 여러 의견이 신속하게 업데이트되는 모습을 연출했다. 이는 도시가 믿고 있는 간결한 의사소통의 잠재력을 증명하는 기회가 되기도 했다.

그가 트위터의 정체성을 유지하면서 회생의 발판을 마련할 수 있을지는 좀 더 지켜봐야 할 것이다. 아직 성과가 미진하긴 하지만, 트럼프 대통령 덕분인지 트위터가 서서히 성장세로 돌아서고 있다는 점은 희망적이다. 잭 도시는 문재인 대통령 취임 직후 청와대의 공식 트위터가 개설됐을 때 직접 한글로 환영의 뜻을 밝혔다. 잭 도시의 이런 적극성과 비즈니스 감각이 계속 작동한다면 다른 SNS업체들과 다른 길을 가면서도 굳건하게 버틸 수 있지 않을까.

강해지려면 때론
뒤집기 전략이 필요하다

디네시 팔리월
하 만   대 표

❝2025년 매출 목표는 200억 달러다. 8년 안에 3배 성장하겠다는 것이다. 이를 위해 인공지능과 음성인식, 사물인터넷 분야의 기업 인수를 추진할 계획이다. 그렇게 하면 아마존과 구글, 마이크로소프트 같은 거대 기업과 비슷한 수준에 올라갈 수 있을 것이다.❞

하만인터내셔널인더스트리(이하 하만)가 삼성전자에 인수된 이후 디네시 팔리월Dinesh Paliwal 대표가 로이터통신과 가진 인터뷰에서 전한 말이다.

삼성이 9조 원이 넘는 거금을 주고 인수한다는 발표가 나기 전만 해도 하만을 '하만카돈'이라는 고급 스피커를 만드는 회사 정도로만 아는 사람이 많았을 것이다. 그러나 하만은 JBL과 렉시콘, 마크레빈슨, 뱅앤올룹슨 등 다수의 유명 브랜드를 갖고 있을 뿐만 아니라, 자동차 전자장비, 무선네트워크, 보안 소프트웨어 등 커넥티드 분야에서도 최고의 기술과 제품을 보유한 기업이다.

이 회사는 직장 동료였던 시드니 하만과 버나드 카돈이 1953년에 5,000달러씩 투자해 공동 창업했지만, 3년 뒤 하만이 카돈의 지분을 모두 인수하며 본격적인 성장 스토리를 쓰기 시작했다. 처음에는 라디오 수신기로 출발했다. 그러나 어느 정도 자금이 쌓인 뒤 오디오 브랜드들을 연이어 인수하며 오디오 명가로 입지를 굳혔다. 기업가로서 성공한 하만은 정계 입문을 위해 회사를 팔았다. 그러나 그의 손을 떠난 하만이 흔들리자 다시 회사를 매수하는 우여곡절을 겪었다.

이런 와중에도 하만은 오디오에서 자동차 전자장치 분야로 사업 영역을 넓혔고, 이후 80대 중반까지 경영을 책임졌다. 일선에서 물러나야겠다고 마음먹은 그는 후계자를 물색하던 중 눈에 띄는 인재를 발견했다. 그가 바로 디네시 팔리월 대표였다. 당시 팔리월 대표는 스위스 중상비업체인 ABB에서 영업과 기술을 총괄하고 있었다.

팔리월 대표가 하만 회장의 제안을 받아들여 회사를 맡았을 때, 하만은 오디오 명가로 이름을 떨치고 있었지만 고비용 생산 구조와 제품군이 프리미엄 시장에 쏠려 있는 문제를 안고 있었다. 그런 만큼 성장에도 한계가 분명했다. 팔리월 대표는 일단 엔지니어와 마케팅 담당자 등 여러 사람의 의견을 들었다. 무엇을 고쳐야 할지 고심을 거듭한 끝에 그가 찾아낸 돌파구는 '핵심역량 뒤집기'였다. 그동안 쌓아온 방식을 완전히 바꾸는 일은 쉽지 않았다. 그러나 다른 방법이 없었다.

하만의 기존 경쟁력은 최고급 품질이었다. 최고 수준의 품질을 유지해야 한다는 생각에 연연하다 보니 제품 가격이 높아질 수밖에 없었고 중저가 시장 공략은 점점 힘들었다. 그렇다고 수십 년간 쌓아온 하만의 유산과 정체성을 버릴 수도 없었다. 자칫 더 큰 위기에 빠질 수 있었기 때문이다.

팔리월 대표는 전과 다른 길을 가기로 했다. 하만의 명성에 흠이 가지 않도록 품질을 유지하되 설계를 단순화하고 사양을 줄이는 리버스 엔지니어링(뒤집기 공학)으로 제조원가를 대폭 낮췄다. 이는 중국이나 인도 등 신흥시장 비중을 높이는 기폭제가 됐다. 경직된 조직을 유연하게 바꿔 협업이 활발하게 이루어지도록 하는 데도 힘썼다. 이와 함께 우수한 기술력을 보유한 기업들을 열심히 사들였다. 이 같은 팔리월 대표의 뒤집기 전략에 힘입어 하만의 매출과 주가는 2배 이상 뛰었고, 하만이 인수합병 시장에 나왔을 때 삼성전자뿐 아니라 애플 등 글로벌 기업들이 군침을 흘릴 만큼 기업가치가 높아졌다.

팔리월 대표의 과감한 결정은 그가 미국 사회의 비주류이자 코스모폴리탄(세계인)이라는 점과 관련이 있다. 인도에서 태어난 그는 1985년부터 스위스 중장비업체인 ABB에서 일했다. 중국과 호주 등 여러 국가에서 근무했고 하만에 합류하기 직전까지 글로벌 마켓과 기술 부문 사장을 맡았다. 이런 이질적 이력은 오디오 명가이지만 확장성에 약했던 하만을 뒤집기로 혁신하는 바탕이 됐다.

"소프트웨어 회사인 심포니 텔레카와 레드벤드, 보안솔루션업체 타워섹을 인수한 것은 급성장하는 커넥티드 카 시장에서 우위를 점하기 위해서다. 우리 임직원들은 새로 합친 회사와 함께 최고 기업이 되기 위해 기술 한계에 도전할 것이다." 하만의 확장 전략에 대한 질문에 팔리월 대표가 밝힌 포부다. 삼성전자와의 시너지를 기대하게 하는 말이기도 하다.

그의 장담이 이루어질지는 지켜봐야 하겠지만 그동안 그가 보여준 경영 능력을 감안할 때 불가능한 목표도 아니다.

문화와 경제의 이종교배가 이뤄져야
경제강국이 될 수 있다

이　　수　　만

SM엔터테인먼트 회장

>　인공지능과 로봇 시대에는 인기 연예인의 중요성이 더욱
> 커지고 빛나게 될 것이다. 정보통신 기술도 필요하지만 핵
> 심 경쟁력은 재능 있는 연예인들이 생산하는 콘텐츠와의
> 융합을 통한 창조에 있다."

이수만 SM엔터테인먼트 회장은 2017년 SK텔레콤과 포괄적 제휴를
체결하는 자리에서 그 의미를 이렇게 설명했다. 제휴의 내용은 SK텔
레콤이 SM 계열사인 SM C&C에 650억 원을 증자하며 2대 주주가
되고 SK플래닛에 광고 사업을 넘긴다는 것이다. SM C&C는 연예인
을 육성하고 콘텐츠를 제작하는 기업이다. 여기에 한국의 대표 이동

통신사인 SK텔레콤이 합류하게 됐으니 SM 입장에서는 천군만마를 얻은 것과 다름없다. 하지만 이 회장이 더 기대하는 것은 SK텔레콤이 보유한 인공지능 기술과 정보통신 플랫폼을 한류 콘텐츠 제작과 유통에 결합했을 때 창출될 시너지 효과다.

이처럼 성격이 다른 두 분야를 엮어 높은 부가가치를 창출하는 '이종교배'는 이 회장의 핵심 경영방식이다. 그는 1989년 작은 기획사를 설립할 때부터 주먹구구식으로 운영돼온 국내 엔터테인먼트 시장에 '경영'이라는 새로운 요소를 결합하겠다는 아이디어를 갖고 있었다. 그는 1995년 출범한 SM엔터테인먼트를 통해 자신의 구상을 하나씩 실현해 나갔다. 노래와 춤에 끼가 있는 인재를 발굴해 체계적 훈련 과정을 거쳐 데뷔시키는 시스템은 그가 예상한 대로 큰 성과를 냈다.

SM엔터테인먼트의 독보적인 콘텐츠는 각종 경영 기법들과의 이종교배를 통해 엄청난 폭발력을 발휘했다. 한국 가요계에 신선한 바람을 불어넣은 H.O.T를 필두로 신화와 보아, 동방신기, 슈퍼주니어, 소녀시대, 샤이니, 엑소 등 수많은 스타가 이수만 회장의 손을 거쳐 탄생했다. 그들은 동영상 콘텐츠로 제작돼 한국을 넘어 전 세계로 퍼져나가며 K팝 돌풍을 일으켰다. 그의 철저한 마케팅과 캐스팅, 트레이닝, 프로듀싱의 결과였다.

이 회장이 한 분야에 매몰되지 않고 열린 시야를 갖게 된 배경은 그가 살아온 이력과 무관하지 않다. 그는 어릴 때부터 공부를 잘한 수재였다. 입시 분위기에 휩쓸려 서울대학에 입학했지만 일반 공부는 적성에 맞지 않았다. 그는 음악이 너무 좋았고, 학업보다는 노래하는 것이 즐거웠다. 결국 그는 가수의 길을 선택했다. 사업가로 성공하기 전에 그는 이미 가수와 프로그램 진행자로 큰 인기를 끌었다. 1975년 '4월과 5월'이라는 밴드로 데뷔했고, 나중에는 솔로 가수로 활동했다. 방송 감각이 뛰어났던 그는 여러 프로그램의 사회를 맡아 높은 시청률을 기록하기도 했다.

그가 가수로 활동하던 시기는 한국의 정치 상황이 몹시 어수선했다. 1980년대 초 그는 가수와 진행자 활동을 중단하고 미국으로 건너갔다. 그리고 컴퓨터공학을 전공해 석사학위까지 받았다. 귀국 후 컴퓨터학과 교수가 될 기회가 있었지만 그는 다시 연예계로 돌아왔다. 끼를 발산할 곳이 없었기 때문이다. 그렇다고 유학 시절 공부한 것들이 전혀 쓸모가 없었던 것은 아니다. 미국에서 배운 첨단 컴퓨터와 로봇 지식은 SM엔터테인먼트를 설립하고 키우는 데 적지 않은 도움이 됐다.

그의 이종교배 경영학은 하버드대학 비즈니스스쿨에서 화제가 되기도 했다. 그는 2010년 하버드대학에서 '당신의 귀를 자르지 말라'는 제목으로 강연을 한 적이 있다. 인상파를 대표하는 미술가 고흐가 귀를 자르지 않고 창작에 매진했다면 더 위대한 작품을 남겼을 것이라는 게 요지다. "아시아의 문화산업은 귀를 자르지 않은 고흐, 혹은 귀가 들리지 않았어도 수많은 명곡들을 작곡한 베토벤과 같은 천재를 육성할 수 있는 교육 시스템과 기반을 갖춰 전 세계를 이끌어나가야 한다."

이 회장은 경제 강국이 되는 여러 길 중 하나가 바로 문화와 경제의 이종교배라고 역설한다. 1997년 SM이 해외시장에 진출할 때 그는 이렇게 주장했다. "경제 대국이 돼야만 문화가 알려진다고 생각하는 기존 관념은 잘못됐다. 문화가 먼저 진출하면 경제적 효과는 따라오게 돼 있다." K팝을 비롯한 한류 문화가 전 세계 시장에서 한국 기업과 제품의 브랜드 가치를 높였다는 점에서 충분히 공감할 수 있는 말이다.

참 기업인들의 지혜와 통찰력이
공유되길 바라며

기업인들의 성공 비결을 다루다 보면 장점과 단점을 아우르는 종합적인 평가를 하지 못하고 좋은 쪽만 강조하는 실수를 저지르기 쉽다. 그래서인지 우리가 알고 있는 기업인 이야기는 상당 부분 지나치게 미담으로 흐르는 경향이 있다.

이 책도 예외는 아닐 것이다. 그럼에도 불구하고 비즈니스 리더들의 말에 주목하고 그들의 성공 스토리를 엮은 이유는 그것이 곧 우리 시대를 볼 수 있는 자화상이기도 하고, 이를 통해 앞으로 바뀔 미래를 내다볼 수 있기 때문이다. 사업을 시작할 때나 경제생활을 할 때 참조할 만한 대목이 있다는 점에서 실용적이기도 하다. 무엇보다 기업을 살리고 성장시키기 위한 기업인들의 고민과 결단, 치열한 삶을 추적하다 보면 그들이 어렵게 체득한 통찰력을 공유할 수 있다는 점이 매력적이다.

부모에게 엄청난 재산을 물려받아 취미로 사업하는 사람은 예외지만 대부분의 기업인은 보통 사람들이 상상하지 못할 스트레스에 시달리게 마련이다. 단 한 번의 결정으로 자신의 모든 재산과 수십 년간 일군 회사를 날려버릴 수 있다고 생각해보라. 따라서 기업인에게는 아무런 행동을 하지 않는 것도 중요한 결정이다. 실행하지 않음으로써 망할 수 있기 때문이다. 매일 무엇인가 결정해야 하는 것은 결코 쉬운 일이 아니다. "목숨을 건다는 각오가 없다면 사업할 생각을 아예 하지 않는 게 좋다." 산전수전을 다 겪은 한 기업인의 충고는 의미심장하다. 이런 기업인들이 한 말이나 심사숙고 끝에 내린 결단은 모든 경험과 지혜를 아우른 결정체일 가능성이 높다. 그만큼 배울 점이 많다는 의미다.

최고경영자의 사명은 기업을 보존하고 수익을 극대화하는 것이다. 그 과정에서 새로운 부가가치를 창출하고, 국가와 사회에 기여하게 된다. 심지어 사회공헌도 궁극적으로는 기업을 위한 행위로 볼 수 있다. 따라서 기업인에 대한 평가는 오직 비즈니스 차원의 실적과 성과를 기준으로 삼아야 한다. 물론 법을 어기거나 환경을 해치는 등 반사회적 행위를 허용하라는 이야기는 아니다. 공정하고 합법적인 범위를 벗어나지 않는 한에서 그래야 한다는 것이다.

기업인은 성인군자가 아니다. 오직 기업 활동을 통해 수익을 극대화하고, 그 과정에서 사회적 부가가치를 창출하는 존재다. 범죄를 저지르지 않는 한 취미나 가정사 같은 개인적인 일로 존경을 받거나 욕을 먹어서는 안 된다. 책에서 소개한 비즈니스 리더들을 평가하는 척도도 마찬가지다.

불행하게도 한국 사회는 기업인을 평가하는 시각이 왜곡돼 있다. 정상적인 방법으로는 큰돈을 벌 수 없었을 거라는 편견과 선입견이 팽배한 탓이다. 각종 특혜로 성장한 대기업, 불법과 편법으로 기업을 승계하려고 했던 재벌 2, 3세들을 보며 형성된 분위기일 것이다. 소득과 부의 양극화가 심해지며 이런 반감은 더 깊게 뿌리내리고 있다.

문제는 이런 반反기업 정서가 목숨을 걸고 사업을 하며 경제 발전에 기여하는 기업인들까지 도매금으로 본다는 사실이다. 기업인들에 대한 평가가 공정하게 이루어지기 힘든 이유다. 이를 극복하려면 기업인들 스스로 신뢰를 찾기 위해 노력해야 하겠지만, 우리 사회의 전반적인 인식 전환 또한 필요하다. 그래야만 기술 혁신과 창의적인 아이디어로 생산성을 높여 국가와 사회를 풍요롭게 하는 기업인들이 존경을 받고, 이것이 경제 발전으로 이어지는 선순환 구조를 만들 수 있다. 기업가정신이 투철한 최고경영자를 존중하고, 경제 기여도가 높은 기업을 제대로 인정해주는 것만으로도 우리 사회는 한 단계 발전할 수 있다.

이 책은 최고경영자의 말에서 지혜와 통찰력, 영감을 추출하려는 의도로 기획됐다. 화제성 뉴스에 중점을 두고 서술하다 보니 기업인 한 사람 한 사람을 깊이 있고 상세하게 다루지 못한 아쉬움이 있다. 지금도 바쁘게 활동하는 기업인들의 이야기라 가장 최근에 일어난 변화를 반영하지 못한 면도 있다. 제한된 지면에서 가장 핵심적인 메시지를 전하려고 했지만 미비한 부분이 있을 것이다. 기회가 되면 보완할 수 있을 것이라 기대해본다.

리더의 말
최고 기업가 72인의 생각과 행동의 힘

2018년 1월 22일 초판 1쇄 발행

지은이   장박원
펴낸이   김남길

펴낸곳   프레너미
등록번호   제387-251002015000054호
등록일자   2015년 6월 22일
주소   경기도 부천시 원미구 계남로 144, 532동 1301호
전화   070-8817-5359
팩스   02-6919-1444

프레너미는 친구를 뜻하는 "프렌드(friend)"와 적(敵)을 의미하는 "에너미(enemy)"를 결합해 만든 말입니다.
급변하는 세상속에서 저자, 출판사 그리고 콘텐츠를 만들고 소비하는 모든 주체가 서로 협업하고 공유하
고 경쟁해야 한다는 뜻을 가지고 있습니다.
프레너미는 독자를 위한 책, 독자가 원하는 책, 독자가 읽으면 유익한 책을 만듭니다.
프레너미는 독자 여러분의 책에 관한 제안, 의견, 원고를 소중히 생각합니다. 다양한 제안이나 원고를 책
으로 엮기 원하시는 분은 frenemy01@naver.com으로 보내주세요.
원고가 책으로 엮이고 독자에게 알려져 빛날 수 있게 되기를 희망합니다.